应用型本科高校通识教育新形态精品教材

武汉商学院通识教育系列教材

大学生就业指导

主 编 ◎ 王亚丹　郭初建　马　玉

华中科技大学出版社
http://press.hust.edu.cn
中国·武汉

内 容 提 要

"就业是最大的民生""要把促进青年特别是高校毕业生就业工作摆在更加突出的位置",这是近年来政府对就业、对大学生就业问题的最基本的态度。本书是我校通识教材套书中的一本,具体介绍了大学生在毕业就业时,要关注当前就业形势、了解职业世界的变化、剖析自身的优势、做好求职简历等求职相关准备、熟悉求职面试的形式、做好身份转化的心理适应。

本书内容涉及就业准备、求职面试及工作适应的相关知识,实用性强,有利于帮助毕业生了解就业形势、就业政策、就业制度,做好就业准备,尤其是指导学生提前培养适合职业发展目标的就业胜任力。

图书在版编目(CIP)数据

大学生就业指导/王亚丹,郭初建,马玉主编.—武汉:华中科技大学出版社,2023.5
ISBN 978-7-5680-9433-7

Ⅰ.① 大… Ⅱ.① 王… ② 郭… ③ 马… Ⅲ.① 大学生-职业选择-高等学校-教材
Ⅳ.① G647.38

中国国家版本馆 CIP 数据核字(2023)第 087669 号

大学生就业指导 王亚丹 郭初建 马 玉 主编
Daxuesheng Jiuye Zhidao

策划编辑:周晓方 宋 焱	
责任编辑:刘 凯	
封面设计:廖亚萍	
版式设计:赵慧萍	
责任校对:张汇娟	
责任监印:周治超	
出版发行:华中科技大学出版社(中国•武汉)	电话:(027)81321913
武汉市东湖新技术开发区华工科技园	邮编:430223
录 排:华中科技大学出版社美编室	
印 刷:武汉市籍缘印刷厂	
开 本:787mm×1092mm 1/16	
印 张:15.75	
字 数:368 千字	
版 次:2023 年 5 月第 1 版第 1 次印刷	
定 价:58.00 元	

本书若有印装质量问题,请向出版社营销中心调换
全国免费服务热线:400-6679-118 竭诚为您服务
版权所有 侵权必究

应用型本科高校通识教育新形态精品教材
武汉商学院通识教育系列教材

编 委 会

主任委员

高　静

委　员（以姓氏拼音为序）

桂子涵　　郭初建　　郭　铭

李芳睿　　李　静　　李綖瑄

马　玉　　万玲妮　　王亚丹

喻　恂　　岳晓光　　张媛婧

主 编 简 介

王亚丹

女，武汉商学院通识教育学院副教授，通识教育研究中心研究员，GCDF全球职业规划师，生涯规划师，人力资源管理师二级。长期从事就业创业教育，主要讲授"大学生职业规划与就业指导""创业基础"等课程，主编教材2部，近三年发表相关论文6篇，主持、参与省厅级以上项目6项。

郭初建

武汉商学院通识教育学院副教授，通识教育研究中心研究员，GCDF全球职业规划师，生涯规划师，二级心理咨询师，主要承担职业生涯规划、就业创业类课程教学，近五年主持完成省厅级课题3项、校级教学质量工程1项，撰写专著1部，发表论文多篇。

马 玉

武汉商学院通识教育学院教师，同心圆生涯咨询室专职咨询师，国家二级心理咨询师。长期从事大学生生涯领域教科研、教育教学、实践咨询工作，主要讲授"大学生职业发展与就业指导""人生设计""教育心理学"课程，近三年发表相关论文4篇，主持完成教科研项目2项，参与省厅级以上项目4项。

FOREWORD 序言

　　大学生就业是从学生阶段跨入职业生涯的过程，是从学校进入社会、融入社会的关键路口。王亚丹、郭初建、马玉老师主编的《大学生就业指导》一书，给处于就业路口心感重重的学生们以适时指引，消除困惑。

　　本书将求职准备至入职发展的各个阶段全景式布局在八个章节中，给予就业路口的学子们以重点引领和关键指导。

　　第一章介绍了当前大学生的就业状况；提出了求职择业的基本原则，以及如何圈定个人求职目标和做好相关求职准备。第二章阐述了当代大学生就业形势与环境；介绍了行业分析、职业探索、职业信息收集整理的方法。第三章强调了个人职业素质的重要性；同时给出了职业能力梳理、人职匹配、优势发掘等能力的提升方法。第四章主要阐述了求职前的准备工作；介绍了求职流程、劳动合同及就业权益等内容。第五章介绍了求职简历的重要性和相关技巧，包括简历类型、内容、设计流程和撰写的黄金法则等。第六章介绍了求职中最重要的环节——面试，包括面试的常见类型、内容，以及如何做好相关准备；同时介绍了笔试类型、技巧等。第七章阐述了求职礼仪的重要性，如服饰和举止等细节如何给招聘者留下完美的第一印象。第八章主要以大学毕业生进入职场后的职业发展为主轴，介绍了大学毕业生的角色转换、职业适应和职业发展；探讨了角色转换中存在的问题，以及影响职业适应的因素和职业发展的形式；同时还介绍了实现角色转换和完成职业适应的具体方法，以及职业生涯的决策工具与方法。

　　"以生为本"的理念贯穿全书。本书没有晦涩难懂的理论，以现实情景和事件切实为大学生就业提供指导与借鉴。《大学生就业指导》将解决问题的方式融入知识的学习，帮助学生提升发现问题和解决问题的能力；助力大学生走出就业时期茫然的处境，提升就业能力，坚定就业行动。

在此，向武汉商学院所有努力于就业工作的老师们致敬！

徐 科

2023 年 5 月

PREFACE 前言

"就业是最大的民生","就业是最基本的民生",党和政府特别重视大学毕业生的就业工作,先后提出"要把促进青年特别是高校毕业生就业工作摆在更加突出的位置""强化就业优先政策,健全就业促进机制,促进高质量充分就业"等政策要求。大力加强就业指导工作,既是时代的需要,也是大学生的渴望。对新时代大学生开展科学有效的就业指导,不仅有利于大学生树立正确的人生观、价值观和世界观,确立合适的就业预期,缓解就业压力,而且有利于培养学生职业规划的能力,使之更加适应经济和社会发展的需要。

为了培养学生的生涯规划意识与就业技能,我校连续 3 年开展了"生涯体验周""就业指导周"活动;为了给学生提供比较专业的生涯咨询与个性化就业指导,我校专设了"同心圆生涯咨询室",并获得"湖北省 2022 年度职业生涯咨询特色工作室"称号;为了提高课程教学质量, 2021 年"大学生职业发展与就业指导Ⅱ"课程获我校首批课程思政示范建设立项。"以民为本"的执政理念落实到学校就是处处要"以生为本",采取切实有效行动帮助学生就好业,这是对"就业是最基本的民生"的最好诠释。

本书结合就业指导课程的教学实际,在编写上理论与实践并重,体例上多样化、丰富化、趣味化,强调以学生为主体,注重调动学生的兴趣和求知欲,力求使书本内容能真正运用到大学生的求职过程中;同时,本书是我校职业生涯教学部课程思政教学改革的结晶,构建了知识传授、价值塑造和能力培养"三位一体"的内容体系。

在知识传授方面,内容系统全面,每一个章节都是一个完整的系统,所有章节形成递进关系,覆盖了《大学生职业发展与就业指导》课程教学要求中的知识点。

在价值塑造方面，重点对当前的就业形势进行了深入解读，对政策性就业进行了系统介绍，对大学生就业方向进行了正向引导，把隐性的思政元素融入显性的知识传授中，贯彻协同育人的理念，落实立德树人的培养目标。

在能力培养方面，改变传统教材仅从专业、学科方面灌输知识的做法，转而紧扣大学生职业能力这根主线，全面提升学生的各种就业能力，因为只有学生提升了能力找到了工作才能让课程目标落地，而贯穿各个章节的"技能实训""就业行动"便是能力培养的载体。

本书一共八章，具体分工如下：

第一章、第七章由王亚丹编写；

第二章由李芳睿编写；

第三章由桂子涵编写；

第四章、第六章前四节由郭初建编写；

第五章、第六章第五节由马玉编写；

第八章由郭铭编写。

本书由王亚丹、郭初建、马玉担任主编，王亚丹负责统稿。本校学生孙砚冰参与文字校正，曹语嫣、母兆廷、程心琰、王炫朦、彭心田参与了职业礼仪的视频拍摄。在编写过程中，参考并借鉴了部分国内外职业生涯规划、就业指导方面的文献资料，以及一些专家学者的理论和观点，在此一并表示感谢！由于水平有限，书中难免有不妥之处，真诚欢迎广大读者提出宝贵意见和建议。

编　者

2023 年 3 月

CONTENTS 目录

第一章　我的未来我做主　1

第一节　了解大学毕业生就业现状　3
第二节　圈定自己的求职目标　12
第三节　选择合适的求职自我定位渠道　15
第四节　做好后疫情时代的求职准备　18

第二章　当代职业生涯环境　29

第一节　大学生就业形势与环境　30
第二节　职业探索的方法与渠道　39
第三节　就业政策与信息的收集、整理　45

第三章　我的职业优势　54

第一节　大学生职业素质要求　56
第二节　大学生就业胜任素质与模型　64
第三节　大学生就业能力培养和职业优势挖掘　68

第四章　求职准备事项　77

第一节　毕业生就业的一般流程　78
第二节　就业协议书与劳动合同的签订　88
第三节　就业权益保护　96

第五章　我这样写简历　112

第一节　简历写作基础　113
第二节　如何让你的简历更有说服力　125
第三节　简历投递与管理　130
第四节　应准备的其他求职资料　138

第六章　面试也就那回事　145

第一节　笔试技巧　146
第二节　面试的类型　154
第三节　面试准备　161
第四节　结构化面试技巧　167
第五节　无领导小组讨论面试技巧　172

第七章　职场礼仪我知道　181

第一节　求职礼仪的重要性　183
第二节　求职时的服饰礼仪　188
第三节　求职时的举止礼仪　195
第四节　求职时的面谈礼仪　198
第五节　面试后礼仪　202

第八章　职场我来了　207

第一节　大学生角色转换　208
第二节　适应工作新环境　217
第三节　职业发展及规划　227

参考文献　234

第一章 我的未来我做主

✏️ **学习目标：**

- 了解大学毕业生就业现状，认清当前就业形势；
- 掌握大学生择业定位的原则；
- 能够运用五步法圈定自己的求职目标；
- 切实做好后疫情时期的求职准备。

✏️ **本章知识结构图**

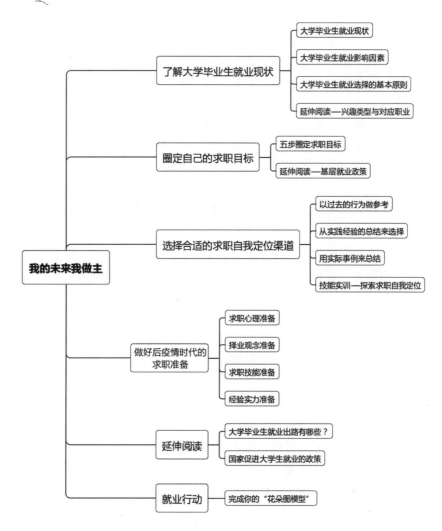

学习重点与难点

重点：

1. 了解当前大学生就业现状；
2. 掌握择业定位的原则；
3. 运用五步法圈定就业目标。

难点：

正确地剖析自己、了解目标岗位，圈定自己的求职目标。

 情景导入

今年将帮助 10 万名高校毕业生实现就业

近日，共青团中央召开 2023 年共青团促进大学生就业行动线上部署会。记者从会上获悉，2023 年共青团将继续保持帮助 10 万名以上高校毕业生找到工作的整体目标。

据悉，今年，共青团将继续深入开展促进大学生就业行动，以一般院校低收入家庭学生和毕业一年内未找到工作的大学生为重点对象，以就业帮扶和提升社会化能力为重点领域，具体实施六个专项计划。面向非"双一流"高校的低收入家庭 2023 届毕业生和 2022 届未就业毕业生，实施一般院校低收入家庭学生就业帮扶计划，全年帮助不少于 7 万名学生找到工作；面向全国普通高校应届毕业生和在读研究生，实施大学生志愿服务西部计划，选派约 5 万名西部计划志愿者到西部地区和基层开展为期 1 至 3 年的志愿服务；面向 2023 届毕业生、毕业两年内的大学生和在校大学生，实施大学生创业帮扶计划，资助大学生创业项目不少于 3000 个，其中硬核科技和乡村振兴领域项目不少于 1000 个；面向全国高校在校大学生，实施大学生就业引航计划，引导学生树立理性、平实的择业观、就业观，并主动到基层一线"自找苦吃"、踏实奋斗、成长成才；面向全国高校在校大学生，实施大学生实习"扬帆计划"，组织不少于 20 万名大学生参与政务实习、企业实习和职场体验活动，着力提升大学生社会化能力和综合就业能力；面向全国高校在校大学生，实施大学生社区实践计划，组织不少于 25% 的高校团支部与城乡基层团组织结对，团员青年在校学习期间就近就便向城乡社区和青年之家报到，寒暑假期间开展"返家乡""三下乡"等社会实践活动。

据了解，在具体实施项目上，今年在保持一般院校低收入家庭学生就业帮扶计划、大学生志愿服务西部计划、大学生实习"扬帆计划"、大学生社区实践计划 4 个项目不变的同时，将大学生乡村创业帮扶计划调整为大学生创业帮扶计划，增加大学生就业引航计划。在推进思路上，坚持"一延伸"，由帮扶非"双一流"高校低收入家庭应届毕业生延伸至毕业一年内未找到工作的学生；

"一精简",精简岗位供给,提高就业信息的精准度和匹配度;"一拓展",大力组织开展社会实习实践活动,提高学生的社会化能力和综合就业能力。

点评:党的二十大报告提出"实施就业优先战略。就业就是最基本的民生。强化就业优先政策,健全就业促进机制,促进高质量充分就业。"通过校地联动、校企联动开拓并精选优质企业资源,从而拓宽就业领域,促进学生充分就业、高质量就业。

第一节　了解大学毕业生就业现状

20世纪90年代以来,我国高等教育呈现出稳步发展的态势。1999年之后,我国高等学校的招生规模不断扩大,高等教育逐步从"精英教育"向"大众教育"转变。随着大学毕业生人数的不断增加,大学生就业也进入了一个新的挑战阶段。

一、大学毕业生就业现状

教育部官网信息显示,从20世纪初到现在,我国的高校毕业生人数逐年呈上升趋势,从2000年的100万毕业生,到2010年的600万高校毕业生,再到2022年突破1000万的高校毕业生,达到1076万人,如图1-1所示。2023届毕业生预计达到1158万人。由此可见,我国大学毕业生就业形势的特点是:压力与机遇并存。

大学生要正确认识就业形势与择业困难之间的关系,理性地评估择业意向。在一个社会中,如果适龄就业人口的数量大于社会所能提供的就业岗位数量,这种情况对于该社会而言便构成了就业绝对困境。这种就业绝对困境主要存在于社会层面。这种由社会层面提供的就业岗位数量计量基本上是一种趋势性估算,而且主要以常规化就业岗位计算。对于社会就业结构中的弹性系数以及个体化就业岗位数量,一般很难做出精确的预测,这就导致就业绝对困难系数的计算难以达到精确的程度。

大学生要尽量缩小自己的主观理想预期与社会客观实际之间的差距,主动地转变就业观念,完善自身素质,以适应高等教育大众化阶段的人才资源增量变多的现状。

(一)大学生就业结构性差异突出

我国大学生就业市场目前已经出现总量失业和结构性失业并存的矛盾。一方面,应届大学毕业生供大于求,大学生就业人数超过了经济增长带来的岗位需求;另一方面在经济体制改革和产业结构调整过程中,专业结构、地域结构不合理,大学生自身知识结构不能适应市场需求,以及大学毕业生就业市场、就业机制不完善,产业调整引起的结构性失业,导致大学生就业难度加大。要改善大学生就业难的问题,需要在政府的宏观调控下,促进学生、市场、高校三者间的协调与合作。

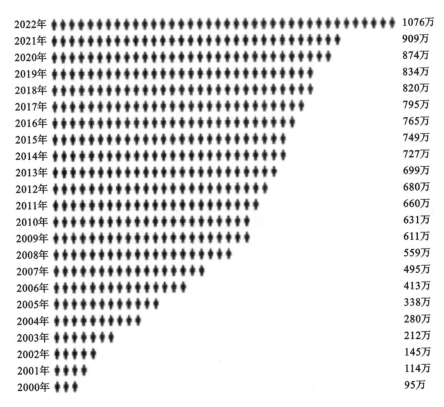

数据来源：教育部

图 1-1　高校毕业生人数（万人）

大学生就业地域结构性差异突出。2022 年 12 月 29 日，中国社会科学院社会学研究所与社会科学文献出版社共同发布《社会蓝皮书：2023 年中国社会形势分析与预测》（以下简称《蓝皮书》）。《蓝皮书》称，大学生就业地域偏好明显，想去北上广深等一线大城市和二线经济发达城市的大学生仍占大多数，不过这一数量呈缓慢下降趋势。

《蓝皮书》称，从就业地点的选择来看，大学生最喜欢去二线省会城市或非省会城市就业，其次是北上广深等一线大城市。在接受调研的 2018 年至 2021 年在校毕业生中，40% 左右的大学生想去二线省会城市或经济较为发达的非省会城市工作，35% 左右的大学生想去北上广深等一线大城市工作。

（二）大学生就业方式呈现多样化

大学生毕业后除了签订就业协议以外，选择灵活就业形式的大学毕业生逐年增多。灵活就业是当前形势下出现的一类新型的就业方式，主要是指自由职业、短期就业等非稳定性就业。作为自由撰稿人、个体艺术工作者或在企事业单位做短期临时性工作的大学毕业生，都计入灵活就业的统计范畴。例如，微信生态圈日益壮大，持续带动就业增长，如图 1-2 所示。

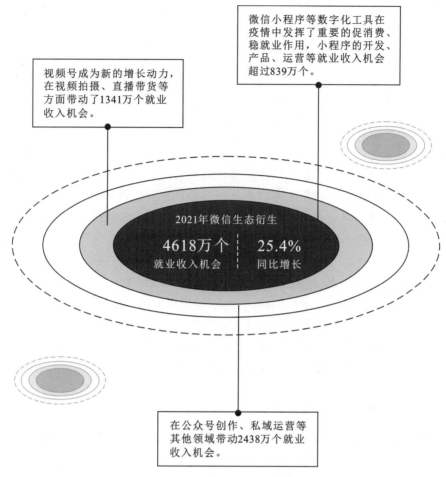

图 1-2　2021 年微信生态圈就业机会

（资料来源：中国劳动和社会保障科学研究院《数字生态就业创业报告》）

灵活就业通常收入较低、流动性大、稳定性差，而《劳动者权益保护法》的制定和完善需要时间，执行可能不到位，这导致劳动者的权益得不到有效的保护，使社会各界对此类就业方式难以真正地认同。

大学生的家庭成员一般都希望大学生毕业时选择社会声望好、社会地位高、收入高的职业，对灵活就业的形式更加难以认同。因此，部分毕业生毕业后会暂时回到生源地，经由就业主管部门办理就业代理或人事代理，然后到经济发达的城市和地区求职、自主创业、准备在国内升学或出国深造等，大学毕业生的就业方式更加多样化、曲折化。

根据中国教育在线发布的《2023 年全国研究生招生调查报告》，2023 年考研报考人数 474 万，相比 2022 考研人数 457 万，增长 17 万。

（三）大学生"慢就业"呈上升趋势

近年高校毕业生"慢就业、懒就业"的现象不断出现，"主动慢就业"与"被动慢就业"群体不断增加，大学生的就业意愿降低，除外部影响因素外，更重要的是内因的影响。

所谓"慢就业"是指一些大学生毕业后既不马上就业，也不继续深造，而是暂时选择游学、支教、在家陪父母或创业考察，慢慢考虑人生道路的现象。据统计，中国越来越多的90后成为"慢就业族"。而成为"慢就业族"毕业生的家庭一般生活压力不大，父母的观念比较开明，不会因为孩子不工作而焦虑，而且会支持孩子进修、游学、考察就业市场或者暂时放松。

随着越来越多00后走出校园，他们对就业的选择更加多元化，也更加看重工作与兴趣的结合。大学生求职观念的变化也在很大程度上缓解了当前的就业压力，而"慢就业"为他们提供了就业的缓冲期，让他们更充分地预估自己的工作状态和职业规划。

对于大学生而言，社会还是一个比较模糊的概念，行业和职业也是模糊的概念，只有经过社会工作的磨砺后才能更加清晰地认识自己的职业发展之路。因此，大学生在首次就业时要树立正确的就业观和择业观，切忌盲从热门行业，也不要期望值过高，建议先就业再择业。

二、大学毕业生就业影响因素

大学生在就业过程中会受制于诸多因素的影响，有些因素正面鼓励就业，有些因素则负面影响学生，使之更加不愿意就业。大学生要及早认清对自身就业起到积极影响的因素，正确看待负面影响因素，尽量让这些因素对就业择业起到正向的促进作用。

（一）国家因素

从国家的角度来看，影响大学生就业的因素主要是经济形势与就业制度。

1. 经济形势

经济形势，是指国家宏观经济的运行状况和走向，分析经济形势离不开对经济周期和经济发展阶段等大势的判断。在中国科学院预测科学研究中心陈锡康等学者发表的《2023年中国经济增长速度的预测分析与政策建议》一文中指出："随着新冠病毒感染调整为'乙类乙管'，在党和政府的领导下，中国消费和生产活动逐渐恢复，疫情影响持续减弱，经济逐渐复苏，预计在短时期内疫情将有明显好转……预测2023年中国经济发展将基本回归正常。考虑到当前中国经济潜在增长率、2022年低基数及未来疫情和外部环境影响等，预计2023年中国GDP增速约为6%，全年经济稳中有进，经济走势为前后低、中间高的倒'U'形态势。"

据人力资源和社会保障部的数据统计，2022年，我国就业主要指标运行平稳，全年城镇新增就业1206万人，超额完成1100万人的全年预期目标任务。重点群体就业基本稳定，脱贫人口务工规模3278万人，同比增加133万人。市场供求保持活跃状态，100个城市公共就业服务机构求人倍率为1.46，继续保持在1以上。2023届全国普通高校毕业生规模预计1158万人。中国就业研究所所长曾湘泉认为，疫情防控政策调整将对经济、就业市场产生较大影响。稳就业最终要靠经济增长，目前关键是扩大消费需求。如果2023年经济实际增长率能够恢复到5.5%的潜在增长率水平，那么就能增加更多的就业岗位。而青年就业面临的最大挑战，是多大程度能走出由经济下行导致的周期性失业低谷。在结构性失业矛盾突出的现状下，青年就业观念的转变是重点。

由此可见，经济形势的变化，GDP 的增长，对就业率会产生重要的影响。

2. 就业制度

随着我国社会主义市场经济体制的逐步完善，大学生作为重要的人力资源，从"统包统分"到"双向选择，自主择业"，按照市场规则来进行配置。

"统包统分"大学生就业政策不适用于改革开放进程中社会发展需要调整人才培养方式的新形势，"等、靠、要"的思想不利于大学生发挥主观能动性和创造性，且用人单位缺乏选择权，因而无法挑选到合适的人才，这都不利于社会发展，调整"统包统分"的大学生就业政策成为必然。1985 年 5 月 27 日，中共中央颁发《关于教育体制改革的决定》，明确指出：对于国家招生计划内的学生，其"毕业分配，实行在国家计划指导下，由本人选报志愿、学校推荐、用人单位择优录用的制度"。这意味着大学生就业政策由"统招统分"向大学生自主择业、用人单位择优录取的"双向选择"转变。1993 年中共中央、国务院颁发的《中国教育改革和发展纲要》明确了改革"统包统分"的就业政策，指出除少数大学生就业由国家安排之外，大部分大学生可通过人才市场与用人单位实行"双向选择"就业。

从 2000 年起，各高校向大学生发放就业报到证，采用大学毕业生自主择业的就业模式，这标志着以市场为导向的"自主择业"阶段正式开启。2002 年，国家取消了高校毕业生就业的地区限制，允许毕业生跨区域就业。对于大学生而言，可以根据自己的兴趣爱好、性格特征、能力优势等参与就业市场竞争；对于高校而言，办学的自主权进一步扩大，可以根据社会发展需要调整专业设置、调整人才培养模式，现在推行校企合作，把人才培养"搬到"企业中去，使培养的人才更加符合市场需要；对于用人单位而言，可以根据发展需要来制订招聘计划，可到人才市场或直接到高校招收合适的人才。

2002 年，教育部、公安部、人事部等部门联合发布的《关于进一步深化普通高等学校毕业生就业制度改革有关问题的意见》明确提出，鼓励和支持高校毕业生自主创业。特别是 2015 年以来，教育部在有关高校毕业生就业的文件中将"就业"与"创业"并列，旨在鼓励大学生自主创业。"大众创业、万众创新"被写进了 2015 年的政府工作报告。从严格意义上来说，鼓励自主创业的大学生就业政策不是独立的政策阶段，而是对"自主择业"就业政策的进一步延伸。

延伸阅读：

1-1　国家促进大学生就业的政策

（二）用人单位因素

用人单位对大学生就业产生的影响主要体现在以下三个方面。

1. 过分看重高学历

很多企业在招人时看重学历，而非能力，要求大学生有好的"出身"，过分追求名校毕业生。这种行为在一定程度上造成人才浪费，出现受聘人员能力与岗位不符、不能人尽其才等情况。

2. 过分看重工作经验

很多企业在招聘时都要求有1～2年甚至更长时间的实践经验，这对于刚走出校门的应届毕业生而言是不现实的。导致的结果是一方面企业招不到人；另一方面经验不够的大学毕业生被拒之门外，就业难。

3. 存在一定的性别歧视

虽然法律规定男女享有平等的就业权利，但是在实际的企业招聘中，很多企业不愿意招收女员工。

（三）学校因素

随着高等教育改革的不断深入，我国高等教育得到了长足发展，但在学校专业课程设置和培养模式等方面仍然存在一定的问题。高校教学过程中"重灌输轻实践"的传统教育模式过于重视理论知识的传授，而忽略学生实践能力的培养，导致大学毕业生缺乏适应社会的能力与素质。随着劳动力市场的发展，人才竞争日趋激烈，用人单位对应聘者的动手能力、适应能力提出了更多的要求，因此高校人才培养模式的改革对大学生毕业就业起到了重要的影响。

（四）家庭因素

大学生的就业决策深受家庭的影响。就业决策的前提是专业的选择，许多大学生在高考后选择专业时就已经听从家长的意见，而在大学毕业就业时，也同样会受家庭的影响。对于社会认知模糊、行动犹豫的大学生来说，家庭的影响会更大。

当然，家庭环境也会对大学毕业生的就业决策产生重要影响。家庭相对贫困的大学生，在毕业就业时很少会选择父母从事的职业，而对职业有着比较高的期望；家庭较为富裕的大学生，在毕业就业时，可能会因从小受家庭的职业价值观的影响而选择父母的职业道路。而当大学毕业生与父母的职业价值观产生冲突时，则会出现择业矛盾。

（五）社会因素

1. 职业声望

大学生对于各种职业的了解主要通过网络、实习实践中的接触，但是各类职业的评价常常通过舆论等各种渠道渗透到大学生的认知当中，虽然常说职业没有高低贵贱之分，但在现实社会中，人们普遍对职业存在高低贵贱的认识，即职业声望。而职业声望会潜移默化地影响大学生的就业决策。特别是在大学生对工作世界的探索还不够全面时，职业声望对大学生就业决策的影响就更大了。

2. 工作地域

《社会蓝皮书：2023年中国社会形势分析与预测》认为，刚毕业的大学生对未来充满期待，同时北上广深及其他经济发达地区的经济发展迅速、国际化程度高，能够为大学生今后的发展提供更多的就业机会和广阔的事业空间。但是，在大城市生活的压力与成本也比较大，因此他们更想去生活压力较小与成本较低且基础设施相对较为完善的二线经济发达城市发展。

不过，毕业后想去一线城市与二线城市工作的大学生占比呈缓慢下降趋势。2018年至2021年想去北上广深等一线大城市工作的大学生占比分别为37.44％、37.84％、34.91％、34.10％，想去二线省会城市或经济较为发达的非省会城市工作的大学生占比分别为43.10％、42.02％、41.75％、39.27％。想去三四线中小城市、县级市/县城、基层小乡镇和农村的大学生占比虽然相对较少，却呈上升趋势。[①]

3. 薪资水平

大学生通常在其能力范围内追求经济收入，满足其生活需求。但是，在毕业初期薪资水平相对较低的情况下，如果大学生付出的劳动不能以合理的经济报酬得以体现，那么就会促使其重新选择职业，并且将经济利益放到其考虑因素中更加重要的位置。

（六）大学生自身因素

影响大学生就业决策的自身因素包括性格、兴趣、价值观、能力等。

 小测试：

检视你的就业意向是否科学

通过以下10个问题，检视你的个人就业意向是否符合个人特质与需求，是否科学合理。

---

① 李培林，陈光金，王春光：《社会蓝皮书：2023年中国社会形势分析与预测》，社会科学文献出版社，2022年。

(1) 我的人生，为了什么？（检视就业意向与人生信仰是否方向一致）
(2) 我内心渴望过怎样的生活？（检视就业意向与生活态度是否匹配）
(3) 我想成为怎样的人？（检视就业意向与人生发展终极目标是否相符）
(4) 我喜欢做什么样的事？（检视就业意向与职业兴趣是否相悖）
(5) 我能做到最好的事是什么？（检视就业意向与职业优势能力是否匹配）
(6) 我认为最有用、最重要的事是？（检视就业意向与职业价值观是否吻合）
(7) 我适合做哪些事？（检视就业意向与性格特质是否适合）
(8) 我所拥有的资源支持我做什么事？（检视就业意向与支持系统是否匹配）
(9) 我了解的就业途径和方法有哪些？（检视就业目标实现可能性）
(10) 我选择的就业方向发展潜力如何？（检视就业意向的大方向是否正确）

通过以上分析，得出的结论是：_____。

三、大学毕业生就业选择的基本原则

所谓就业选择的四大黄金法则是指：择世所需、择己所爱、择己所长，以及择己所利，即追求发展和收益最大化。

1. 择世所需

随着经济社会的不断发展，职业分工越来越细，社会对人才的需求也在不断地变化，求职者只有不断夯实自身的能力才能应对社会需求的变化。因此，大学生在进行职业规划时，不仅要了解当前的社会职业需求状况，还要善于预测职业随社会需要而变化的未来走向，与时俱进，动态分析社会发展和职业需要的变化，不断优化自身条件，积极主动适应社会经济发展的需要。否则，一味盯着眼前热门的职业，可能陷入不利于长远发展的选择失误。

2. 择己所爱

兴趣是最好的老师，是职场成功的关键因素。只要从事自己喜欢的工作，工作本身就会给人一种成就感和满足感。因此，就业选择要考虑自己喜欢哪种职业，或者对哪种职业比较感兴趣。研究表明，一个对所从事职业感兴趣的人，能够发挥其才能的 $80\%\sim90\%$，且能保持长时间高效率、不易疲劳的状态；而对所从事职业不感兴趣的人，则只能发挥其才能 $20\%\sim30\%$，且容易精疲力竭。因此，择己所爱是大学生做好就业选择的重要依据。

3. 择己所长

认清自己的优势和专长，才能在激烈的人才竞争中找到自己的位置。遵循"择己所长、扬长避短"的原则进行具体的就业选择。大学生应特别注意要尽可能学以致用，发挥自己的专业特长，把就业选择定位在与自己所学有较密切联系的行业领域，从而更好地实现自己的职业理想。

4. 择己所利

职业是具有经济性的，它是个人谋生的手段，其目的之一在于追求实现个人价值，追求个人和家庭的幸福。所以，在择业时自然会考虑职业带来的收益，尽可能使个人价值最大化。明智的选择是在收入、社会地位、成就感和工作付出等变量组成的函数中找出一个最大值。当然，"择己所利"所指的"利"，不是单纯薪酬待遇等，而是要综合权衡多方面的因素，综合自己的爱好、特长和个人需要，进而得出合理的择业结论。

 延伸阅读：

兴趣类型与对应职业

我国著名的戏剧家曹禺在上中学前就热衷于看"文明戏"和京剧，也爱看地方戏和电影，升入天津南开中学以后，他成了南开新话剧团的演员。通过演戏实践，曹禺对戏剧产生了深厚的兴趣，虽然父亲希望他学医，但他的兴趣在戏剧上。中学毕业后，曹禺进入清华大学学习西方语言和文学，开始从事长篇小说和戏剧创作，他的兴趣得到了进一步发展。在大学的最后一年，他写出了他的第一个剧本《雷雨》，之后成为我国著名的戏剧家。

兴趣类型不同的人，其对应的职业也有所差别，如表1-1所示。

表1-1 兴趣类型与对应职业

兴趣类型	特点	对应职业
喜欢与事物打交道	喜欢操作工具、器具等，而不喜欢从事与人和动物打交道的职业	制图员、修理工、裁缝、木匠、建筑师、会计、工程技术员、机器制造员等
喜欢与人接触	喜欢与他人接触、交往，善于交际，喜欢销售、采访、传递信息一类的活动	记者、服务员、推销员、教师、行政管理员、营业员等
喜欢从事有规律的工作	喜欢常规的、流程化的、有规律的活动，喜欢在预先安排的条件下做细致工作	图书管理员、办公室职员、档案整理员、打字员、统计员等
喜欢研究人的行为	喜欢观察他人的表现，喜欢研究人的行为举止和心理状态	心理学家、政治学家、人类学家、历史学家、人事管理员、思想教育研究员等

续表

兴趣类型	特点	对应职业
喜欢从事抽象性和创造性的工作	想象力和创造力丰富	演员、创作人员、设计人员、画家等
喜欢做领导和组织工作	喜欢管理工人,希望受到尊敬,在组织中起着重要的作用	学校领导者、辅导员、行政人员、管理人员等
喜欢从事社会福利和助人的工作	乐于助人,试图通过自己的努力来改善他人的状况	医生、律师、护士、咨询人员等
喜欢从事科学技术工作	擅长推理、测试、理论分析,喜欢独立解决问题,也喜欢通过实验获得新发现	工程学家、物理学家、地质学家、生物学家等
喜欢从事操纵机器的技术工作	喜欢运用一定的技术,操纵各种机械来制造产品或完成其他任务	机床工、驾驶员、飞行员、石油煤炭开采工等
喜欢从事具体的工作	喜欢制作看得见、摸得着的产品,希望很快看到自己的劳动成果,并从中获得成就感	手工制作人员、美容师、理发师、室内装饰人员等

第二节 圈定自己的求职目标

大学生圈定求职目标,这其实是一个知己知彼的过程。

这个过程可以通过美国职业指导大师、畅销书作家理查德·尼尔森·鲍利斯的《你的降落伞是什么颜色?》中提到的一种全面了解自己的模型来进行剖析。全面了解自己的七个部分:了解自己最喜欢/最擅长的技能(我的人生目标、目的或使命);自己喜欢的居住环境/地理环境;自己最喜欢的专业或感兴趣的领域;职业倾向(最喜欢共事的人/人事环境);价值、近期目标和远期目标;喜欢的工作条件;期望的薪水和责任范围。这七个部分就像是一朵花的七个花瓣,所以叫"花朵图模型"(见图1-3),是职业规划经典工具之一。

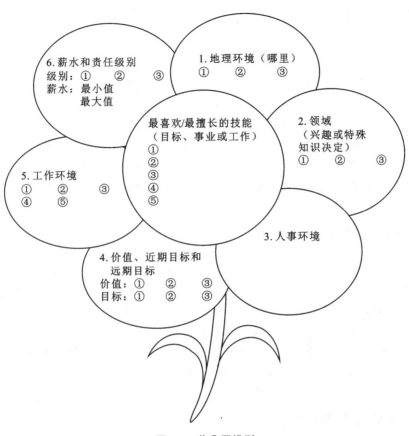

图1-3 花朵图模型

归纳起来,大学生圈定求职目标,主要是考虑以下几方面,如图1-4所示。

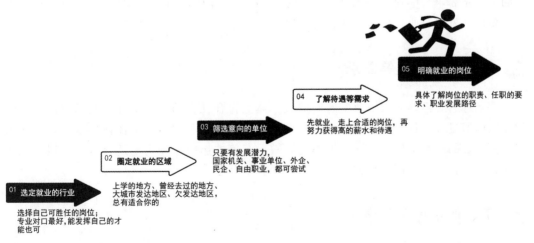

图1-4 五步圈定求职目标

一、选定就业的行业

目前,高校所设置的专业大部分都是符合区域经济发展需求、具有一定操作性的应用型专业。就业选择时,大部分同学可以选择从事与本专业对口的工作,运用自己的专业技能,能够较好地适应自己的岗位。而对口的用人单位也喜欢招收应用型院校的毕业生,因为这类院校的学生只需通过简单培训,即可胜任岗位工作。

虽然如此,我们也要摒除专业与岗位"绝对匹配"的择业观念,因为能找到专业对口的工作或岗位固然好,如果不能找到,也大可不必灰心。大学学习的是知识和方法,只要能发挥自己的聪明才智,有发展空间,不一定非要从事专业严格对口的工作。

二、圈定就业的区域

部分毕业生在选择就业区域的时候,存在着"唯直辖市、沿海发达地区"的倾向,都希望选择大中城市,而忽略了西部或者农村地区。其实在欠发达的中西部地区,发展潜力和发挥空间更大,同时这些地区对人才的需求也更加旺盛。

基层是大学毕业生建功立业的大好舞台,国家也制定了一系列的引导基层就业的优惠政策,如"三支一扶"计划、"大学生村官工程""西部计划"等。大学生应该积极响应国家的号召,去基层就业,实现自己的职业生涯目标。

三、筛选意向的单位

基于当前的就业形势和我国的社会经济发展状况,毕业生在就业单位的选择上呈现多元化趋势。这种现象产生的原因在于大学毕业生的人才特点和竞争优势,以及社会人才的多元化需求。毕业生一般不再注重就业单位的性质,只要有发展潜力,国家机关、事业单位、外资企业、民营企业、自由职业等,都可以去尝试和争取。

四、了解待遇等需求

薪酬待遇方面,大学毕业生的期望值整体上符合社会的实际情况,但仍有部分同学就业期望值过高,目标放在大企业、薪酬福利好的行业和职业,却往往忽略了自身实力和自身适合的择业定位,从而导致择业失败。正确的选择是先走上适合自己发展的工作岗位,通过自己的拼搏和努力获得较高的薪水和待遇。

五、明确就业的岗位

毕业生就业选择何种岗位,主要取决于自身愿望、资源条件和岗位胜任素质与能力要求。这就要求毕业生对自我的素质和能力有清晰的认识,对具体岗位的职责、任职条件和要求、职业发展路径等有深入的了解。

✎ 延伸阅读：

1-2 基层就业政策

第三节 选择合适的求职自我定位渠道

小案例：

小张是某高校财务专业的准毕业生。他准备离校实习时，某小型会计师事务所正招聘实习生，小张打算向熟人咨询一下会计师事务所的工作如何。在某会计师事务所工作过的邻居李阿姨说："在会计师事务所工作，不但经济回报高，更有机会成为合伙人。会计师事务所的工作对能力的锻炼和人脉的积累都很有帮助，工作几年之后如果跳槽也能被企业高看一眼。有机会的话当然要选择会计师事务所了。"曾在会计师事务所实习的王师兄说："去年年底我经亲戚介绍曾到某会计师事务所实习，在那里天天加班到凌晨，项目时间紧张，工作压力特别大，而且工资也没有预期的高，我实习一个月就放弃了。后来找了一家私企，我觉得还是在这家私企工作更踏实。"听完他们的话，小张感到很迷茫，不知要不要去会计师事务所应聘。

讨论：

热门的工作就是"好工作"吗？李阿姨和王师兄的话里，有哪些是客观信息，哪些是他们的主观意见？小张应该如何抉择？

▲ 一、以过去的行为做参考

作为即将毕业的大学生，早已成年，性格方面已经基本成型，过去的行为某种程度上代表着个人的喜好。因此，首先可以做几份比较权威的性格测试或职业测试。虽然这些测试不一定能全面地反映你，但是可以作为一个认识自我的工具，客观全面地了解一下自身的性格特点。一些比较好的测评分析还是有一定的道理，其结果也值得借鉴。

接着再回顾一下过往的具体经历，越具体越好，最好用笔和纸列出来。比如，大学四年主要精力放在了哪些方面？学习哪个领域的知识是自己比较感兴趣的？哪些又是自己所擅长的？参加过哪些社团活动、校级以上的大型活动，抑或是班级规模的中小型活动，公益性或是商业性的活动？大学经历的比较重大的事情是什么，当时自己所做出的选择又是怎样的？自己的性格有哪些优缺点，如是否真诚、稳重、勤奋、被动、少言寡语？从哪些事例可以看出这些优缺点？

回答这些问题，一方面可以梳理经历，为写简历做好准备；另一方面则是通过过去的事情全面地认识自我。

以前面小案例中小张的情况进行分析，可见李阿姨、王师兄都用他们过去的工作经验对是否进会计师事务所工作给出了自己的建议，但小张还应该结合自身的实际情况，在了解会计师事务所的工作内容后，剖析自己大学四年对哪个领域的专业知识感兴趣，自己擅长什么，有什么优点是会计师事务所工作需要的，同时存在哪些从事这份工作的缺点。

二、从实践经验的总结来选择

总结经验，这点非常重要。经常听到一些同学说"我可能适合做某种职位""我觉得某行业发展很好，立志进入某行业发展"。大学生未踏入社会，对社会的了解程度只是停留在表面，这些可能只是臆想出来的，是否适合一个职位，判断一个行业发展得好不好，要亲身经历才能确定。因此，要探索职场发展的道路，必须要先了解职场生活，实践就是最好的了解途径。有人说，这些我从网上、书上也可以大致了解，没必要花费太多时间在这上面。

其实不然，书上的经验是别人的，每个人的评判标准都不一样，而只有你自己才知道自己要的是什么。这样才不至于工作后才突然发现，自己入错了行或者干错了岗位。而且，实践有两条途径，一是实习，二是兼职。

实习当然是首选。一来工作的时间相对较长，对公司的运作或者行业基本情况的了解也更为深入；二来实习招聘流程相对规范，可以在找实习的过程中积累面试经验；三来实习一般都有补贴，可谓一举多得。

兼职工作的类型比较多样化，一般是临时性的较多，且主要以赚钱为目的，不利于专业经验的积累。在大学里，同学们做兼职的情况也比较常见。

现在的应用型大学，都是理论加实践的人才培养模式。小张在大学里应该有过兼职或实习的实践经验，根据自己的实践经验，再结合其他渠道获得的信息，辩证地去进行判断，一定能找到适合自己的就业决策。

三、用实际事例来总结

在前两个步骤后，接下来就是用实际的事例来总结自身的特点。这个过程很重要。首先，要问自己三个问题。

第一个问题：你最想要的是什么？（除了金钱，还包括工作环境、社会地位等）即职业生涯的目标与期望值是怎样的？这个问题还要将往后的生活蓝图考虑进去，是高压下的较高报酬呢,还是较低压力下的中等报酬?这些问题的回答将会决定你往后职业发展的大方向,例如找工作过程中你是选择进入外企、国企还是政府机关等。记住,要列出自己各个方面的答案,越详细越好。

第二个问题:你最适合做什么?第一个问题可以任自己写,只要不太脱离实际就可以。但是为了客观、科学地定位自己,第二个问题就要有根据地写了。首先,把自认为的优势列出来:执行能力、团队能力、学习能力、协调能力、认真负责、勤奋上进等。记住每一个优势都要列出几个事例说明,如勤奋上进:大学期间获得几次奖学金,参加了什么活动,获得什么奖或什么称号;又如学习能力好:短时间内(1星期或1个月)学习掌握某种技能并熟悉应用;再如团队合作:在某项比赛或者某个项目中担任某种角色,发挥了什么作用,最终获得什么成果等。接着,把自认为或者他人提及的缺点列出来,如浮躁、口才欠佳、被动等。当然,这些缺点也要有所依据,不能妄自菲薄,自己给自己列一大堆缺点。罗列缺点时可以把改正缺点的方法列出来。注意,像内向、不喜与人交往这类,属于性格特点,严格来说并不是缺点,只是不适合某些方面的工作(具体可参考职业测试分析),如果不喜欢从事这方面的工作则不用过于在意,如果性格与喜欢从事的工作有冲突,则可以将此类性格特点视为缺点,并详列改正方法。

第三个问题:你的兴趣点在哪里?这个问题的前提是满足同样预期的条件下,你喜欢的是什么样的工作?也许,有人会觉得,兴趣随时会变化,谁又知道自己到底喜欢的是什么。这话也有道理。因此,同学们要是找不到自己喜欢的东西,可以尝试寻找工作中自己所不能容忍的东西。这样,通过排除法,就可以了解自己的兴趣点在哪里。再次提醒,以上所要求的事例是简历环节中的要点,以及面试过程中的有力例证。

以上三种渠道并不分先后顺序,严格来说,这三种渠道是相互联系的探索过程。没有实践的经验、过去的经历,就没有总结的事例;没有经过总结,实践也就失去了方向。因此,求职自我定位是一个探索的过程,具体可通过填写表1-2来梳理。

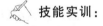 技能实训:

探索求职自我定位

表1-2 求职自我定位

探索的问题		答案		
第一个问题:你最想要的是什么?				
第二个问题:你最适合做什么?	列出自己的优势及事例			
	列出自己的劣势及事例			
第三个问题:你的兴趣点在哪里?				

第四节　做好后疫情时代的求职准备

2020年以来，受新冠疫情的影响，我国高校毕业生的就业形势更加严峻，对我国"稳就业"的工作带来巨大挑战。当前高校毕业生就业主要呈现预期与签约薪酬同比下降、体制内就业偏好增强、"灵活就业"与"慢就业"上升、就业市场"挤压效应"强化等四大特征。

一、求职心理准备

多重不利因素叠加导致应届生就业预期下降。主要不利因素有经济结构转型、国际政治风险上升、疫情迁延反复等多重内外部冲击，应届生就业压力明显增大。

智联招聘发布的《2022大学生就业力调研报告》显示，2022年55%的毕业生降低了就业期望，毕业生的平均期望月薪6295元，同比下降约6%。其中，4000元以下期望月薪占比12.8%，同比增加3.9%；6000元以上期望月薪占比44.6%，同比下降6.2%。在已签约的应届毕业生中，平均签约月薪6507元，同比下降12%。其中，签约月薪达到10000元以上的占比为10.7%，同比下降8.5%；3000元以下月薪的毕业生占比6%，同比增加1.5%。

如何科学理性地对待就业压力，如何接纳、调整自己的负面情绪，如何屏蔽干扰、保持良好的身心状态，如何从容对待求职、调整就业期望等问题，都给毕业生带来了心态管理方面的挑战。

（一）保持积极的就业心态

要有端正的就业观，保持积极的就业心态，虽然说合适的才是最好的，但也要认识到人生不可能一帆风顺，如果暂时难以找到自己理想的工作，不妨退一步，先到自己所能获得的比较满意的岗位就业。通过提升自身素质，积累职业资源，一步步向自己的目标努力前行。

（二）进行积极的自我暗示

大学生可以通过反复进行积极的自我暗示来调整心态。积极的自我暗示就是通过主观想象帮助自己树立信心、消除紧张情绪、增加勇气和力量。例如，可以在每天早上对镜子微笑，对镜子中的自己说"我真棒！"在进入求职面试室前，在心里默念"我准备好了！我肯定能行！"还可以把积极向上的信念写下来，贴在自己经常能看到的书桌上、电脑屏幕边框、床头，或直接设置成手机屏保。每天早晚大声地说出来或者在心中多默念几遍。在设置暗示语言时要避免使用"不再失败"等否定句式，要选择肯定的内容来进行强化暗示。在暗示语言的时态上，多用现在时态，少联想太长远的未来。例如，"这次面试通过了，我就有机会在深圳立足了"可能会让你联想到未来将面对激烈竞争的压力，而"面试完了，就能回家吃上美味的红烧肉了"则比较容易让人感到放松和愉悦。

（三）寻求专业的心理辅导

如果在运用各种方法进行自我心理调适后，依然不能有效解决情绪困扰，大学生应勇于寻求他人的帮助，例如，向辅导员求助，到就业指导部门请教，或者向学校生涯咨询师、心理咨询师预约咨询。自己的身心健康是最重要的，千万不要因为担心别人异样的眼光而不去正视自己的心理需求。

二、择业观念准备

2021年国家公务员考试资格审核通过的人数为212.3万人，同比增长51.3%，平均岗位竞争比上升至68∶1，部分热门岗位甚至达到20000∶1。2017年至2021年，教师资格证报考人数从310万人上升至1100万人，增长254.8%，许多毕业生在落榜后选择待业备考。智联招聘数据显示，应届生国企就业偏好位居榜首，占比44.4%，较2020年上升8.4%。选择民企的就业意愿占比为17.4%，比2020年下降了7.7%。

经济环境不确定性导致更多毕业生以公务员、事业单位、国企等体制内单位作为首要就业选择。

大学毕业生应打破专业局限，明确职业只有分工不同，没有高低贵贱之分。随着社会经济的不断发展，拥有高技能的蓝领也越来越受欢迎。大学生无须挤破脑袋争当大城市的白领，到基层就业或者到工厂一线工作也能为社会创造价值。

三、求职技能准备

在各种招聘会按下暂停键时，线上招聘成为主流的招聘方式。对毕业生适应新的招聘与面试沟通方式提出了新的挑战。经济结构的调整、产业结构的升级也对毕业生获得职位的能力提出了更高的要求。

后疫情时代，也是数字经济时代，催生了很多极具未来发展前景的新兴职业。在求职过程中，对毕业生以下这些能力提出了更高的要求：求职过程的科学规划与行动能力，就业信息的搜集、分析与使用能力，求职简历等材料的撰写能力，远程面试与沟通的能力，职业素养与岗位匹配的优势展示能力等。如何有效地应对求职过程的变化和新的要求，也是毕业生要做好的准备。

四、经验实力准备

疫情考验企业的运营能力和发展能力，深刻影响着其"选、育、用、留"的人力资源管理理念和方式。在企业初级岗位减少、同岗位竞争激烈的形势下，求职者要想赢得企业的青睐，就需要靠自己的经验优势和专业实力。

如何发掘、梳理、展示并证明个人的经验与实力是毕业生求职需要面对的挑战。大学生可通过职业指导、职业培训、增加见习机会等，提升求职能力、职场适应力、成长力和胜任力。

压力与挑战有利于我们调整观念和心态，迎接挑战，直面未来。

小案例：

优秀学生的求职苦恼

小陈来自一个贫困家庭，大学期间他刻苦学习，成绩优秀，课余时间积极参加社团活动，并在学校图书馆勤工俭学赚取生活费。在校期间，他多次获得励志奖学金、三好学生、优秀干事等荣誉和奖励。进入毕业求职季，小陈通过招聘网站选择了专业对口的几十个单位并投出了简历，希望尽快找到一份好工作，减轻父母的负担，然而通知他面试的企业寥寥无几，最后只获得一家企业的录用。但小陈觉得薪酬没有达到预期标准，不愿意去这家企业。马上面临毕业还没落实工作，小陈情绪很低落，他感到非常焦虑，内心十分矛盾，还出现了失眠的情况。

讨论：
你认为小陈出现这些求职苦恼的原因在哪里？

点评： 小陈在校表现优秀而求职结果不理想，一方面可能因为自我定位不当、求职目标过高，另一方面也可能由于缺乏求职面试的技巧。选择用人单位不宜过于看重物质条件，更要结合自己的兴趣和能力做出决策。在求职中遇到挫折要积极进行心理调适，如果情况较严重，自己难以处理时，应及时寻求专业人士的帮助。

·本章小结·

通过本章学习，首先，了解到当前大学生就业结构性差异突出、就业方式呈现多样化、"慢就业"呈上升趋势的就业现状，分析了大学生求职的影响因素，掌握了大学毕业生求职择业的基本原则。

其次，面对现阶段就业的困难，我们要通过五步圈定好自己的求职目标。可以通过过去的行为、实践经验、实际事例来总结、参考、找到合适的求职自我定位渠道。

最后，从求职心理、择业观念、求职技能、经验实力几方面做好后疫情时代的求职准备。

· 课后思考 ·

实践实训活动

1. 思考大学生毕业就业有哪些出路？

2. 进行专业就业形势调查。五人一个小组，调查本校或同类院校本专业最近三年毕业生的就业现状，包括就业形势、就业区域、工作性质、单位类型、初始薪酬等，并提供一份书面的调查报告。

3. 请根据自己的实际情况，设计一份详尽的就业时间表。

· 就业行动 ·

完成你的"花朵图模型"

第一步（花蕊）：盘点你的才能，了解自己最擅长的技能。

在这一部分，我们需要厘清两个方面的问题。

第一，了解自己最擅长的技能是什么。

第二，得出求职目标。

我们可通过表 1-3 和表 1-4 完成这部分内容。

（1）认真阅读表 1-3 中"问题"栏的内容，并根据自己的情况将答案填写在"答案"栏内。

（2）根据"答案"栏的内容填写"该项所涉及技能"栏。例如，你最喜欢的工作是"策划活动"，该项涉及的主要技能包括"创意""组织"和"沟通"等。

（3）综合"答案"和"该项所涉及技能"的内容给自己的求职目标进行初步定位。定位的职业中应该涉及前面提到的这些技能，并与自己给出的答案有所重叠。

（4）列出自己的求职目标（3～5 个），并根据自己的倾向排序填写到表 1-4 中。

（5）返回前面的"花朵图"，将所列目标填写在"花朵图"中的花蕊部分。

表 1-3　个人技能分析

序号	问题	答案	该项所涉及技能
1	你能做什么？		
2	你喜欢做什么工作？		
3	你擅长做什么工作？		
4	你对什么有强烈的兴趣？		
5	你真正喜欢做的事情是什么？		

表1-4　我的求职目标（按照自己的倾向排序）

排序	求职目标
1	
2	
3	
4	
5	

第二步（第一片花瓣）：确认自己喜欢什么样的居住环境。

这是一个非常关键的问题：如果你可以选择，你喜欢住在哪里？

如果你安于现状，那么你可能永远不会知道未来是否有机会为你敞开大门。所以，要先做好准备，不要等机会出现时才做这项练习。现在就开始吧！

你需要回答的问题是：如果可以选择，你最喜欢在哪里生活和工作？列出具体地名前，列出一系列对你来说至关重要的地理环境因素，这是非常有必要的。为帮助你完成这一步，请将随后的表1-5填满。填写表格的6个简易步骤如下。

（1）列出以前住过的地方（乡镇或城市等），填入第1栏。

（2）列出每个地方你不喜欢的因素，答案可能会有所重复。对于每个地方，都要将能想得起来的任何因素全部列出。然后把所有这些负面因素都填入第2栏。

（3）将每一个负面因素都转换成正面因素。注意，未必转换成它的对立面，要符合实际情况。例如，并不是把"总是下雨"转换成"总是很晴朗"，把它转换成"一年至少有200个晴天"更好些。当然，这由你自己决定。将所有正面因素填入第3栏，将你能想起来的第1栏中所列地方的正面因素也填入第3栏。

（4）将第3栏的正面因素按重要性进行排序，例如，"交通方便""四季如春""文化氛围浓厚"等。按照确切的顺序在第4栏中列出排在前10位的正面因素。在排序过程中可以采取两两对比的方法。

（5）将优先选出的前10个正面因素告诉你认为可以提供参考意见的人，问问他们，是否有一个地方能同时拥有这10个正面因素或大部分正面因素。从他们建议的地方中，选择你最感兴趣的3个地方，按照你自己的倾向排序。将这些地方填入第5栏。

（6）返回前面的"花朵图"，并将第5栏中的3个地方填写在"地理环境"的花瓣内。

表 1-5 我的地理环境偏好（选择 3 个）

第1栏 我居住过的 地方	第2栏 负面 因素	第3栏 将负面因素转换成 正面因素	第4栏 我的正面 因素排序	第5栏 符合这些 标准的地方
你居住过的地方 比如：武汉 二环外、三环内 远郊地区 ……	我不喜欢该地 方的因素……	我喜欢该地方 的因素……	1. 2. 3. 4. 5.	a. b. c. d. e.

第三步（第二片花瓣）：确认领域，即你的最大兴趣或专业。

在这部分，我们要详细了解自己最喜欢的专业或兴趣，专业和兴趣可以相互替换，是指在我们或多或少知道的一些事物当中，总有一些事物自然而然成为我们的偏好，总有一些专业是我们的兴趣所在。我们可以通过以下 4 个步骤完成这个部分。

（1）先认真阅读表 1-6 中"问题"栏中的 10 项内容，并将你的答案填写到"答案"栏中。

（2）将你自己填写好的 10 个答案根据兴趣倾向进行排序，将序号填写在"排序"栏中。

（3）将你选出的前 3 个答案挑选出来，思考这些答案（兴趣）对应什么领域。

（4）返回前面的"花朵图"，将你的前 3 个答案填写到"领域"的花瓣内。

表 1-6 我最喜欢的专业或兴趣（选择并排序）

问题	答案	排序
1. 你的爱好或兴趣是什么？		
2. 你喜欢谈论什么话题？		
3. 你喜欢阅读什么类型的杂志？		
4. 你喜欢阅读报纸上的什么文章？		
5. 你喜欢在书店的哪类书架前停留？哪方面的书令你着迷？		
6. 你喜欢浏览什么网站？它们属于哪个专业？		
7. 看电视时，你喜欢看什么样的娱乐节目？哪个科目的教育节目？		
8. 所学课程中，你真正感兴趣的是哪一门？		
9. 如果要写书，除自传外，你想写哪方面的？		
10. 什么工作会让你全神贯注，废寝忘食？		

第四步（第三片花瓣）：确认你的职业倾向（人事环境）。

这一部分需要我们通过寻找自己的霍兰德职业兴趣代码，了解你的职业倾向（人事环境）。这部分内容可以在相关网站上用人事测评工具完成，请你将这部分的内容填写到"花朵图"中"人事环境"的花瓣内。霍兰德职业兴趣代码如图 1-5 所示。

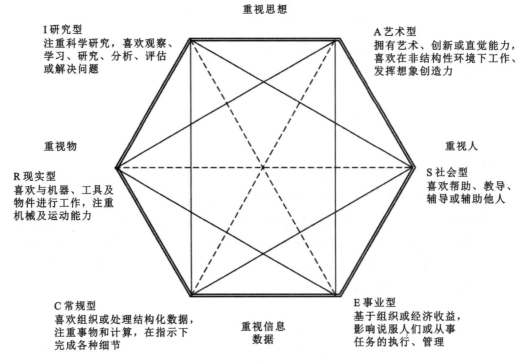

图 1-5　霍兰德职业兴趣代码

第五步（第四片花瓣）：确认你最重视的价值与目标。

这个部分需要我们厘清自己最重视的价值和目标，找出我们自己最重要的、最关注的三个价值和目标。价值能够为我们处理每件事、每次与人打交道时提供指导，但我们经常无法意识到自己的价值是什么。简言之，价值的形成来源于我们处理每件事时或在每次与人打交道的过程中所做过的有意义的事，这些事往往能够被自己或他人记住。我们可以通过以下几个步骤完成这个部分。

（1）先认真阅读表 1-7 中的 29 项内容，选出你最关注的价值，并在这些项目前用"√"做好标记。

（2）在标记的项目中按照你自己的倾向选择出 10 项最重要的价值，并按照你自己认为的重要程度进行排序。

（3）返回前面的"花朵图"，将你的前 3 个价值填写到"价值、近期目标和远期目标"的花瓣内。

（4）从价值转向目标。

（5）首先，想一想有生之年自己想做什么，这会让自己更明确现在的职业选择方向。然后，认真阅读表 1-8 中的 22 项内容，这些内容中是否有一些我们希望完成的事情，在这些项前用"√"做好标记。

（6）在标记的项目中按照你自己的倾向选择出 10 项最重要的目标，并按照你自己认为的重要程度进行排序。

（7）返回前面的"花朵图"，将你的前 3 个目标填写到"价值、近期目标和远期目标"的花瓣内。

表 1-7 我最重视的价值（选择 10 个）

是否选择	序号	最重视的价值
	1	帮助那些需要帮助的人
	2	不遗余力地帮助他人
	3	做一个很好的听者
	4	擅长执行命令，完成任务
	5	精通某些技术和领域
	6	能做到别人认为不可能的事情
	7	无论做什么，都做得很出色
	8	修理破损的物件
	9	能做到别人没做到或放弃的事
	10	改善事情，使之更好、更完美
	11	与坏的思想、力量、和流行趋势做斗争，并能胜出
	12	影响人，并取得巨大反响
	13	具有影响力，能促进变革
	14	能给世界带来更多信息和真理
	15	能给世界带来更美的事物
	16	能给世界带来更多正义、真理和道德行为
	17	更有智慧和同情心
	18	有梦想，并使梦想成真
	19	能从零开始发展和建造
	20	开创新业务并善始善终
	21	在别人发现潜力之前，利用、创造并影响形势和市场
	22	组织团队，使其在领域、行业或者社区中脱颖而出
	23	成为好的决策者
	24	被人视为领导者，能够为自己的所作所为负责
	25	在自己的领域、行业或社区中有地位
	26	有名气，被人认可、关注
	27	在名声、地位方面更上一层楼
	28	在物品、金钱方面有所收获
	29	其他

表 1-8　我希望完成的最重要的目标（选择 10 个）

是否选择	序号	最重要的目标
	1	衣服，寻找并选择合适和支付得起的衣服
	2	食物，饮食的需要
	3	住房和房地产，找到合适和支付得起的房子
	4	语言，读、写、学习新语言
	5	个人服务，自己不能做（或没时间或不想自己做）的事情
	6	财务，预算、税收、财务计划和金钱管理的需要
	7	购买，购买物品的需要
	8	交通，旅行的需要
	9	法律服务，就正在做或不得不做的事情提供法律咨询
	10	儿童发展，解决儿童问题的需要
	11	身体健美
	12	保健服务，对预防性疾病的医治和帮助
	13	医疗
	14	心理保健
	15	个人咨询和指导，处理家庭或人生当中的不协调
	16	求职和就业，找到理想的工作
	17	人生或者工作计划，规划职业或有意义的人生
	18	学习和培训
	19	娱乐，满足娱乐、美观等精神生活的需要
	20	精神，了解自己的灵魂、价值及原则
	21	动物和植物
	22	其他

第六步（第五片花瓣）：确认你喜欢的工作条件。

在这一部分，我们需要明确的是"在什么样的环境下你的工作效率最高"这一点。这与环境对植物生长的影响相似，晏子曾说："橘生淮南则为橘，生于淮北则为枳，叶徒相似，其实味不同。所以然者何？水土异也。"其意即土壤环境改变了植物的特性。同样，我们在特定条件下能够发挥得超出预期，在另一种条件下则不能正常发挥。这与工作条件的关系很密切。获得答案最简单的方法是从以前学习或工作中不喜欢的东西着手，将它们列入表 1-9 中。

（1）列出以前学习或工作过的地方。大学生，没有正式工作的经历，但有实习或社会实践的经历，可以选择这些地方，填入表格第 1 栏。

（2）在 A 栏中填入"不喜欢的工作条件"。例如，"管制太多""经常加班""工作场地过于拥挤"等。

（3）根据自己的倾向，按照重要性进行排序，填写到 B 栏中。

（4）想一想，将 B 栏中列出的负面因素转换成相对正面的表述形式。这里不要要求绝对的对立面。例如，并不是将"管制太多"转换成"没有管制"，用"适度管制"更为妥当。

（5）完成 C 栏后，返回前面的"花朵图"，把你认为能提高工作效率的 5 个因素填写到"工作环境"的花瓣内。

表 1-9　我的地理环境偏好（选择 3 个）

我曾经工作过的地方	A 栏： 不喜欢的工作条件	B 栏： 不喜欢的工作条件排序	C 栏： 提高工作效率的关键因素
	过去在这样的条件下工作时，工作效率下降	将 A 栏中的条目从最不喜欢的开始排序	将这些因素的对立面，以一定的次序排列

第七步　（第六片花瓣）：薪水和责任级别。

薪水是定位理想的工作和职业必须考虑的因素，而薪水往往与责任级别是对应的。这一步需要我们完成以下几个步骤。

（1）第一个问题是，在定位的理想的工作中，你希望承担的工作级别是什么？请在表 1-10 中选择 2～3 个项目，并用"√"做好标记。

（2）用 2～3 个词来总结你的答案，返回前面的"花朵图"，将你总结的三个词语填写到"薪水和责任级别"的花瓣内。

（3）第二个问题是，你的目标薪水是多少？你必须考虑最小值和最大值。最小值是你必须赚取、勉强度日的最小收入。最大值则可以发挥想象，不过列出与你现在的能力和经验相符的数目，可能更实际。也就是说，这个最大值是你实际上能得到的，而不是虚夸的，不妨列出 5 年后希望赚到的数目。

（4）请先阅读表 1-11 中的 15 项内容，并将每项内容进一步细化，最后计算出各项的预算金额。例如，"服装"项，我们可以细化为"购买新旧服装""洗衣服"等费用。

（5）将以上 15 项预算金额相加，把结果填写在"每月所需总额"栏内。薪水如果低于这个值，我们将不能接受这份工作。

（6）返回前面的"花朵图"，将你总结的三个词语填写到"薪水和责任级别"的花瓣内。

（7）除了钱之外，你还希望从工作或职业中得到其他回报吗？按照你的倾向在表 1-12 进行选择，如果选择了，请将所选内容填写到"薪水和责任级别"的花瓣内。

表 1-10　我希望承担的工作级别（选择 2～3 个）

□ 老板或首席执行官（这意味着你要开自己的公司）	□ 经理人或者在老板之下执行命令并且发布命令的人	□ 团队的领导人
□ 团队中平等的一员	□ 与伙伴协助工作	□ 独自工作，作为一名雇员或一个公司的咨询顾问
□ 其他级别，上面未列出但我希望承担的级别		

表 1-11　一个月内所需的开支（理想预算、最低预算）

- ■ 住房：_____ 元
- ■ 交通：_____ 元
- ■ 食品：_____ 元
- ■ 保险：_____ 元
- ■ 服装：_____ 元
- ■ 医疗：_____ 元
- ■ 娱乐：_____ 元
- ■ 通讯：_____ 元
- ■ 教育：_____ 元
- ■ 税金：_____ 元
- ■ 账单和债务：_____ 元
- ■ 存款：_____ 元
- ■ 供养其他家庭人员：_____ 元
- ■ 养老金：_____ 元
- ■ 其他临时支出：_____ 元

每月所需总额：_____ 元

表 1-12　你还希望从工作或职业中得到的其他回报

□ 冒险	□ 挑战	□ 尊敬	□ 影响
□ 受欢迎	□ 名誉	□ 权力	□ 与同事竞争
□ 做领导的机会	□ 使用专业技能的机会	□ 帮助他人的机会	□ 其他

第二章 当代职业生涯环境

学习目标：

- 了解当代大学生就业形势与环境，了解产业、行业与职业及其发展变化，了解职业环境的发展规律，了解就业信息的范畴及收集渠道；
- 掌握行业分析的方法，掌握职业探索的方法，掌握收集与整理就业信息的方法；
- 认识到职业探索、就业信息对于求职择业的重要性，能够主动地、科学地进行职业探索，以及收集就业信息。

本章知识结构图

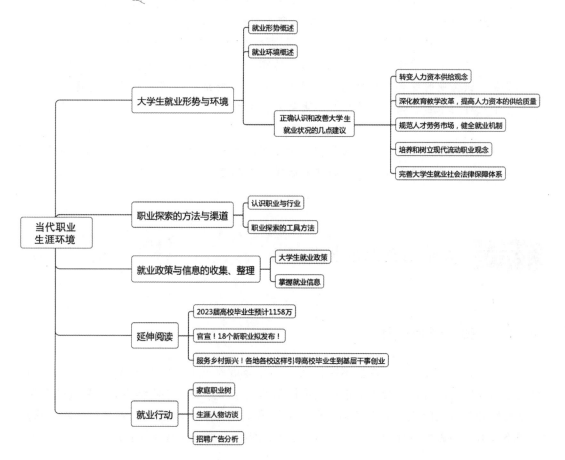

学习重点与难点

重点：

掌握进行职业探索的方法，掌握收集与整理就业信息的方法。

难点：

1. 认识到职业探索的重要性，了解收集就业信息的渠道；
2. 学会根据实际情况筛选适合自身的就业信息。

 情景导入

  小张是某省财经类大学的一名毕业生，所学的专业是金融工程。其在校期间成绩优秀，担任班级学习委员，英语通过全国大学英语六级考试，家庭经济条件宽裕。

  大四上学期，省内一家重点国有企业来校招聘时，小张凭借自己的实力，顺利拿到这家企业的录用通知并签约。大四下学期一开学，小张国外的亲属告诉他，正在给他联系国外一所学校的留学事宜，让他把大学期间的相关资料尽快寄到这所学校。5月份，亲属通知他留学申请成功，让他办理出国留学手续。

  这时，小张开始犹豫了：一方面是国外高校的留学机会，能够开阔视野，增长才干，学到国外的前沿知识；另一方面，其所签约的是我国一家知名国有企业，该企业的综合实力也处在世界前列，同样能给自己将来事业的发展提供一个良好的平台。该如何选择？小张陷入了深思。

  点评： 认清当前大学生的就业形势，了解本专业的就业形势及状况以及国家的就业环境，这些能为更好的就业选择提供参考。

第一节 大学生就业形势与环境

一、就业形势概述

  近些年，中国高等教育规模不断扩大，为社会培养了大量的高层次人才，促进了社会的迅速发展。同时，社会主义市场经济体制的建立和发展，产业结构的不断优化升级，正猛烈地冲击着我国的劳动力市场，在社会转型期，大学生就业的形势日趋严峻，这一现象不仅潜在地影响着社会的持续发展，也对现实社会的稳定提出了挑战。

（一）近年来我国大学毕业生总体就业形势

1. 经济增速放缓，就业压力增强

就业与经济发展密切相关，随着经济规模和产业结构的变化，单位 GDP 增长的就业拉动能力明显增强。从国内经济形势看，经济运行总体平稳，但发展速度变缓，下行的压力短期内还得不到缓解，整体用工需求下降，进而极大地减少了由经济快速增长而带来的就业需求增量，影响了经济增长对就业的拉动效力。

从国际形势看，世界经济复苏减缓，直接影响着已经融入世界经济的中国，尤其是对外贸易。这使得外向型出口企业发展困难，吸纳就业能力下降。为维护竞争优势，各国多采取贸易保护措施，导致我国已经连续十几年成为全球遭受贸易摩擦最多的国家。后危机时代我国外部经济发展环境比较复杂，这对于我国外部经济拉动就业产生了不利影响。

近几年来，全国高校毕业生人数逐年增加，加上往年沉淀下来的毕业生，总体来说，大学毕业生的就业形势一年比一年严峻。虽然这几年全国高校毕业生就业率基本持平，但由于毕业生人数逐年增加，所以绝对数在增加，可以预见，在未来相当长时期内大学生就业压力不会减弱。

2. 劳动力总量压力和结构性矛盾并存

当前我国大学生就业形势总体稳定，总量压力不减、结构性矛盾仍然存在。2022 年，我国大学生毕业人数达到 1076 万。我国总人口超 14 亿，2020 年，我国劳动人口的平均受教育年限为 10.75 年，可见当前我国劳动人口的平均文化素质有待提升。1076 万的大学毕业生加入劳动人口大军，能够提升全国劳动人口的平均文化素养。

中国未来发展需要不断提升自我创新能力，不断提高人力资本存量和增量，大学毕业生数量的快速增长是很有必要的。事实证明，很多国家在迈向中高等收入国家的发展过程中，都经历过高等教育大规模扩张的时期。

我国已经成为世界第二大经济体，市场对人才的需求是比较旺盛的，目前我国专业技术人才仍然是供不应求的。但是，由于我国经济结构调整和区域经济结构，以及职场、经验准入要求等市场因素发生的变化与大学生适应这一变化所需的知识结构、专业素质、职场经验、就业观念、信息占有情况、高校分布和专业人数分布不匹配，引发了职位空缺和失业并存现象。因此，出现大学生就业困难的局面并不是因为大学生太多了，而是结构性过剩。也就是说，劳动力供求结构不一致，导致大学生结构性失业，如专业设置和社会需求不相适应，学生素质和社会需求不相适应，大学生就业观念滞后，区域结构性矛盾等。

3. 新兴产业加快发展，大学生就业机遇与挑战并存

当前我国经济转型主要是供给侧结构性改革，任务主要是去产能、去库存、去杠杆、

降成本、补短板。其中，去产能涉及钢铁、水泥、煤炭等十多个产业。这对大学毕业生就业会造成一定影响。比如钢铁业，以前是吸纳大学生就业的重要行业，现在产业结构调整使得企业内部富余人员尚且需要分流安置，吸收大学毕业生就业的能力就不如以前，给就业带来了压力。

然而，供给侧结构性改革注重创新驱动，新兴产业在我国具有良好的发展前景，这其中必然导致技术技能人才短缺。低端产业向高端产业转型，需要更多的人力资本，尤其是高层次的人力资本，这又为劳动力市场创造了新的就业岗位，成为吸纳大学生就业的主要领域。比如，我们现在发展文化创意产业，鼓励大学生自主创业，这都有利于大学生实现就业。另外，自2015年我国提出"中国制造2025"以来，制造业走产业升级的道路，需要新时代的一批"大国工匠"，这也有利于大学生就业。

 延伸阅读：

2023届高校毕业生预计达1158万

央视新闻报道，2022年11月15日，教育部、人力资源和社会保障部在京召开2023届全国普通高校毕业生就业创业工作网络视频会议，部署做好新一届高校毕业生就业创业工作。

据教育部统计，2023届全国普通高校毕业生规模预计达1158万，同比增加82万。教育部会同有关部门进一步完善促进就业政策，更大力度拓宽就业渠道，11月至12月期间，将开展2023届高校毕业生校园招聘月系列活动。

会议强调，各地各高校要千方百计促进市场化社会化就业，深入开展高校书记校长访企拓岗促就业专项行动，实施"万企进校园计划"，全面推广使用国家大学生就业服务平台，推进落实中小企业吸纳高校毕业生就业优惠政策，支持自主创业和灵活就业。要用足用好各类政策性岗位，充分发挥政策性岗位的吸纳作用，积极拓宽基层就业空间，鼓励更多毕业生报考重点领域和一线岗位，做好大学生征兵工作。

各地各高校要用好"互联网＋就业"新模式，坚决保护毕业生就业权益。要加强就业兜底帮扶，将困难毕业生情况掌握到位、就业帮扶举措落实到位、相关院校支持到位。要用心用情帮扶就业困难群体，深入实施"宏志助航计划"，做好离校未就业毕业生跟踪服务。要简化优化求职就业手续，共同做好稳妥有序取消就业报到证工作，建立毕业去向登记制度，强化就业统计监测。要深入推进高等教育供给侧改革，强化学科专业布局调整，完善就业与招生培养联动机制。要完善劳动者权益保障制度，严厉打击违法违规行为，切实提高毕业生维权意识，为他们提供公平有序的就业环境。

（资料来源：央视网）

（二）当前就业形势的成因分析

1. 劳动力总量供需矛盾突出

我国是世界人口大国，特别是二十世纪六七十年代人口生育的高峰期，造成当前和未来一段时期劳动年龄人口占总人口比重较高的情况，给社会带来了严峻的就业压力。此外，随着城镇化、工业化进程出现的农业劳动力大规模转移以及世界金融危机的冲击，用人单位吸纳大学毕业生的能力有所下降，使得劳动力总供给和总需求的矛盾更加突出。

2. 大学生就业市场进一步由"卖方"走向"买方"

随着高等教育由"精英教育"走向"大众教育"，大学毕业生数量急剧增加。据教育部统计，2002年只有145万高校毕业生，而2022年达到了1076万，而且每年还有部分未就业的往届毕业生也会加入求职队伍。大学毕业生人数持续增长，就业压力总量不减。

大学生与社会需求之间的关系由"供不应求"转为"供需平衡"，直至"供大于求"，大学生就业市场化，价格机制对就业市场的调节作用越来越大。而现在社会高等教育的高增长率、社会总就业形势紧张与劳动力市场是严重分割的。由于高校扩招速度过快、增幅巨大，大学生供给短时间内爆发，超过社会经济增长水平和发展速度，社会对人才的岗位需求与大学生的供给不平衡，越来越多的大学生面临失业，就业形势日趋严峻。

3. 不规范、不健全的人才市场机制，加重了大学生就业形势的严峻性

人才市场机制在这里主要指人才就业市场机制和人才市场管理机制。从人才就业市场机制看，目前我国高校毕业生完全自主择业的社会环境条件还很不成熟，缺乏及时准确的人才供求信息收集、发布、检索和交流的权威机构和通道，稳定规范的人才劳务市场还没有形成系统完整的网络体系，大学毕业生自主择业权利的社会保障体系、法律保障体系也不健全，这大大削弱了大学生供求信息的时效性和自主择业的可靠性。

从人才市场管理机制看，不规范、不健全的人才市场管理机制缺乏对用人单位的激励、保障和限制，削弱了用人单位吸纳高层次人才的积极性。

一方面旧的计划经济体制的影响仍然存在并在一定范围内发生作用，用人机制不够健全，人才流动机制还有待完善；另一方面，劳动力市场发育不完善，就业市场不规范，劳动力要素的配置还未优化。在毕业生觉得"一职难求"的同时，用人单位也感叹很难招到满意的人才。

4. 经济发展模式使大学生就业呈现结构性矛盾

我国的产业以制造业为主，低端制造业发展充分，而这些产业对劳动者的文化素质要求不高。但高端制造业、高端服务业、文化产业等发展不足，导致对这些高层次劳动者的需求不足。不同地区之间，东部与西部对劳动力的需求差异也比较明显。

同时，如果劳动力市场是充分竞争的、自由的，很多毕业生就能更加理性地选择就业的城市。但事实上，大城市集中了较多的资源和就业机会，导致劳动力市场的制度性

分割，毕业生就业存在结构上的偏差，他们宁可在大城市里暂时找不到工作，也不愿到一些中小城市寻找工作。

从地区结构看，经济较发达的地区，就业形势好，就业渠道比较畅通；而欠发达地区，就业情况不太好，欠发达地区缺乏人才，又留不住人才。

5. 大学毕业生自身定位的缺失

就业难的问题除社会的客观原因外，也与毕业生自身的观念密切相关。毕业生的就业期望与社会实际需求之间存在巨大的反差，这是就业困难的一个重要原因。有些毕业生专业知识掌握不牢，又缺乏实践经验和实际操作能力，好高骛远，缺乏对社会合理的认识，没找准自己的定位，就业观念偏离就业现实，很少考虑自己的期望是否脱离现实，是否有利于自己的发展。他们通常不是从自己所学专业知识和自己的兴趣、爱好、能力、性格出发，而是无的放矢，盲目乐观，严重脱离客观实际，所以很难找到适合自己的职位和工作。

二、就业环境概述

就业环境是指与大学毕业生择业有关的政治、经济、文化等社会环境。就业环境对毕业生择业的影响是多方面的。大学毕业生作为人力资源中最具有活力并掌握现代科学文化知识的群体，他们的顺利就业，发挥聪明才智，对于最大限度地发挥人才效益，以及经济建设和社会发展都将起到重要的作用。

（一）大学生就业环境分析

1. 知识经济对我国的影响与挑战

知识经济对人类社会生活的影响是广泛而深远的，政治、经济、文化、教育、思想观念都发生了前所未有的巨大而深刻的变化。知识经济时代为人类社会开创了新的发展前景。当前，我国正处于知识经济和经济转型的双重影响之中。

作为世界上最大的发展中国家，我国的国情极其复杂。就经济而言，地区发展不平衡，多种所有制、多级技术水平并存，企业制度处于调整变革之中，产业结构处于大的变动之中，科学技术总体水平亟待提高。我国要赶上知识经济时代的步伐，必须付出加倍的努力。

2. 经济结构与产业结构调整

我国正在进行的经济结构和产业结构的调整，是经济发展的必然趋势，也是我国经济取得长足发展、经济体制从计划经济向市场经济转轨的必然结果。知识经济对产业经济的影响主要表现在四个方面。

（1）知识经济在产业经济的增长中，主导作用日益明显；

（2）知识经济将引起产业结构的大规模调整和产品构成的全方位变化；

(3) 知识经济将促进企业重构;

(4) 知识经济的兴起必然引起劳动力的结构性转移。

3. 知识经济与就业革命

工业经济向知识经济转变,一方面使知识密集型的新产业部门不断涌现,另一方面使传统产业部门经过改造,知识含量大幅度提高,直接从事生产的劳动力大大减少,从事知识生产和传播的劳动力越来越多,从而导致一场社会日益关注的就业领域的变动。这一变动的特点是大量传统就业领域变窄,知识结构性失业人口不断增加,就业结构加速调整,随之而来的是一场有关就业的革命。随着科技进步和社会生产力的发展,生产的技术构成不断提高,体力或技术含量较低的劳动力的需求量也相应减少,从而导致一部分劳动者失业。在市场经济条件下,劳动力市场上随时都会有不适应市场需求的劳动者被淘汰,也有劳动者为寻求更理想的职业主动辞职,拥有新技术的劳动者被吸收。

4. 知识经济对人才和教育的要求

与传统的工业、农业经济相比,知识经济已经发生了根本性的变化。农业经济属于劳动密集型的产业模式,以土地为主要资本;工业经济属于资金密集型的产业模式,以货币为主要资本;知识经济属于知识和技术密集型的产业模式,以知识、智力为主要的资本,知识资本也就成为知识经济主导的生产要素。知识经济的繁荣不是直接取决于资源、资本等硬件的数量、规模和质量,而是直接依赖于知识或有效信息的积累和利用。知识在一些高科技企业起着极其重要的作用,知识已经代替资本成为企业成长的根本动力,是竞争力的主要源泉,是使投资获得高额回报和员工获得高额收入的基础。比尔·盖茨靠自己的知识构筑了一个强大的微软王国,美国靠知识迅速成长起来的高科技企业已经形成相当的气候,我国一批迅速崛起的高科技企业充分发挥和利用了知识资本,获得了成长的巨大动力和竞争力。

经过多年的改革发展,我国已经形成了比较完备的高等教育体系,具有较高的培养质量,本科生和硕士研究生培养水平与国际先进水平相当。同时,我们也应该看到,为了适应知识经济时代的需要,正逐步改革农业和工业经济时代所形成的教育模式,以适应知识经济时代对人力资源和人的智能开发的要求。教育创新包括从教育体系、教育结构、教育方法、教学内容到教育的时间和教育的空间等方面。需要加强对学生的智能教育、通才教育、终身教育、管理教育,提高学生的素质,培养学生的创新精神。同时,应将教育的时间从学校延伸到整个人生,使人们在未来的工作中不断接受新知识,不断掌握和运用新知识。

(二) 就业环境对大学生就业的影响

就业环境是指在时间和空间上以直接或间接的方式对就业起激励、约束、导向作用的主客观和社会发展因素的总和。大学生就业总是受到社会客观环境、个体成长环境、社会心理环境、社会发展环境的影响。

1. 社会客观环境

社会客观环境是指由政策设置、经济状况所形成的就业社会氛围。

1）政策环境

大学生就业政策是国家为实现一定时期的路线、方针而制定高层次人力资源配置的行动准则，体现了一定时期社会发展的需要，是大学生就业过程中应遵循的基本规范。我国大学生就业制度经历了一个不断发展和改革的过程，相关政策也有过相应的调整。不同历史阶段有着不同的政策内容，政策体现着一定的导向性、调控性和约束性。

当前，在社会主义市场经济条件下，高等教育适应市场经济发展的契合点，首先表现在毕业生就业这一环节上。现在正在运行的毕业生就业制度，是在国家就业方针、政策指导下，毕业生和用人单位双向选择的制度。

除大学生就业政策的直接影响外，劳动人事制度中诸如人才流动、工资、公务员制度等，以及社会职业结构调整的有关政策，都会对大学生择业产生直接或间接的影响。

2）经济环境

一个国家、一个地区在一定时期内的经济状况，直接影响其劳动就业状况。大学生选择职业，不可避免地要受到当时的社会经济状况的影响。从整个国家范围来说，经济的发展和科学技术的进步，劳动生产率的提高，职业演化速度的加快，就业岗位的增加，都是与就业状况密切相关的因素。从一个国家的区域性经济发展状况来说，它的不平衡性往往使经济发展速度快的地区成为大学生择业的热门地区。目前，我国经济增长方式的转变和经济结构的调整，以及科教兴国和可持续发展两大战略的实施，对大学生就业的影响已经显现出来。

2. 社会心理环境

社会心理一般反映的是人们的日常意识，是指一定时期内人们普遍流行的精神状态，包括人们的要求、愿望、情感、情绪、习惯、道德风尚、审美情趣等。传统的就业理论和现时流行的就业意识形成了影响大学生就业的社会心理环境，诸如社会时尚、父母及亲友的意见、老师的参谋作用、传统的性别观念等。

1）社会时尚

社会时尚就是在社会中流行一时的风气或风尚，它是一种非常规的集体行为模式。时尚在人们生活中是广泛存在的。人们崇尚的行为取向对大学生择业的影响是不可忽视的，如大学生择业中出现过的大城市热、合资企业热、"孔雀东南飞"以及现在盛行的公务员热、考研热等。时尚又与社会舆论有关，社会舆论能够引导时尚运动，时尚也能形成较为集中的舆论和热门话题；反过来，舆论或热门话题又促进或阻碍时尚运动。时尚对人们的正面或负面影响，会造成不同的行为结果。健康的时尚，会激发人们的责任感和使命感，形成正向行为导向；非健康或颇有偏见的时尚，会造成人们思想意识的偏见和行为取向的偏差，在大学生择业中易于形成自卑等灰色心理倾向，或者盲目跟风、攀比等行为。

2）父母及亲友的意见

由于传统观念的积淀，我国子女与父母之间依赖与被依赖、被控制与控制性较强。受不同客观情况的影响，这方面因素对大学生择业的影响是不尽相同的：有的父母认为子女缺乏经验，生活阅历浅，喜欢干预子女的择业行为，不允许其自己做主；有的父母则支持和鼓励子女主动选择，自己做主，并提供参考意见；年纪尚小的在校大学生对父母的依赖程度较强；也有的大学生因为父母的从业境况或能力欠缺等原因，通过征求较有影响力的亲友的意见，根据其建议决定自己的择业去向。

3. 社会发展环境

改革与社会发展为毕业生就业创造了更广阔的舞台。毕业生的就业心理趋于成熟和理性，毕业生择业的躁动、灰色心理现象有所减少，这与社会发展所创造的就业环境有着极为密切的关系。

三、正确认识和改善大学生就业状况的几点建议

随着中国融入全球经济运行循环体系，我国整个国民生产体系、社会管理体系升级换代的序幕已悄然拉开，中国社会结构的大调整、大重组、大升级的新时期就要到来了。面对全球性的高水平和高标准，大量培养、吸纳高层次人才将成为我国社会经济发展的主轨迹、调整升级的主旋律。在这样一个需要高层次人才、呼唤高层次人才的时代，用发展的眼光来看，社会对大学毕业生的需求量只会越来越大。当前中国大学生就业形势严峻，这只是社会转变中一种正常的现象，只是过渡期，不是常态。

同时，对于当前大学生就业形势严峻的状况，也需要社会积极实施相应的改革，以缓解过渡期的现状。

（一）转变人力资本供给观念

创新型国家的建设，需要大量的人才积累，因此，促进大学生就业的关注点不应该在总量上，而应该在结构上。

加快社会生产结构调整和升级换代的步伐，创造更多的高层次就业岗位，这是解决大学生毕业就业难的关键所在。事实上，从现代社会生产生活的基本要求来看，并不是当前大学毕业生太多，关键是生产结构层次落后，容纳不下现有的大学毕业生。首先，我们要大力调整产业结构，优化第一产业，精减第二产业，加速发展第三产业。其次，要努力提高生产的科技含量，淘汰陈旧落后的生产设施系统，提高生产过程的机器化、电子化、自控化水平，加速发展高科技产业，将手工作坊式的粗放型生产升级为高智力的集约型生产。在农业生产领域，生产、管理、服务的现代化潜力很大，高层次人才的就业空间极为宽广。

具体来看，继续推动已有优势新兴产业的发展是保障，如计算机、金融等；加快第一产业转型升级是动力，如现代农业生产基地和高科技绿色产品加工行业是吸收农林牧渔专业大学生的"主战场"；探索和发展新产业是未来发展的方向，如推动文化产业供给端的服务创新，进而让文史哲专业方向的人力资本迸发潜能。

（二）深化教育教学改革，提高人力资本的供给质量

转变人才培训方向，加强相关专业设置的市场导向，使之与企业对口，注重对实践操作应用能力的培养，不断提升教学质量，提高大学生的竞争能力和市场适应能力。要根据人才市场的需求变化，对高等教育的门类结构进行调整。

此外，还要加强人才市场需求的预测工作，果断地缩减那些由于产业结构调整而没有市场的专业，及时增开朝阳产业所急需和未来需要的新专业，保证高等教育培养出合格的适销对路人才。同时，对于一些基础理论型专业也不能放松，必须保证对一部分基础理论研究人员的培养。

深化高等教育改革，努力实现人才培养、社会需求与就业的良性互动。要进一步优化学科专业结构，强化实践育人环节，建立并完善就业状况对高等教育的反馈机制。

要将教育、社会、个人的长远发展与眼前的社会需求结合起来，树立教育的可持续发展观。改变重量不重质的效益观，以及无视教育质量、盲目追求高等教育规模的观念。

（三）规范人才劳务市场，健全就业机制

人事部门要彻底转变观念、机制和运作方式，成为高层次人才供需见面、调配、实现的规范场所，充分发挥及时的人才供需信息的收集、发布和交流的职能，提高信息的实效性和可靠性，提升就业质量和巩固率。要彻底改变人才部门单位所有制的封闭局面，使人员录用、流动和岗位转换真正按规范的市场机制运作，实现人才流动常规化、高效化。

提供更加优质的公共服务。在劳动力市场上，供给方和需求方的信息往往不对称，这需要相关部门提供更加透明的信息，减少供需双方求职和招聘的时间、成本，促进双方在就业上达成一致。政府应加强引导，综合运用各种手段，做好宏观调控，主动采取多种措施拓展就业机会，给大学毕业生创造一个比较平等的竞争择业环境。同时，推动劳动力市场的制度建设，实现公共服务均等化。

（四）培养和树立现代流动职业观念

在长期计划分配体制的影响下，人们形成了保守且脆弱的一次性就业和职业终身制观念。实际上，这一观念是需要转变的。在市场体制条件下，社会生产体系需要一定规模的劳动后备军作为自身弹性发展的基础，失业机制的存在可以激发劳动者的生产积极性，是经济结构转换时期的必要手段。而且，暂时的失业、无业是重新选择的良机，个人自主择业发展的前提条件。只有能够较自由地转换职业，马克思主义的现代人的全面发展观才有可能真正实现。

为此，不仅是大学生，家长及广大社会成员都应该正确认识待业、失业、再就业这一客观存在，要尽快、彻底地改变人们一次到位、端稳"铁饭碗"的就业观念。我们要广泛宣传多次就业、自主择业的必然性和重要意义，提高承受和化解就业压力的能力，把暂时失业变成自主、充分和全面发展的机会和动力。

大学生要注重自身能力的培养和锻炼，提高综合素质，转变就业观念，走向市场。

（五）完善大学生就业社会法律保障体系

国家要制定法律，明确用人单位的用人权利与义务，规范其确定、选择、录用高层次人才的行为。政府要通过市场形势、政策和宣传教育，对用人单位提出长远的人才要求。建立公开、有形的人才劳务市场，明确人事部门、劳动部门的人才预测、交流及人才市场组织管理的权利和义务，制定有关规范人才劳务市场的法律。明确高校保障毕业生正常就业的权利和义务，规范高校人才产出及其社会实现的责任行为，强化对高校生产规模盲目扩张的刚性约束。

 就业行动：

家族职业树

了解职业可以从自己熟悉的人开始，请对家庭中亲属的职业进行分析，回答下列问题。

1. 你的家族中最多人从事的职业是？
2. 你想要从事这种职业吗？为什么？
3. 爸爸如何形容他的职业？爸爸平时会提到哪些职业？他怎么说的？
4. 爸爸的想法对你的影响是？
5. 妈妈如何形容她的职业？妈妈平时会提到哪些职业？她怎么说的？
6. 妈妈的想法对你的影响是？
7. 家族中还有谁对职业的想法对你影响深刻？他们是怎么说的？
8. 你想从事什么职业？

第二节　职业探索的方法与渠道

一、认识职业与行业

（一）职业分类

所谓职业分类，是用一定的标准和方法，依据一定的分类原则，对从业人员所从事的各种专业化的社会职业所进行的全面、系统的划分与归类。

一般来说，职业的分类是以工作性质的同一性为基础原则，对社会职业进行的系统划分与归类。职业分类的目的是要将社会上纷繁复杂、数以万计的现行工作岗位，划分成规格统一、井然有序的层次或类别。职业分类体系主要通过职业代码、职业名称、职业定义、职业所包括的主要工作内容等，描述出每一个职业类别的内涵与外延。

通过职业分类，可以了解社会职业领域的总体状况，增强职业意识，有意识地不断提高职业素质。

《中华人民共和国职业分类大典》是我国对职业进行科学分类的权威性文献，在深入分析我国社会职业构成的基础上，突破过去以行业管理机构为主体，以归口部门、单位甚至用工形式来划分职业的传统模式，采用了以从业人员工作性质的同一性作为职业划分标准的新原则，并对各个职业的定义、工作活动的内容和形式，以及工作活动的范围等作了具体描达，体现了职业活动本身固有的社会性、目的性、规范性、稳定性和群体性的特征。

《中华人民共和国职业分类大典（2022年版）》将我国职业归为8个大类、79个中类、449个小类、1636个细类（职业）、2967个工种。8个大类的划分如下。

第一大类：国家机关、党群组织、企业、事业单位负责人。

第二大类：专业技术人员。

第三大类：办事人员和有关人员。

第四大类：商业、服务业人员。

第五大类：农、林、牧、渔、水利业生产人员。

第六大类：生产、运输设备操作人员及有关人员。

第七大类：军人。

第八大类：不便分类的其他从业人员。

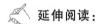 **延伸阅读：**

官宣！18个新职业拟发布！

2022年6月14日，人力资源和社会保障部公示18个新职业，包含"家庭教育指导师""研学旅行指导师"等，引发关注。

人力资源和社会保障部表示，根据《中华人民共和国劳动法》有关规定，为贯彻落实《国务院关于推行终身职业技能培训制度的意见》提出的"紧跟新技术、新职业发展变化，建立职业分类动态调整机制，加快职业标准开发工作"要求，我们积极推动国家职业分类大典修订工作，面向社会持续公开征集新职业信息。经专家评估论证、书面征求中央和国家机关有关部门意见等程序，拟发布机器人工程技术人员等18个新职业信息。

据人力资源和社会保障部相关负责人介绍，职业分类作为制定职业标准的依据，是开展职业教育培训和人才评价的重要基础性工作。此次公示的新职业具有以下几个特点。

一是反映了数字经济发展的需要。此次公示的"机器人工程技术人员""增材制造工程技术人员""数据安全工程技术人员""数字化解决方案设计师""数据库运行管理员""信息系统适配验证师""数字孪生应用技术员""商务数据分析师""农业数字化技术员"等,对数字特征明显的新职业予以了分类标注。

二是顺应了碳达峰、碳中和的趋势。能源与经济结构悄然改变的同时,"碳汇计量评估师""综合能源服务员""建筑节能减排咨询师""煤提质工"等新职业应运而生。

三是满足了人民美好生活的需要,比如新出现的"民宿管家""城市轨道交通检修工""退役军人事务员""家庭教育指导师""研学旅行指导师"等职业。其中,民宿行业的蓬勃发展,短短几年便使"民宿管家"从业者实现由"0"到"百万"级规模跨越。

下一步,人力资源和社会保障部将会同有关部门组织制定新职业标准,并指导培训机构依据国家职业标准开展培训。同时,积极稳妥推行社会化评价,评价机构按照有关规定,为评价认定合格的人员颁发证书。

(二)行业分类

行业分类是不同于《中华人民共和国职业分类大典》的一种分类模式,主要是依据经济活动性质的同一性进行分类的原则,即主要按企业、事业单位、机关团体和个体从业人员所从事的生产经营活动或其他社会经济活动的性质进行行业分类,而不按其所属行政管理系统分类。某一行业就其实质来说,是指从事一种或主要从事一种活动的所有单位的聚合体。

现行《国民经济行业分类》于2017年6月30日由国家质量监督检验检疫总局和国家标准化管理委员会联合发布,并于2017年10月1日起实施。考虑到2018年《中华人民共和国宪法修正案》在"国家机构"中增设了监察委员会,为满足标准的时效性,国家标委于2019年3月发布并实施了国民经济行业分类第1号修改单。每一个行业类别按照同一种经济活动的性质划分。共分为门类、大类、中类和小类4个层次,共包含门类20个,大类97个,中类473个和小类1382个。

  A 农、林、牧、渔业
  B 采矿业
  C 制造业
  D 电力、热力、燃气及水生产和供应业
  E 建筑业
  F 批发和零售业
  G 交通运输、仓储和邮政业
  H 住宿和餐饮业
  I 信息传输、软件和信息技术服务业
  J 金融业
  K 房地产业

- L 租赁和商务服务业
- M 科学研究和技术服务业
- N 水利、环境和公共设施管理业
- O 居民服务、修理和其他服务业
- P 教育
- Q 卫生和社会工作
- R 文化、体育和娱乐业
- S 公共管理、社会保障和社会组织
- T 国际组织

根据《国务院关于加快培育和发展战略性新兴产业的决定》的要求，为推动"十二五"国家战略性新兴产业发展规划顺利实施，国家统计局为满足统计上测算战略性新兴产业发展规模、结构和速度的需要，特制定了《战略性新兴产业分类（2012）（试行）》，具体内容可以到国家统计局网站查询，此外，《战略性新产业分类（2018）》已实施。

二、职业探索的工具方法

（一）形成自己预期的职业库

很多同学不知道如何进行工作世界的探索，其中一个很重要的原因就是工作世界的信息浩如烟海，他们甚至不知道应该从哪入手。如果有一个探索范围，则会容易很多。通过职业生涯规划的自我探索可以帮助个人初步形成一个探索的范围。自我探索中的兴趣、性格探索，背后都会指向相应的适合自己的职业。此外，每个人还有自己心目中理想的职业，可以把它们也列出来。这样就获得了一个职业清单，看看这些职业有什么共同点，就可能启发你想到更多值得探索的职业。结合你的能力和价值观再次从职业清单中进行筛选，最终就得到你预期的职业库。在形成预期职业库的时候，库的大小根据自己的情况要有适当的平衡，通常5～10个职业是比较适中的，这样便于进行职业调查。在信息探索过程中，抛开自己固有的想法，保持开放的心态，就容易获得客观的信息。

（二）用职业分类的方法帮助探索工作世界

通过行业（产业）分类和职业分类的方法，可以深入了解工作世界，具体内容在前文已经介绍过。

（三）其他探索工作世界的方法

1. 由近至远的探索方法

所谓近和远，是指信息与探索者的距离。通常来说，近的信息比较丰富，远的信息更为深入；近的信息较易获得，远的信息则需要更多的投入和与环境的互动才能了解；所以，由近至远的探索是一个范围逐渐缩小、了解逐渐加深的过程。

2. 职业生涯人物访谈

职业生涯人物访谈是获得职业生涯详情最有效的方法之一，是对处在自己感兴趣的职位上的人进行访谈。它可以帮助学生获取相对完整而准确的职业信息；获取最新的职业信息；确定专业实力和不足；扩大职业人际关系网；树立工作面试的信心；从内部看组织，以便做好工作的心理准备。对于创业者来说，还可以了解创业过程的困难，做好充分准备。

职业生涯人物访谈处于近与远的中间，在效率和信息的真实性上有比较好的平衡。这种方式是指同学们对身居自己感兴趣的职位的人进行采访。被采访者最好是在这个职位上已经工作了三至五年甚至更长时间。为防止访谈中的主观影响，应至少访谈三个人，既与成绩卓然者谈，也与默默无闻者谈。访谈时，同学们应明确访谈的目的是收集进行职业生涯决策的信息，而不是利用被采访者来找工作，以免引起双方的尴尬。建议同学们在正式进行访谈前，至少做两件事：一是为自己准备一个"30秒广告"，因为在访谈过程中，对方可能会问到你的一些情况，比如你的职业兴趣和目标等；二是对需要提出的问题做一些准备，这样有助于访谈的深入进行，能够取得较高的效率。

 就业行动：

职业生涯人物访谈

职业生涯人物访谈是通过对自己感兴趣的领域的职场人士进行访谈，获得关于该领域行业、职业和公司"内部"信息的职业探索活动。访谈的对象一般是在该领域工作三年以上的职场人士，为防止访谈中的主观影响，应至少访谈三位以上。注意，既要访谈到该领域内成绩卓越者，也要访谈到默默无闻者，这样才能保证访谈的客观效果，收集到尽可能多的信息。特别需要注意：不要利用访谈现场来找工作或开展职业面试，这样不但会使双方感到尴尬，也会使潜在的雇主反感。

1. 职业生涯人物访谈的意义

对处在你感兴趣的行业、领域相应职位的人进行职业生涯的访谈是获得职业详细情况最有效的方法之一。

职业生涯人物访谈可以帮助你：获得最新的职业信息，扩大你的职业人际关系网；树立找工作时面试的信心；确认自己的专业实力和不足；从职业要求看自己的实力与不足，从自己看与职业的距离，促成提升自己的行动和自己对职业的清晰认知。

2. 职业生涯人物访谈的准备与过程

在访谈前做好准备是非常重要的，这些准备包括：了解自己，了解自己有助于你深入思考和挖掘访谈的信息。对自己了解得越多，职业生涯人物访谈时才能切中自己对职业世界的困惑，厘清对该领域的认识，为未来的职业决策做好准备。

通过你所能了解到的信息，列出你感兴趣的组织和可访谈的人。

组织：行业领域内，你感兴趣的组织或者有资源可以接触到的组织。

访谈对象：业内人士，尤其是在该行业有稳定发展的人；你心仪的那个岗位（职位）的人。

访谈人数：3位，这样有助于你收集到尽可能多的信息。

访谈方式：最佳方式——面对面；电话次之；其他方式（邮件、社交媒体）。

访谈时间：20～60分钟。

如果需要在访谈过程中做记录，应事先征得访谈对象的同意。准备职业生涯人物访谈中可以提问的问题以供参考（在选用其中的问题时，要关注到自己提这个问题的目的是什么，明确每一个问题的目的有助于你厘清访谈思路）。

3. 职业生涯人物访谈问题准备

你是怎样决定自己的职业选择的？做了哪些准备？

这个工作要求具备些什么技能？

工作中，你的主要职责是什么？

工作中，哪一些是你很喜欢且乐于去做的？有没有哪些是你不太愿意去做的，或者如果可以选择你会更喜欢做哪一些？为什么？

能否描述一下一个典型的工作日是什么样子的？一周呢？

你的工作条件如何？（包括时间、环境、着装等。）

这个行业的起薪和平均水平是多少？有哪些福利？

你对这个职业的发展前景是怎么看的？

这个行业还与哪些职业和行业紧密相关？什么样的经历（兼职、实践、实习等）能让我离这里更近？

方便推荐我和其他的行业人士谈谈吗？

你所在领域的职业生涯发展通道是怎样的？

这个工作，哪部分让你最满意，哪部分最有挑战性？

对于一个即将进入该领域的人，你愿意给出一些建议吗？

4. 访谈中必须注意的事项

一次访谈的问题不宜过多，一般5～10个；

问题要简洁、明确，按照约定时间结束访谈，不可浪费被访谈人的时间。

访谈结束后，不论你对该行业、领域是更加有信心，还是更加不确定，都请在访谈结束当天以电话或者邮件的方式向被访谈人致谢。

第三节　就业政策与信息的收集、整理

一、大学生就业政策

为有效缓解大学生就业危机，切实帮助大学毕业生解决就业难题，国家有关部门以及各地人民政府借鉴国外发达国家的处理就业问题的方法，结合我国的实际国情，不断优化大学生就业政策，促进大学生顺利就业。

（一）大学生就业政策的含义

所谓就业政策，是指党和政府在一定的历史条件和历史阶段为促进经济发展和社会进步，为劳动者创造就业机会，扩大就业机会所制定的行为准则，而大学生就业政策是国家就业政策的一个重要组成部分，是专门针对大学生就业工作而制定的、规范相关部门行为、为大学生创造就业机会、扩大就业机会的一系列制度、规则及法规的总称。

（二）大学生就业政策的类型

当前我国大学生就业政策划分为三类，即大学生就业的总政策、具体政策和特殊政策。

大学生就业的总政策是指规定大学毕业生安置、使用的指导方针和基本原则的各种政策；而具体政策是毕业生就业过程中的工作程序、纪律、各项具体规定以及各种地方政策；特殊政策，顾名思义，其内容不同于一般的政策，它是适用于西部开发、参军入伍、支边、自主创业、灵活就业、免费师范生等特殊群体的就业政策。

（三）就业政策的根本导向

近年来，中央出台了一系列为毕业生就业保驾护航的政策和措施，目的是缓解毕业生的就业压力，扫清就业道路上的体制障碍。在各种文件的规定中，党中央和国务院多次强调要支持和鼓励毕业生到基层和艰苦地区工作。引导和鼓励毕业生面向基层就业将是未来几年内就业政策的主要基调，也是当前和未来一段时间内毕业生就业工作的重点。

（四）政府主要就业政策解读

1. 鼓励企业特别是中小企业吸纳高校毕业生就业

1）国家对鼓励中小企业吸纳高校毕业生的政策措施

（1）对招收高校毕业生达到一定数量的中小企业，地方财政应优先考虑安排扶持中小企业发展资金，并优先提供技术改造贷款贴息。

（2）对劳动密集型小企业当年新招收登记失业高校毕业生，达到企业现有在职职工总数30%（超过100人的企业达15%）以上，并与其签订1年以上劳动合同的劳动密集型小企业，可按规定申请最高不超过200万元的小额担保贷款，并享受50%的财政贴息。

（3）高校毕业生到中小企业就业的，在专业技术职称评定、科研项目经费申请、科研成果或荣誉称号申报等方面，享受与国有企事业单位同类人员同等待遇。

（4）对小型微型企业新招用毕业年度高校毕业生，签订1年以上劳动合同并缴纳社会保险费的，给予1年社会保险补贴。

2）国家对引导国有企业吸纳高校毕业生就业的政策措施

（1）承担对口支援西藏、青海、新疆任务的中央企业要结合援助项目建设，积极吸纳当地高校毕业生就业。

（2）建立国有企事业单位公开招聘制度，推动实现招聘信息公开、过程公开和结果公开。

（3）国有企业招聘应届高校毕业生，除涉密等特殊岗位外，要实行公开招聘，招聘应届高校毕业生信息要在政府网站公开发布，报名时间不少于7天；对拟聘人员应进行公示，明确监督渠道，公示期不少于7天。

3）企业为高校毕业生开展岗前培训享受的优惠政策

企业新录用毕业年度高校毕业生并与其签订6个月以上期限劳动合同，在劳动合同签订之日起6个月内由企业依托所属培训机构或政府认定的培训机构开展岗前就业技能培训的，根据培训后继续履行劳动合同的情况，按照当地确定的职业培训补贴标准的一定比例，对企业给予定额职业培训补贴。

对小型微型企业新招用高校毕业生按规定开展岗前培训的，各地要根据当地物价水平，适当提高培训费补贴标准。

4）鼓励引导高校毕业生面向城乡基层、中西部地区以及民族地区、贫困地区和艰苦边远地区就业。

（1）完善工资待遇进一步向基层倾斜的办法，健全高校毕业生到基层工作的服务保障机制，鼓励毕业生到乡镇特别是困难乡镇机关事业单位工作。

（2）对高校毕业生到中西部地区、艰苦边远地区和老工业基地县以下基层单位就业、履行一定服务期限的，按规定给予学费补偿和国家助学贷款代偿（本专科学生每人每年最高不超过8000元、研究生每人每年最高不超过12000元）。

（3）结合政府购买服务工作的推进，在基层特别是街道（乡镇）、社区（村）购买一批公共管理和社会服务岗位，优先用于吸纳高校毕业生就业。

（4）落实完善见习补贴政策，对见习期满留用率达到50%以上的见习单位，适当提高见习补贴标准。

（5）将求职补贴调整为求职创业补贴，对象范围扩展到已获得国家助学贷款的毕业年度高校毕业生。

✎ 延伸阅读：

2-1　引导高校毕业生到基层干事创业

2. 鼓励支持高校毕业生自主创业，稳定灵活就业

鼓励高校毕业生自主创业和灵活就业。凡高校毕业生从事个体经营的，除国家限制的行业外，自工商部门批准其经营之日起1年内免交登记类和管理类的各项行政事业性收费。有条件的地区由地方政府确定，在现有渠道中为高校毕业生提供创业小额贷款和担保。

对有自主创业意愿的大学生，实施弹性学制，放宽学生修业年限，允许调整学业进程、保留学籍休学创新创业。

3. 其他政策

（1）鼓励大学生应征入伍，报效祖国。
（2）积极聘用高校毕业生参与国家和地方重大科研项目。
（3）为高校毕业生提供就业指导、就业服务和就业援助。
（4）促进离校未就业高校毕业生就业。
（5）创造公平就业环境。

二、掌握就业信息

当前大学生就业观仍存在许多问题，首先，很多大学生对于就业过于理想化，他们往往都怀有寻求理想职业、实现自我价值的强烈愿望，具有比较强烈的成就动机，总想轰轰烈烈地干一番事业，这类大学生的积极心态是值得赞同的，但他们往往不能正确地认识社会，客观地评价自己，甚至常常处于一种被动等待的状态，因而忽视了就业过程中对需求信息的收集、就业技巧的学习、社会其他因素影响的作用，把就业过程简单化、理想化。

就业信息是与就业有关的信息的统称，包括就业政策信息和就业形势信息两类。就业政策信息指国家和地方政府制定的与大学生就业相关的法律法规、规章制度以及部分行业从业规定等。就业形势信息包括中央和地方有关部门发布的毕业生就业人数、供需比、签约率等统计性数据，以及就业环境的变化、相关专业毕业生的就业状况、就业趋势预测等信息。掌握就业信息，搜集整理与就业有关的各种信息，可以为求职择业打好基础。

（一）就业信息收集的途径

1. 学校毕业生就业工作部门

学校毕业生就业工作部门是学校的一个职能部门，其主要职责是对毕业生进行就业政策咨询与就业指导；收集、整理、发布用工单位的就业信息；毕业生基本情况的收集、整理、发布；向用人单位推荐毕业生；编制、上报就业计划；毕业生派遣及遗留问题的处理等。学校的毕业生就业指导部门专门从事毕业生就业工作，与用人单位建立了长期友好的合作关系，是用人单位向学校寄送需求情况的信息集中地。经过学校毕业生就业工作部门筛选和分类的用人单位，其可信度高、信息量大。

通过学校毕业生就业指导中心获得的信息有以下几个特点。

1）针对性强

一般用人单位是在掌握了学校的专业设置、生源情况、教学质量等信息后，才向学校发出需求信息的，这些信息是完全针对该校应届毕业生的。而在人才市场和报刊上获得的需求信息，大多是面向全社会的，往往都要求求职人员具有几年以上的工作经验，不能适用于应届毕业生。

2）可靠性高

为了对广大毕业生负责，在把用人单位发送给学校的需求信息公布给学生之前，学校就业指导部门要先对就业信息进行审核，从而保证了就业信息的可靠性。

一般情况下，毕业生只要符合条件并善于把握好机会，在学校召开供需见面会时，供需双方面谈合适，马上就能签下协议书。

2. 学校老师

在毕业生所在学校工作、任教的教师，比一般人更了解本专业毕业生适合就业的方向和范围，以及近几年来毕业生的就业情况。在与校外的研究所、企业、公司合作开发科研项目或兼职教学、培训活动中，教师会熟悉这些用人单位的经营状况、工作环境和人才需求情况，他们提供的信息针对性强，更能满足学生对专业发展的要求。因此，毕业生可以通过自己的老师获得有关用人单位的相关信息，从而不断充实自己的信息库，且可以直接以教师作为推荐人或引荐人，从而提高自己求职成功的可能性。

3. 校友

校友是指那些已经毕业并参加工作的师兄师姐们。他们大多在对口的单位工作，对所在单位、行业的情况比较了解。通过他们，毕业生可以寻求去他们单位实习的机会，以获得许多具体、准确的就业信息。校友提供的就业信息，其最大特点是比较接近本校，尤其是本专业的毕业生，对人才市场上的供求状况及其在具体行业中的实际工作、发展状况更了解。

4. 家长、亲朋好友

对于尚未步入社会的大学生而言，家长和亲友是他们社会关系网的主要构成。而他们也都非常关心自己家庭亲友的就业问题，通常来自社会的各个行业、各个阶层，与社会有多种联系，可以从不同渠道带来各种用人单位的需求信息。家长和亲友一般比较了解毕业生本人的求职意向，提供的信息也就比较直接、有效、可靠；毕业生一旦接受家长和亲友提供的信息，进入就业岗位的可能性也比较大。

5. 政府教育主管部门与毕业生就业指导部门

全国的毕业生就业主管部门是教育部，且县级以上的教育和人事部门都成立了毕业生就业的管理机构或指导机构。这些部门会定期收集所在地用人单位的需求信息，经过整理，分单位和专业汇编成册，然后通过多种渠道发布出去。这些信息几乎涵盖了当地各行业的需求信息，因此地域性较强，对于有明确的就业地点要求的毕业生来说，这种渠道的就业信息显得尤为重要。

6. 供需见面会及人才市场

高校单独或联合举办的毕业生供需见面洽谈会、各地市举办的主要面向本地区的用人单位和毕业生的供需见面会，以及定期举办的人才市场招聘会，能在较短的时间内汇集众多用人单位和大量的需求信息，因而时效性很强。对于毕业生来说，高校举办毕业生供需见面会的针对性更强，是让毕业生与用人单位直接见面、洽谈的一种择业活动方式，毕业生将直接面对招聘单位，通过彼此的交流可以获得更为丰富和全面的信息，比较简捷有效，可以大大提高毕业生应聘成功的概率，用人单位也可以挑选到自己满意的毕业生。目前，各地的人才市场越来越重视高校毕业生这一极具潜力的市场资源，也纷纷举办毕业生专场招聘会。部分省市已经建立了毕业生就业固定市场，毕业生可以常去查询。

供需见面会有多种形式，主要特点如下。

（1）学校举办的供需见面会，一般规模适中，效率较高。

（2）各地有关主管部门每年也要组织几次大型供需见面会，有的还分季节、分专场等，这些供需见面会组织正规、规模大，参加的用人单位多，信息量丰富。

（3）还有社会各级人才市场举办的与大学毕业生有关的招聘会，人才市场在一定的时间向用人单位提供场地，让他们进场招聘所需要的毕业生，组织者向用人单位收取摊位费，向毕业生收取门票费。这类招聘会往往以营利为目的，规模较大，但参加单位成分较复杂，有时难免鱼目混珠。

7. 各类招聘网站

随着互联网的普及，越来越多的用人单位、高等院校和其他一些企事业单位，在互联网上发布了大量的技术、资金和用人信息。

一些网站以就业政策咨询为主，一些网站以提供就业需求信息为主，还有一些网站为毕业生介绍求职经验，提供就业指导，帮助其进行职业生涯规划分析。网络求职是近年来在大学毕业生中比较流行的方式。用人单位和毕业生分别将招聘信息与求职信息发布在网上，双方可以通过网络互相选择、直接交流。网上求职，最大的优势在于即使毕业生身在异地也能获得大量招聘信息及就业机会，它跨越时空界限，突破了人才信息与招聘信息难以沟通的种种限制，打破了单向选择的人才交流传统格局。随着我国就业工作信息化进程的加快，网上搜寻就业信息已成为如今大学毕业生最常用的求职手段之一。

8. 实习、社会实践、社交等活动

毕业生在实习、社会实践中可以直接与用人单位接触，可以更清楚地了解有关需求情况，让用人单位更多地了解自己。无论是"北京共青团青年就业创业见习基地"的建立，还是各地纷纷建立的见习机制，都是大学生社会实践的重要、可靠的途径。

社会实践是大学生自我开发职业信息的重要途径。在社会实践的过程中，通过自己的努力赢得用人单位的好感、信任，取得职业信息甚至直接谋得职业的大学生不在少数。因此，大学生在各种社会实践活动中，在了解社会、提高思想觉悟、培养社会能力的同时，也要做一个收集就业信息的有心人。

此外，还有一个很重要的实践环节是毕业实习，毕业实习是学生踏入社会的前奏，是参加工作的预演，所以每个毕业生必须充分认识到这是一份非常难得也很有价值的经历。通过实习，一方面用人单位对学生有所认识和了解，另一方面学生对择业领域有了更深的了解。

9. 通过打电话、写求职信或登门拜访获取用人信息

这种渠道主动性强、盲目性大、准确性低。但是，偶然的机遇，也有成功的可能，在缺乏就业信息的情况下，这也不失为一种获取信息的渠道。

登门拜访获取用人信息是指毕业生采取上门走访的方式，直接到自己感兴趣或向往的企业、公司等，面对面地和人力资源专员或主管进行交流，表达求职意愿，收集信息。

这样不仅可以节省识别信息准确性的时间，还能通过实地考察，对用人单位的地理环境等外部条件有清晰的认识，以供决策时参考。如果人力资源专员/主管因事务繁忙或其他原因不能接待你，你可以事先准备一个求职函，当面交给他或托人转交给他，并附上一个贴好邮票的回函，以显示你求职的诚心和求职的急切心情。

（二）就业信息处理

1. 鉴别获取的信息

信息既蕴藏着机会，也可能潜伏着陷阱。鉴别获取的信息是信息处理的第一步，也是一个重要的前提。由于所获取信息不一定都全面、准确，要对信息进行严格的鉴别和判断，并加以筛选和剔除，使之更好地为自己的求职择业服务。鉴别信息，首先要确定信息的可靠程度，对于不可靠和有疑问的信息要通过各种信息渠道和知情人士去打听；

其次要鉴别信息的内容是否完整，特别是发现缺失自己所想知道的细节时，要抓紧时间进行一番实际考察，旁敲侧击地询问一些情况，或通过其他渠道了解，还可以在应聘时向主聘人提出。总之，要等信息基本准确之后再做决定，这步工作做好了，才能保证随后的工作按照正确的方向进行下去。相反，这步工作判断错误，则会让毕业生的求职过程从一开始就处于被动，很可能对自己心理和行为带来许多负面影响。

2. 招聘信息的分类整理

收集到就业信息后，毕业生就应该对它们进行分类、分析，分清哪些是国家的规定，哪是省市的规定，哪些是所在高校的规定，哪些是就业需求信息，哪些是供需见面会的信息，哪些是用人单位的具体规定，从而使信息发挥其应有的作用。

就业信息的专业分类，即根据招聘单位的所有制特点、专业性质及对毕业生的专业要求、学历程度、特别要求等进行分类。然后，以自己的现实情况为标准排序。

就业信息的时效分类。现在是信息经济的时代，面对大量的就业信息，特别是从报刊、互联网上收集来的信息往往令人眼花缭乱。仔细加以辨认，就会发现有许多已经过时的信息，所以，首先要对信息的时效性进行分析，剔除那些已经过时的信息，然后按时间顺序排列整理。

就业信息按地域分类，即根据招聘单位所在省、市进行登记分类，然后采取不同的应聘方式。

3. 按照自我标准将信息排序，重点把握

在信息加工之前，先给自己草拟一个职业选择提纲，确定择业标准；再按照标准进行初选，即去粗取精，去伪存真，对剩下的信息要进行再一次的分析和处理。因为，即使是真实的信息，也并不是每条都适合毕业生自己的实际情况，毕业生要对所掌握的信息进行比较和选择，看看自己的性格、兴趣、特长与哪个单位更匹配，哪个单位更符合自己的职业生涯规划目标，从中选出重点。对重点单位的内部信息要进行深入细致的分析，分析它需要的人才的特点，它对人才使用的方向，以及该单位未来发展的前景等。在把握这些情况以后，毕业生再根据自己的实际情况和用人单位的要求，有针对性地设计自己的应聘材料，从而提高应聘的成功率。

4. 善于挖掘潜在信息

许多信息的价值往往不是浮在表面上的，必须经过深入挖掘才能发现。比如，根据有些单位的现状，可能还难以判断、预测今后的发展；有些单位虽然目前可能条件差一些，但从长远看是有前途的，能够给人才较大的发展空间。这就要求毕业生既要站在高处，从长远的、大局的方向看职业、单位的趋势，又要留意信息的细枝末节，由表及里地挖掘信息的内涵价值。有时，还需要有一些专业知识和经验。譬如，从单位的组织结构发现其管理模式和运作机制，从单位的人事分析它的人力资源状况，从财务报表评估单位的经济状况，从单位历年的招聘岗位和人数的变化了解它的经营方向变化。

5. 及时反馈信息

在当今变化万千、节奏加快的时代，就业信息传播速度快，共享程度高，毕业生得到的信息仅仅代表着一种可能的机会，而且充满着竞争，机会稍纵即逝。基于此，毕业生获取信息后，一定要尽快分析处理并向信息发布者反馈信息，及早行动未必一定能得到这个岗位，但反应迟钝很可能就会失去这个岗位。

本章小结

通过本章学习，能认清当前大学生就业形势，主动探索本专业所在行业的就业形势及状况，了解国家各级部门下发的关于大学生就业的有关政策规定，尤其是特殊地区的就业政策，并充分利用政策为个人求职就业服务。

同时，能通过职业生涯人物访谈，更深入地发现与获得意向职业的实际要求、工作内容、薪资待遇等信息，为自己的就业选择与行动做好信息储备。

课后思考

1. 近年来大学生就业的基本形势呈现出哪些特点？
2. 新时代背景下大学生就业环境有哪些新的变化？
3. 师兄师姐们都去向了何方？
4. 想办法收集本专业近三年师兄师姐们的毕业去向情况，并分类统计，根据统计数据分析本专业的就业走向。参考统计分类：考研深造、参加公招考试（如公务员、选调生、公办学校教师等事业单位）、企业就业（如国企、外企、私企等）、自主创业等。

就业行动

招聘广告分析

福运食品有限公司招聘储备干部

岗位职责：

1. 轮岗学习各工厂/产品线或周边设备的运作及管控要点，深入了解工厂运营情况；
2. 分析生产运营、品质等要素，并提供相关意见，持续改进并落实；
3. 沟通/协调与各部门之间关系，确保工作顺利开展；
4. 相关产业资讯及技术信息查询、收集与汇报；

5. 辅助带教老师/项目负责人，处理日常事务，保证本部门/工厂正常运营；

6. 学习企业文化和业务部门的相关岗位工作内容与岗位职责。

任职要求：

1. 2022届本科及以上学历；

2. 食品科学与工程类、化工类、材料类、机械类、电气类、工业工程类、环境科学与工程类、能源动力类专业优先；

3. 在校期间学习优异，有过班委、学生会、社团等经历者优先；

4. 对未来职业发展有高度期待，以成为管理者为目标者，具备抗压性、自律自主性、沟通协调能力、执行力、学习力、探索力，乐于接受挑战，吃苦耐劳。

注：储备干部，可接受区域内的轮岗学习（出差及调任派遣），轮岗结束时结合个人成长速度及集团发展需求，双选岗职及地区。

地址：总部上海及全国范围内32个生产基地

招聘电话：0123-81676688

请根据以下步骤分析该招聘广告。

1. 分析上述广告前，你认为还应对招聘单位做哪些了解？

2. 对照工作职责，你觉得是否能够胜任？

3. 对照职位要求，你觉得你是否基本吻合？

4. 去应聘该岗位，为确保胜出，你还需要搜集的信息有哪些？

5. 结合招聘广告，通过综合自身各个方面的分析，确定自己的竞争优势。

6. 为了提高求职的成功率，如何让自己在众多竞争者中显得与众不同？

7. 为进一步了解岗位的具体信息，可以电话咨询该公司负责招聘的人力资源经理，你准备咨询哪些问题？

第三章 我的职业优势

学习目标：

- 了解大学生就业素质、胜任力模型和反木桶理论，掌握挖掘职业优势的方法；
- 认识到自己所具备的独特优势，并将其与企业的需求进行匹配；
- 意识到实践是塑造优势和提升能力的重要途径。培养和发挥自身的职业能力优势，为社会做贡献，为就业做好准备。

本章知识结构图

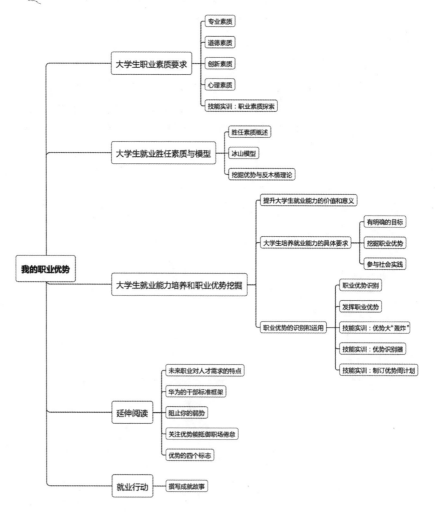

第三章 我的职业优势

 学习重点与难点

重点：

1. 明确大学生就业所需要的基本素质能力；
2. 掌握挖掘职业优势的方法和能力提升路径，能结合自身优势和就业要求，做好入职匹配。

难点：

深入挖掘自身的职业优势，为求职和职业发展做好准备。

 情景导入

姜玉（化名）是某大学中文系的学生，她在假期返乡时发现由于新冠疫情的影响，大量附近乡镇的村民无法外出销售农产品。看到滞销的产品和菜农的忧愁，她决定通过线上平台直播带货，帮助农产品"出村进城"。

说干就干，姜玉从大二开始，就一直在从事新媒体商业文章的写作兼职，因此积累了不少电商和营销方面的知识。她想到可以利用自己的专业优势，在新媒体账号上发布推文，深入挖掘产品的品牌故事，并且打造产品的文创包装。用中文系独特的"讲故事"营销方式，将流行文化、传统国学与产品相结合，突出产品特色，提高消费者的购买欲望。

2022年"双11"期间，她与创业伙伴们一起开始了农特产品的带货直播。短短三天，直播间的销售额就达到了近50万元。受到她的鼓舞，许多学弟学妹也主动找到她，希望能够发挥自己的所长，投身到建设家乡的事业中去。

其实，像姜玉一样发挥个人优势进行自主创业的同学还有很多，他们用青年的热血和智慧，在一个个平凡的岗位中书写了璀璨的人生乐章。

点评：所谓"人尽其能，才尽其用。"求职道路上，我们首先需要对自身能力具有清晰的认识。明确个人优势所在，才能更好地在工作中发挥长处，创造职业价值。

党的二十大报告指出："强化就业优先政策，健全就业促进机制，促进高质量充分就业。使人人都有通过勤奋劳动实现自身发展的机会。"就业择业是人生发展的重要抉择，而最理想的职业选择便是做到人职匹配，即把最合适的人匹配到最合适的岗位。要做到这一点，首先需要我们对自己有深入的认识。了解到自己的主要优势是什么，而后再根据自己的优势有的放矢。通过职业优势来进行职业定位，有利于求职者在自身能力范围内寻找到属于自己的胜任机会，提高就业的成功率和求职者的成就动机水平。

那么，你清楚自己的优势是什么吗？著名的优势理论专家马库斯·白金汉说："优势应该是让你感觉强大的东西。当在一件事情或某一方面有稳定的近乎完美的表现，感觉到被赋能并且有机会不断重复和实践，那么它就是你的核心优势。"这些核心优势中与具体的职业素质要求相匹配的，就可以进一步被称为职业优势。

无数的经验告诉我们，企业在寻找的是那些能为企业创造价值的人。而只有在职业生涯当中将自身优势发挥到极致的人，才能最终成就卓越。大学生要做好就业的准备，培养就业所需要的素质与能力要求，挖掘相关的职业优势，从而提高就业的竞争力。

第一节 大学生职业素质要求

对高校大学生而言，具备良好的职业素质，就相当于具备了入职的"敲门砖"。一个大学生的就业能力在很大程度上取决于该学生职业素质的高低。职业素质越高，获得成功的概率就越大。大学生的职业素质主要包括专业素质、道德素质、创新素质和心理素质。每个方面都具有丰富的内涵。其中，专业素质是生产力，道德素质是润滑剂，创新素质是永动机，心理素质则是这一切的前提和保障。

一、专业素质

从猎聘网《2022年度就业趋势数据报告》公布的数据来看，2022年企业校招最为注重应届生的三大因素是："专业与岗位的直接相关性""相关实习经历或社会实践"，以及"未来的潜力和可塑性"。这表明专业素质（尤其是与岗位相关的专业素质）仍然是用人单位选才用人的首要依据。

大学生的专业素质是职业素质的核心，指个人从事的专业领域中与职业成就和职业满意度相关的能力。专业素质主要分为以下三种。

（一）知识性能力

知识性能力是与工作内容相关的，是具体的、专业化的、针对某一特定工作的基本能力。大学生在学校里学习的具体科目，如计算机编程、烹饪与营养学等，就是为了培养学生的知识性能力。这种能力一般不容易迁移，需要经过有意识的、专业的培训，目的是帮助学生成为专门化的职业人才。

（二）适应性能力

适应性能力是人们进行自我管理的能力，也被称为情商（EQ），包括自我知觉、情绪管理、自我激励以及感知和理解他人情绪的能力。这一能力能帮助学生更好地适应环境变化，对自身状态做出快速反应和调整。研究表明，适应性能力可以从日常生活中迁移到工作领域，适应性能力强的人，在工作中的获得感更强，更有可能实现职业价值。

（三）可迁移能力

可迁移能力是在不同工作环境中都适用的通用职业能力，一般用行为动词来描述，如沟通、组织、计划、决策、装配、修理、调查和操作等。比如，问题处理能力就是一项能让人终身受益的职业能力。解决问题的一般流程包括五个步骤：描述问题、分析问题、设计方案、做出决策、执行与监控。对于任何职业来说，这些基本能力都是必不可少的。

二、道德素质

职业道德素质既是从业人员在进行职业活动时应遵循的行为规范，又是从业人员对社会所应承担的道德责任和义务。走上职业道路之后，面临的风险和诱惑变多，更需要努力增强道德意识，坚持职业操守，扎实做好本职工作。

（一）诚实守信

诚实守信作为中华民族的传统美德，是人们在职业活动中处理人际关系时遵循的最基本道德准则。诚信要求人们做事必须集中精力，专心致志，精益求精。这个世界上并不缺乏有能力的人，那种既有能力又很忠诚的人才是企业最理想的人才。

（二）团结协作

对于大学生来说，无论你将来从事什么样的职业，处于什么样的岗位，都会涉及与他人进行协作。真正的团结协作需要每一个人都具有团队精神，需要将个人利益放在集体利益之后，团结互助、同舟共济，保证团队的生机和活力，创造更高的团队效益。

（三）爱岗敬业

要求大学生热爱自己的本职工作，以恭敬严肃的态度对待自己的工作，勤勤恳恳、兢兢业业、忠于职守。真正敬业的人以目标为导向，一旦确定目标，便不畏辛苦、勇于拼搏、坚持到底，即使在平凡的岗位上也能创造不平凡的成绩。

（四）社会责任感

每一种职业的终极目标都是为社会创造价值，作为大学生，应当主动培养自己的社会责任感。树立正确的世界观、人生观和价值观，认清责任、承担责任，为社会的繁荣发展和长治久安贡献自己的力量。

（五）服务奉献

真正为服务对象提供满意的服务，是从业人员的工作使命，而只有具备良好的服务意识，才能更好地为服务对象服务。大学生应当主动开展各类志愿服务，深化内心服务意识，形成更加适应社会生活的心理倾向、性格特征和行为方式，增强对社会各群体的了解和关怀，深化国家使命感，将一腔热血投入到国家、人民最需要的地方去。

三、创新素质

世界各国竞争日趋激烈,焦点集中于人才素质,尤其是人才创新素质的竞争。我国正步入民族伟大复兴的关键时刻,面临知识经济和全球化的双重挑战,对创新和创新人才的要求更加紧迫。大学生作为这一最为活跃的创新主体,除了需要不断强化创新意识,拓展创新思维外,更重要的是将创新与实践相结合。围绕经济建设和社会发展,立足现实,着眼未来,积极投身创新实践,将创新成果转化为现实生产力。

四、心理素质

心理素质不仅关系到每个大学生的生活、学习和身心成长,也关系到个体的职业生涯。大学阶段正是心理品质形成和拓展的关键时期,培养健康的就业心态和良好的心理素质,是大学生实现可持续发展的必备条件,也是现代社会对人才素质的客观要求。大学生要学习和掌握一定的心理知识,培养自信、豁达、乐观的思想素质,坚强的意志,广泛的兴趣爱好,建立友好的人际交往关系,使自己的精神生活充实健康,自我个性意识稳定发展,能充分顺应社会发展的要求,应对未来的社会竞争。

无论是就业阶段还是从业阶段,压力和挑战无处不在,这就要求大学生能够及时调整不良情绪,灵活应对压力和消极状态。以下是5条给大学生的职业生涯忠告。

（1）减少对自己的苛刻要求,接受自己的"不完美"。
（2）改变工作心态,学会休闲与放松。
（3）努力大于结果,对失败的总结往往比成功的经验更重要。
（4）找到自己调节情绪的方式。
（5）学会从不同角度看待"失败"。

 技能实训：

职业素质探索

请根据职业能力自评表（表3-1）,对自己的职业能力按照以下五个等级打分：1强,2较强,3一般,4较弱,5弱。

表3-1 职业能力自评表

(a) 第一组能力

项目	1强	2较强	3一般	4较弱	5弱
善于表达自己的观点					
阅读速度快,并能抓住中心内容					

续表

项目	1 强	2 较强	3 一般	4 较弱	5 弱
清楚地向别人解释难懂的概念					
对文章中的字词段落和篇章的理解、分析和综合的能力					
掌握词汇量的程度					
语文成绩					
合计					

(b) 第二组能力

项目	1 强	2 较强	3 一般	4 较弱	5 弱
做出精确的测量（如测量长、宽、高等）					
解算术应用题					
笔算能力					
心算能力					
使用工具（如计算器）的能力					
数学成绩					
合计					

(c) 第三组能力

项目	1 强	2 较强	3 一般	4 较弱	5 弱
美术素描画的水平					
画三维度的立体图形					
看几何图形的立体感					
想象盒子展开后的平面形状					
玩拼图游戏					
美术成绩					
合计					

(d) 第四组能力

项目	1 强	2 较强	3 一般	4 较弱	5 弱
发现相似图形中的细微差异					
识别物体的形状差异					

续表

项目	1 强	2 较强	3 一般	4 较弱	5 弱
注意到多数人所忽视的物体的细节部分					
检查物体的细节					
观察图案是否正确					
善于找出作业中的细小错误					
合计					

（e）第五组能力

项目	1 强	2 较强	3 一般	4 较弱	5 弱
快速而正确地抄写资料（如姓名、数字、电话号码等）					
阅读中发现错别字					
发现计算错误					
在图书馆很快地查找编码					
发现图表中的细小错误					
自我控制能力（如较长时间地抄写资料）					
合计					

（f）第六组能力

项目	1 强	2 较强	3 一般	4 较弱	5 弱
劳动技术课中做操作机器一类的活动					
玩电子游戏或瞄准打靶					
在体操、广播操一类活动中身体的协调灵活性					
打球姿势的平衡度					
打字比赛或算盘比赛					
闭眼单腿站立的平衡能力					
合计					

(g) 第七组能力

项目	1 强	2 较强	3 一般	4 较弱	5 弱
灵巧地使用手工工具（如榔头、锤子等）					
灵巧地使用很小的工具（如镊子、缝衣针等）					
弹乐器时手指的灵活度					
动手做一件小手工艺品					
很快地削水果（如苹果、梨等）					
修理、装配、拆卸、编织、缝补等一类的活动					
合计					

(h) 第八组能力

项目	1 强	2 较强	3 一般	4 较弱	5 弱
善于在陌生的场合发表自己的意见					
善于在新场所结交新朋友					
口头表达能力					
善于与人友好交往，并协同工作					
善于帮助别人					
善于做别人的思想工作					
合计					

(i) 第九组能力

项目	1 强	2 较强	3 一般	4 较弱	5 弱
善于组织单位或班级的集体活动					
在集体活动或学习中，时常关心他人					
在日常生活中能经常动脑筋，想出别人想不到的好点子					

续表

项目	1 强	2 较强	3 一般	4 较弱	5 弱
冷静果断地处理突然发生的事情					
在你曾做过的组织工作中，你认为自己的能力属于哪一级					
善于解决同事或同学之间的矛盾					
合计					

能力等级评定方法：以各组总计得分除以6可得该组所测职业能力最后得分。把每一组能力的评定情况填入表3-2中。

根据你的能力等级评定得分，可以判断你的职业能力属于哪个等级：1为强、2为较强、3为一般、4为较弱、5为弱。评定等级有小数点的情况，表示此种能力水平介于前后两个等级之间，小数点后数字越大越趋近下一等级。

表 3-2　能力等级评定表

组别	相应职业能力	合计分数	能力等级评定分数（合计分数除以6）	你的能力等级
第一组	语言能力			
第二组	数理能力			
第三组	空间判断能力			
第四组	察觉细节能力			
第五组	书写能力			
第六组	运动协调能力			
第七组	动手能力			
第八组	社交能力			
第九组	组织管理能力			

 延伸阅读：

未来职业对人才需求的特点

未来职业发展对人才素质提出了新的要求。从职业发展趋势来看，未来需要的人才类型主要有以下几种[①]。

[①] 曲振国：《大学生就业指导与职业生涯规划（第2版）》，清华大学出版社，2020年。

（1）复合型人才。也叫多功能人才，"T型"人才或"H型"人才，即具有多方面知识技能，又具有一项或多项专长的人才。

（2）创造型人才。指富有创造精神，能够在科研、经营、文学、艺术等领域不断创新的人才。

（3）协作型人才。指善于与人协作共事，愿意为他人提供服务的人才。

（4）信息敏感型人才。指对外界信息十分敏感的人才。

案例分析：

择一事，"钟"一生

1977年，年轻的钟表师王津来到故宫博物院文保科技部从事文物钟表修复与保护工作。与此同时，故宫第一代钟表修复师徐文磷及其儿子第二代钟表修复师徐芳洲正式退休。此刻，站在故宫西三所小院里的王津，摸索着使用前任工匠留下的工具，开始了他长达44年的职业生涯。

王津师从钟表修复师马玉良副研究员，经过多年的苦心钻研，王津形成了精湛的修复技法。在故宫钟表馆展览的82件钟表中，由他亲手修复过的占80%。每一次文物修复都需要经历繁杂的工序，耗费他长达数月的时间。可是在同事和徒弟们眼中，王津仿佛一位冷静儒雅的"魔法师"，在一天天枯燥忙碌的生活中，用耐心和细心对抗着时间的痕迹。

2017年，因为纪录片《我在故宫修文物》的热播，王津一夜之间成为"网红"，钟表修复这一行业也获得了更多人的关注。而王津本人面对名利的态度却十分淡然，他用"择一事，'钟'一生"这简短的六个字来概括自己的职业生涯。"文物修复是比较枯燥的事，透过文物，你可以看见前人的匠心精神，也可以窥见一个时代的兴衰更迭。"

他提到从事文物修复以来，从师父那里继承了对文物的责任心和敬畏心。因为传统的钟表修复讲究的是用煤油清洗机械构件，双手必须长年累月地浸泡在煤油里，有时候手一洗就得一个小时。"师父说了，宁可伤手，不能伤文物。"这份质朴的热爱与匠心也是众多和王津一样的传统手艺人职业人生的缩影。

"我们特别想做得精益求精，把文物恢复到最好的状态，清理到最干净，让它延年益寿，再过200年还能看到它。"这是王津对自己的职业要求，打碎的齿轮要一点点组装，锈住的零件要用煤油一点点浸泡，把每一道工序、每一次修复都做到极致。让时光留下痕迹的钟表重新绽放光彩，王津和他的徒弟们用时光对抗时光，用极致、坚守致敬前辈的工匠精神。

（案例改编自光明网：故宫男神王津："修复时间"的"魔法师"。）

思考：

案例中体现了王津哪些职业素质？我们能从中获得哪些启示？

第二节　大学生就业胜任素质与模型

人力资源管理领域流传这样的一句话："你也许能够教会一只火鸡去爬树，但还是找一只松鼠来得容易一些。"这个生动的比喻，一针见血地指出了职业发展当中人岗匹配的重要性。一个员工能胜任岗位要求，是决定企业绩效的关键因素。企业环境和员工的个人素质匹配度越高，员工就越能愉快、高效地工作，就越能为企业创造价值。

对大学生而言，探讨就业选择的时候也是如此。职业生涯发展的核心在于从事一项自己喜欢又有能力胜任的工作。从事任何职业都需要具备相应的职业技能，以满足职业岗位的需要，同时最大限度地发挥个体的价值。

一、胜任素质概述

探讨胜任素质是从组织战略发展的需要出发，以强化竞争力、提高实际业绩为目标的一种独特的人力资源管理的思维方式、工作方法和操作流程。

胜任素质，又称胜任特征，是指能直接影响工作绩效的个人条件和行为特征。胜任素质的应用起源于20世纪50年代初，美国著名心理学家麦克利兰应邀帮助美国国务院设计一种能够有效预测实际工作业绩的人员选拔方法。1973年，麦克利兰博士通过大量研究发现，仅仅以智力因素为基础来判断个人能力是很不合理的。他认为，应当关注那些和工作业绩直接相关的个体特征和行为，强调外在高绩效和内在资质之间的紧密联系。

二、冰山模型

麦克利兰将人员的个体素质按表现形式划分为表面的"冰山以上部分"和深藏的"冰山以下部分"，具体如图3-1所示。其中，"冰山以上部分"包括：知识（即职业领域需要的信息）、技能（完成具体工作所需要的专门技术与能力），以及经验，属于外在表现，容易被了解与测量，可以通过培训来改变和发展。

而"冰山以下部分"包括：社会角色——个体对于社会规范的认知与理解；自我形象——对自己身份的知觉和评价；特质——某人所具有的特征或其典型的行为方式；动机——驱动外显行为的内在的稳定想法。

这些因素是个人特征的内因成分，难以被感知和挖掘，但却对个体的行为与表现起着关键性的作用。

麦克利兰认为，传统的人才选拔模式往往只关注外显的基本知识能力要求，即人才的专业兴趣。这些指标只能检测出人才的基准性素质是否达标，却不能将未来工作中表现优异者和表现平庸者区别开来。相较之下，模型中的内隐成分（社会角色、自我认知、动机等）就可以做到这一点。实际上，在人才管理中，恰恰是冰山以下的潜能素质决定了冰山之上的面貌，决定了人才是否具备胜任素质，能否成为卓越人才。

图 3-1　冰山模型

(资料来源：http://news.sohu.com/a/535811729_99901588.)

冰山模型被广泛应用于组织需求、岗位设计、人员招聘、薪酬奖励、绩效考评、职业生涯设计等诸多领域，促使人才的规划、选拔、赋能、激励、考核、发展得以持续提升。大学生在使用这一模型时需要注意的是，在探讨职业的胜任素质时，务必将具体的岗位工作要求和组织环境因素联系起来。企业一般会根据岗位的特殊需要以及所在组织的文化和价值观特征来确定胜任素质，确保人才能够胜任具体岗位工作，并发挥最大潜能。

如图 3-2 所示，当个人的胜任能力大于或等于这三个圆的交集时，员工才有可能胜任该岗位的工作。企业招聘面试都是围绕三个圆的交集部分，即考查应聘者是否能够胜任工作岗位。

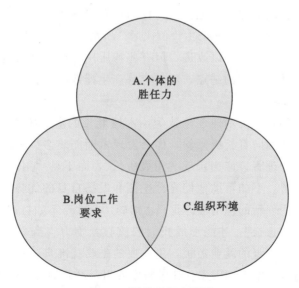

图 3-2　岗位胜任力模型

延伸阅读：

华为的干部标准框架

华为所提出的"干部标准通用框架"主要包括四个方面。

- 品德是底线，指商业行为中的职业操守，是能否担任干部的决定性要求。
- 核心价值观是基础，指干部要对公司事业充满热忱、使命感，在价值观方面与华为高度契合。
- 绩效是分水岭和必要条件，明确素质能力不等于绩效，强调"一切让业绩说话"，只有在竞跑中名列前茅的人才能被公司提拔。
- 能力和经验是持续成功的关键要素，一方面具备能力是取得高绩效的基础，另一方面也需要不断叠加实践经验，才能构建持续成功的能力。

从冰山模型的视角来看，该框架不仅关注品德、核心价值观、能力等隐性特征，更将经验等显性特征摆在更加突出的位置上。

（资料来源：https://www.sohu.com/a/625365495_99907861.）

三、挖掘优势与反木桶理论

木桶理论最早由美国管理学家劳伦斯·彼得提出，核心内容有：如果一只木桶想要盛满水，就必须保证构成木桶的每块木板的高度都一样整齐平整，没有缺失和破损。从这个意义上说，一只木桶的盛水量，并不取决于最长的那块木板，而是取决于最短的那块木板。这一理论一直广泛应用于教育、企业管理等领域，引导组织中的个体把精力着重放在"补短板"上，以确保各项能力、工作的均衡发展。这一观点本身无可厚非，但从个人职业发展角度来看，则容易产生价值误区。所谓"金无足赤，人无完人"，每个人都有自己的优缺点，有些缺点可以改进，但有些特质比如性格是很难改变的。一味地花费精力和时间去关注某些所谓的缺点，不仅容易产生挫败感，丧失信心和动力，而且还有可能削弱自身的工作特色。

与木桶理论不同的是，反木桶理论认为，木桶最长的那块木板决定了木桶的潜力、特色与优势。如果把木桶向着长板倾斜，你会发现木桶能装多少水，取决于最长的那块板。作为一个成功的管理者，应当善于"用人所长"，而不是"用人所短"。比起投入大量资源提升员工的劣势，不如帮助他们充分挖掘和发扬自身的优势，用合作的方式来弥补短板。反木桶理论用创新的视角告诉我们：培养"全才"不如打造"专才"，只有通过扩大优势，不断完善"长板"，才能形成我们的核心竞争力。当今社会人才竞争日趋激烈，大学生除了要关注自身的就业短板，更重要的是要找准自身就业的优势和亮点，让短板不要成为就业过程中的限制因素，让长板发挥出奇制胜的关键作用。

小案例：

量身打造优秀的个人品牌[①]

美国管理学者华德士提出，21世纪的工作生存法则就是建立个人品牌。他认为，不只是企业、产品需要建立品牌，个人也需要在职场中建立个人品牌。

建立个人品牌对自己的生存来讲十分重要。有种说法，现在个人工作年限比企业寿命还长。据统计，大企业的平均寿命是35年，而80%的创业企业寿命不超过10年。在这种情况下，大部分职场人都要面临重新选择企业和职业的问题，而有了个人品牌就会有工作保障。因为这样的人才一定是市场中的稀缺人才，大概率是工作找你，而不是你去找工作。

具体而言，个人品牌有下述4个特征。

1) 品质保障——个人品牌的最基本特征

这一点与产品品牌一样，从产品品牌的起源看，品质就存在。几个世纪前，欧洲一些国家的一些农产品、矿产品，是没有名字的，后来这些产品慢慢有了名字，但这时的名字还不是品牌。再后来，人们发现有的产品名字比其他产品更受欢迎。最后，这些产品的名字就逐渐变成品牌。因此，品牌最核心的东西是质量保障。

引申到个人品牌，品质保障则体现在两个方面：一方面是个人业务技能上的高质量；另一方面是人品质量，也就是既要有才又要有德。一个人如果仅仅只是工作能力强，而道德水平却不高，是无法建立个人品牌的。

2) 持久性和可靠性

建立了个人品牌，就说明这个人的做事态度和工作能力是有保证的，也一定会为企业创造较大的价值。企业对使用这样的人是信任和放心的。

3) 品牌形成是一个慢慢培养和积累的过程

任何产品或企业的品牌的形成是需要经过各方检验和认可的。对个人品牌而言，也是需要被大家所认可的。

4) 个人品牌一旦形成，就会对劳动力市场的供求关系发生影响

建立个人品牌的重点是个人技能，强调要有市场价值的技术，有令人印象深刻的特色，而且还要有良好的口碑。

品牌有了明确的定位，就要建立符合自己特性的品牌，因为不同的人会有不同的品牌。建立个人品牌，要使个人的特质与自己想要达到的目标相结合。要思考个人独特的优势，在工作中找出自己能提供的价值，便可建立符合自己特性的个人品牌。

---

① 参见傅赞：《赢在校园——大学生就业指导实用教程》，重庆大学出版社，2018年。

> 在建立个人品牌时,还需要注意下述3点。
> (1) 品牌优势之外,还要了解自己的局限和弱点。
> (2) 品牌往往和忠诚联系在一起,个人要忠诚于自己所从事的职业,同时也要让他人信任你的能力、人品,以及你做事成功的可能性。
> (3) 言行一致才能形成良好的品牌,对失误要尽力去补救。
>
> **思考:**
> 结合自身实际,谈谈如何打造你的个人品牌?

第三节 大学生就业能力培养和职业优势挖掘

一个合格的就业者必然具备良好的职业素养。从个人发展的角度来看,只有具备了良好的职业素养,才能较快地适应职业岗位的要求,进而成长为训练有素的专业人才,为进一步实现职业发展提供平台。目前我国已经进入高质量发展阶段,只有充分提升就业质量才能更好地促进高质量发展。大学生应当积极把握校园这个重要的磨炼阵地,培养和发挥自身的职业能力优势,努力提升就业胜任力,为国家经济社会发展做出贡献。

一、提升大学生就业能力的价值和意义

大学生就业能力是为适应就业市场的变化而提出的,指大学生从事某种职业所需的多种能力的集合,是由学习和开发综合素质而获得的能够实现就业目标、满足社会需求,在社会生活中实现自身价值的本领。例如,一位成熟的教师仅仅具备丰富的专业知识和语言表达能力是远远不够的,还必须具有对教学的组织管理能力,对教学方法和教学环节的使用、设计能力,以及对教学问题和教学质量的分析、判断能力等。

大学生要想获得一份满意的工作,并在工作中实现自我发展和人生价值,就必须具备一定的就业能力。如果说,职业兴趣能决定一个人的择业方向,以及在该方面所乐于付出努力的程度,那么就业能力说明的是一个人在他感兴趣的职业方面是否能够胜任,同时说明一个人在该职业中取得成功的可能性。随着大学生就业竞争日趋激烈,就业问题日益凸显,提高大学生就业能力,不仅能帮助大学生成功解决个人就业问题,还在某种程度上直接体现了高等学校人才培养质量的高低,关系到高校是否能够持续、健康地生存和发展,甚至影响到整个经济社会的和谐与稳定。因此,培养大学生就业能力具有很重要的现实意义。

二、大学生培养就业能力的具体要求

（一）有明确的目标

提升就业能力的第一步就是要建立清晰、明确的职业目标。进入大学之后，就要开始系统地开展职业生涯规划，树立自身的职业理想。大学生可以从自身兴趣、性格、能力、价值观等出发寻找与自己匹配的职业方向，选择适合自己的职业道路。在树立目标的过程中，要时常反思自己目前的就业素质与目标职业要求之间的差距。只有这样才能有方向、有效率地夯实专业基础和职业技能，灵活适应自己所处的复杂环境，最终使所学所获与就业要求接轨。

（二）挖掘职业优势

在确立好心仪的职业目标后，就要开始挖掘自身具备的职业优势。大学生需要结合市场需求和专业动态，以社会对人才的需求为导向探索和分析目标职业，掌握目标职业必备的核心技能和素质。同时，深刻认识自身的优势和不足，将自身优势发展为与职业目标相匹配的职业优势。从职业规划的角度讲，自己适合哪些行业、哪些职业，有些因素是先天决定的，只有充分地挖掘自己的潜力，而不是盲目地弥补不足，才有可能走向成功。如果知道自己的优势是什么，之后要做的则是将生活、工作和事业发展都建立在自身优势之上，努力放大和发挥优势特长，提高就业核心竞争力。

（三）参与社会实践

社会实践是大学生锻炼综合能力的重要手段，它要求学生将平时所学与实际问题、社会现象相结合，有创意地提出问题，通过实践分析问题、研究问题，最终解决问题。大学生参与社会实践的形式有很多，主要有如下几种。

1. 参加校内的专业实训

专业实训和实习一般是围绕专业素质与技能培养而设计的教学活动，一定要重视并积极参加。学生也可以利用学校的实验室等资源安全地开展专业实践，通过实际操作、实验和模拟训练，提高专业动手能力。

2. 参加校外的专业实践

大学生只有走出校门深入社会参与实践锻炼，才能真正将专业知识、专业素质转化成专业技能，提高社会适应性。实践的途径很多，常用的有以下三种：一是利用寒暑假，参加学校组织的集体社会实践，这种形式相对集中，组织性强，目的性强，缺点是参与的学生数量有限；二是学生利用假期自发参加社会实践，可以采取小团队和单人两种模式，由学校提供实习介绍信、主题指导和效果评估，这种模式比较自由，学生比较喜欢；三是开展专业见习、课程实训、顶岗实习等实践活动。

3. 参与订单式培养计划

现在一些高校向应用型转型，采取校企合作的模式，建立实习就业基地或实施订单式培养计划，也就是通常所说的"半工半读的工学交替"模式，这是最理想、最能提高学生专业技能的模式。学生深入工厂、企业、事业、机关等单位，以双重身份参与工作和学习，既可以指导专业理论知识学习，又可以获得第一手的市场信息、先进技术、工作经验，以促进就业。

4. 参加专业竞赛

学生可以积极参与各种创新性竞赛。以"挑战杯"全国大学生课外学术科技作品竞赛和全国大学生数学建模竞赛为例，能有效地锻炼学生的创新能力和专业知识的运用能力。又如商务英语专业的学生可以参加POCIB全国大学生外贸从业能力大赛，以在线国际贸易仿真实务为竞赛核心，旨在提高学生的外贸综合业务技能。再如艺术设计专业的学生可以参加IF国际设计大赛、中国优秀工业设计大赛等，既可以检验专业学习成果，也可以和行业内高水平的设计师同场竞技，达到提升专业能力的目的。

5. 加入教师的科研活动

加入专业教师的科研团队，即使只做一些基础性的工作，也能够获得教师的指导，并通过团队成员之间的交流，加深对知识的理解和掌握。在学术研究性的科研活动中，有机会接触更为前沿的理论和资讯，可以系统地提升理论知识水平；在实践应用性的科研活动中，有机会深入实践、学以致用，锻炼分析问题、解决问题的能力。

6. 参加专门的职业训练

参加专门的职业训练，主要是针对特定的职业目标，有意识地学习和训练岗位技能，取得职业资格认证。大学生参加职业训练可以获取某种职业的技能，最重要的目的还在于培养和提高自身的职业化能力，增强就业竞争力和职业发展力。但是，零星的、互不关联和不连续的职业训练，只会导致职业训练活动与职业目标联系不紧密，将会事倍功半；反之，大学生在明确了职业意向后，进行连续的和战略性的职业训练，则会事半功倍。

三、职业优势的识别和运用

小案例：

马克·吐温作为职业作家和演说家，在文学领域和演说领域取得了极大的成功，成为世界范围内受人尊敬的文学大师和演说大师。但是，在他选择文学和演说之前，他曾经试图成为一名商人。他先是投资开发打印机，花费了整整3年的时间，最后把千辛万苦借来的5万美元全部赔光了。

> 经历一次失败的马克·吐温并没有放弃，他发现出版商因为发行他的著作而赚了大钱，于是又投资开了一家出版公司。然而，他不知道的是，写作与经商是截然不同的两件事，他很快就因为债务陷入了困境，出版公司破产了，他也陷入了更大的债务危机当中。
>
> 经过两次经商失败的打击，马克·吐温断然顿悟：自己根本没有经商的才能，自己的才华和智慧不在商场上。于是，他彻底断绝了经商的念头，重新回到自己驾轻就熟的演讲和创作当中。他到全国巡回演讲，在演讲的间隙埋头写作。很快，风趣幽默的马克·吐温名声大噪，成为全国知名的演说家，脍炙人口的作品也迅速走红。
>
> **点评：** 从上面的案例不难看出，人人都有自己的优势和劣势，如果我们一味地追求在劣势上获得进步，那么结果就可能像当初的马克·吐温一样不尽如人意。正如管理学家德鲁克所言："一个人不可能在缺点上表现得很出色，因此不如索性就让它们该怎样就怎样。充分利用优势，才能创造卓越。"

事实上，专注优势在心理学上是一个积极的正向循环过程。当一个人高效地完成某个任务，或在一件事上表现更好的时候，会体验到一种成功的感觉。而这种感觉又会反过来刺激他表现得更好，实现良性循环。就业问题也是如此，很多同学在寻找就业机会时很不自信，总是不断地怀疑自己。比如："我的专业不对口怎么办""我的成绩不够优秀""我缺少相应的工作经验"……在关注自身弱势的时候，优势也一并被忽视掉了。其实有的时候，我们恰恰缺少的是一双发现自身优势的眼睛。

马库斯·白金汉在《现在，发现你的职业优势》一书中提到，挖掘职业优势的第一步是要在思想上打破误区，即错误地认为就业或择业之前必须要补足自身的短板。而真实情况则是，人只有在自身的优势方面才会取得最大的进步。随着发展和需求越来越多元化，我们会发现每个人都有不同于他人的职业优势，我们需要学会去发掘自己的职业优势，并尝试将优势发挥到极致。

（一）职业优势识别

优势由三个基本要素所组成。

1. 才能

比如执着、果断、有竞争力等，这些才能都是你与生俱来的。这是我们个性中的核心部分，不易发生改变。

2. 技能

也就是做一件事情的时候所需要使用到的专业技能，比如作为一名护士，你需要掌握安全注射的技能。作为销售人员,你就需要懂得一些产品分析技能和营销技能等。技能并不是与生俱来的,而是需要靠后天的学习并且持续练习才能有所提升的。

3. 知识

也就是对事情的认知,比如护士需要了解每位病人的正确用药剂量,销售人员需要了解产品在市场上所面对的风险和机遇等。

整体来说,一个人的优势就结合了这三个要素,比如一名销售人员,他的优势是在激烈的竞争当中达成交易,这主要是因为他的才能,也就是充满对人的热情;技能的话,比如他懂得分析一家产品的特色;知识方面,比如他对竞争对手的认识。

在识别职业优势的过程当中,我们可以运用 SIGN 原则从个人经历中提炼优势点。S 代表"成功"(success)——让你在做事的过程中感觉很充实,带来高效性;I 代表"直觉"(instinct)——让你对一件事物充满了期待和渴望;G 代表"成长"(growth)——让你有更多的求知欲,更加专注地工作和学习,不断地探索;N 代表"需求"(needs)——让你做完这件事后有成就感,获得内心的满足。

延伸阅读:

3-1 优势的四个标志

(二)发挥职业优势

在充分挖掘自己的优势之后,便要开始制订计划,在接下来的时间里努力扩大优势范围,积累优势能力。大学生可以借助"FREE 策略"记录和评估自己的优势,充分发挥优势潜能。"FREE 策略"具体的记录和评估过程如下。

F(focus)代表专注,要发现这项优势到底对你的工作有什么帮助。

(1)在工作过程中,你如何运用这一优势?将这一优势用到什么事情上?

(2)这一优势使用的频率如何?

(3)何时这一优势被证明对你的工作很有帮助?有什么帮助?

(4)对于这一优势,你收到了什么样的反馈(如果有的话)?

R(release)懂得放手,在复盘中去寻找工作中原本可以运用这些优势的良机。

(1)在哪些新的情境下你可以更多地运用这一优势?

(2)这一优势使用的频率如何?

(3)你能改变时间安排,让自己置身于这些情境中吗?要实现这一想法,你需要找人谈吗?找谁?

(4)要加速这一优势的运用,你需要尝试哪些新体系或新技术?

（5）你如何测量/记录这一优势的运用程度？

（6）你如何利用这一优势去克服工作中的困难？

E（education）代表教育，指是否需要学习更多技能来强化我们的优势。

（1）要发挥这一优势你需要学习哪些新技能？

（2）学习这些新技能需要采取哪些措施？是不是要读一些书，上一些课，或是上网做一些调查？

（3）工作时，你的学习对象是谁？

（4）你可以和谁一起讨论"如何更有效地运用这一优势"（比如，朋友、老师、家人或职场前辈）？

E（expand）代表拓展，围绕我们的优势去拓展工作，建立优势影响圈。

（1）你如何与别人分享在这一优势方面的最佳做法？何时分享？

（2）你如何拓展你的工作范围，以更好地利用这一优势？

 延伸阅读：

阻止你的弱势

工作场景、合作伙伴有时不以我们的意志为转移，有时初入职场的我们可能会陷入自己的弱势而不自知，若不能及时抽离，或转化为优势，我们可能会在不经意间节节败退，因此识别、规避自己的弱势也同样重要。

马库斯提出了 STOP 法则，帮助我们规避弱势：

S 代表"停止"，停止做这件事，看有没有引起别人的注意；

T 代表"合作"，和那些喜欢做这件事的人合作；

O 代表"找出"，找出你的一个优势，逐渐把你的工作从你的弱势转移到这个优势上来；

P 代表"转换视角"，转换视角来看待你的弱势。

 技能实训：

优势大"轰炸"

1. 活动目的

挖掘自己和他人身上的优势，并用事实来证明这一点。

2. 活动步骤及说明

（1）分小组活动，每组5～6人，每个组员拿出一张纸，根据自己的理解写下其他五位同学的优势，给每位同学列举3～5个优势。

（2）全组成员完成后，组内每位同学轮流站起来，接受其他同学的优势"轰炸"。

注意：在列举其他同学的优势时，要说出具体体现其优势的事例。

3. 活动总结

在你具备天赋的领域里，不断地投入时间练习，就会形成你的职业优势。

 延伸阅读：

3-2 优势识别器

1. 活动目的

通过专业测评工具，评估和测量自身主要的几种核心优势，全面认识自我。

2. 活动步骤及说明

（1）扫描二维码登录测试页面，完成在线测试，并生成自己的品格优势报告。

（2）结合个人认知，与小组同学分享自己的测试结果。

（3）寻找与自身优势相匹配的职业方向。

3. 活动总结

通过测评工具获知自己最为突出的几项优势能力，根据优势寻找就业机会。

 技能实训：

制订优势周计划

1. 活动目的

制订计划，在工作、生活中发挥优势作用，进一步拓展和积累优势能力。

2. 活动步骤及说明

（1）写下过去一周工作中做过的 8 件事，同时标记哪些事情让你发挥了优势，并估算优势事件所占的比例。

（2）写下本周的任务和工作，确定自己未来的行动和安排。应当涉及以下几个方面。

Keep：保持，指过去做得很好，要持续做的行为。

Improve：提升，指做得不够有效率、不够好，可以提升、优化的行为。

Start：开始，指有利于发挥优势，提升效率的行为。

Stop：停止，指低效的、妨碍优势发挥的消极影响的行为。

3. 活动总结

按照此方法，不断提高经历中优势事件的比例，即可不断发挥自己的优势行为，获得自我的成长。

延伸阅读：

3-3　关注优势能抵御职场倦怠

• 本章小结 •

　　本章首先明确了大学生职业素质的具体要求，为大学生梳理个人职业能力打好基础，鼓励学生对自己心仪的目标行业或职业展开外部探索，争取做到人职匹配；其次，结合职业胜任素质模型，大学生务必将自身的职业能力与岗位工作要求和组织环境联系起来，确保在合适的岗位上发挥最大的潜力。最后，通过发掘自身优势，突出与岗位相关的核心能力和特点，能够更加有效地帮助大学生定位合适的职业目标，提高就业能力。

• 课后思考 •

　　1. 请自行搜集资料，探索你所心仪的行业或职业有哪些对人才素质能力的具体要求（包括职业素质、从业资格等）。
　　2. 如何识别和突显自身优势？
　　3. 结合自己感兴趣的职业或岗位要求，列举与之相匹配的职业优势。

• 就业行动 •

撰写成就故事

1. 活动目的
从过往经历中探索自身具备的优势。
2. 活动步骤及说明
（1）了解成就故事。请写下生活中令你有成就感的具体事件并对其进行分析，看看你能发现哪些个人优势。
　　这些成就故事不一定是在工作或学习上的，也可以是课外活动或家庭生活中发生的，比如同学聚会，一次美好而难忘的旅游等，它们不必是惊天动地的大事，只要符合两条标准就可以被视为成就：一是你喜欢做这件事时体验到的感受；二是你为完成它所带来的结果感到自豪。

（2）了解成就故事包含的要素。在撰写成就故事时，每一个故事都应当包含以下要素：当时的情况、面临的任务/目标、采取的行动/态度、取得的结果。

（3）阅读例文。

情境（situation）：大二时同寝室同学都拿到学校奖学金而自己没有拿到，心里沮丧决定大三争取拿到奖学金；

任务（task）：大三拿到奖学金；

行动（action）：上课认真听讲并做好课堂笔记，课后完成老师布置的作业并且及时跟老师和同学请教不懂的问题，考前做好系统复习；

结果（result）：在大三成功拿到奖学金。

（4）撰写自己的成就故事，在小组中分享，并请大家一起提炼你拥有的优势。

活动总结：关注生活中能够体现个人优势的成就事件。不要在意事情是否微不足道，它们也不一定要和工作相关。诸如"我能经常说动别人陪我去逛街""我能很快地学会唱一首新歌"都可以。你会发现自己拥有不少能力，只是你不曾留意或忽视了它们的存在。

第四章 求职准备事项

学习目标：

- 了解毕业生就业的一般流程，了解签订就业协议书与劳动合同相关方面的知识，掌握《中华人民共和国合同法》（简称《合同法》）、《中华人民共和国劳动合同法》（简称《劳动合同法》）中与就业有关的主要条款；
- 熟悉就业协议书和劳动合同的签订要求，加强法律意识；识别求职陷阱，学会用法律武器维护自己的合法权益；
- 重视劳动合同，提升合理合法维权意识；重视就业权益，增强维权意识；提升法律法规意识和素养，积极用法律途径维护自身的合法权益，以身作则，用个人行动构建法治化环境。

本章知识结构图

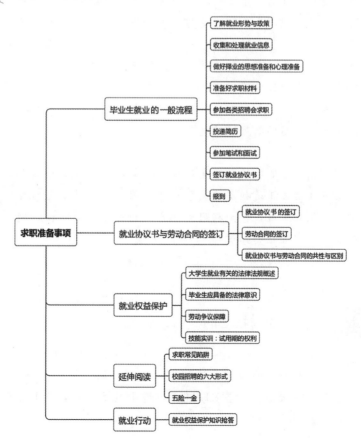

学习重点与难点

重点：
就业协议书与劳动合同的签订流程及区别。

难点：
求职陷阱与大学生就业权益保护。

情景导入

不得不防的求职陷阱

小王和小赵是即将面临毕业的大学生，通过报纸广告，两人相约来到一家房地产广告公司应聘市场部助理，笔试、面试各个环节都进行得非常顺利，最后面试负责人通知小王和小赵"你们被录用了"。试用期的主要工作是联系相关写字楼的承租客户，同时要求小王和小赵必须交纳3000元的试用期押金，交押金的目的是保证公司利益不受损失，试用期结束后公司会将押金退还。初试锋芒的成功让小王和小赵兴奋不已，两人并没有多想就从银行取款交纳了押金，开始着手完成他们试用期的工作任务。接下来一个月的时间按照公司指定的几座写字楼联络计划，小王和小赵分头忙碌起来，每天从学校到写字楼往返奔波，然而一个月下来，小王和小赵竟然没能联系到一个客户，他们只好如实向公司有关负责人说明了情况。经过一番交涉，公司有关负责人遗憾表示由于小王和小赵未能完成公司交办的任务，两人不能被录用，并且在一个月内两人因涉及公司业务发生的部分费用支出要从当初交纳的押金中扣除。没能完成公司交办的业务固然让小王和小赵感到歉疚，但当初交纳的押金因各种原因被部分扣除，也让小王和小赵感到难以接受。

点评： 初涉职场的大学生对社会的复杂性往往缺乏认识，一些用人单位甚至一些不法之徒正是利用了大学生急于找工作但又缺乏社会经验的弱点，侵害大学生的就业权益，甚至利用大学生进行违法犯罪活动，因此在就业前要做好就业准备，掌握相关知识。

第一节　毕业生就业的一般流程

同学们在毕业前应该对就业流程有一定的了解，从而在求职过程中做到胸有成竹，这既是求职应有的状态，也是求职准备过程中的重要内容。下面是大学毕业生就业的一般程序，具体如图4-1所示。

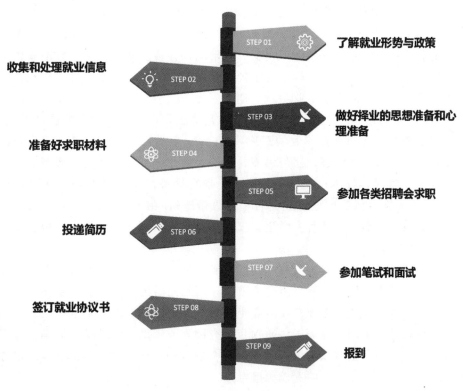

图 4-1　大学毕业生就业的一般程序

一、了解就业形势与政策

求职前毕业生都应该认真分析当前的就业形势,把握当前就业面临的机遇和存在的挑战,为后面的求职行动做好心理准备。由于受到疫情及外部经济环境影响,当前经济增长放缓,劳动力成本增加,市场用工需求减少,部分中小企业吸纳就业的能力下降,经济对就业的拉动作用持续减弱;加之结构性就业矛盾尚未得到根本缓解,"就业难"与"招人难"并存的现象依然存在,中西部经济差距仍然明显,城镇化中农村劳动力转移压力比较大,大学扩招导致每年毕业的大学生持续创新高,当前的就业形势比较严峻,大学毕业生应该对此有比较清醒的认识。另外,我国就业形势总体保持稳定,经济增长依然强劲,总体实力显著增强,各项预期经济指标能够全面实现,就业的大环境依然良好;国家推行的减负稳岗政策全面落实,企业提供的岗位持续增加;数字经济与新能源新材料等新型产业发展强劲,为就业市场提供了较多的新岗位。我国的就业形势总体是稳定可控的,大学毕业生不应过于悲观,应该积极行动起来,努力做好职业生涯规划,为自己找到一份满意的工作。

求职前毕业生也应该了解各项就业政策,特别是国家宏观的就业政策以及拟就业地区出台的为吸引应届毕业生就业的各项地方政策,这直接关系到毕业生择业就业的方向与质量。为了促进大学生就业创业,2021 至 2022 年,国家密集出台了《关于深入组织实施创业带动就业示范行动的通知》(2021 年 3 月 23 日)、《国务院办公厅关于进一步支持大学生创新创业的指导意见》(2021年9月22日)、《关于深入组织实施创业带动就业示范行动 力促高校毕业生创业就业的通知》(2022年2月8日)等政策文件,聚焦高校毕业生创业就业,力争降低创新创业门槛,缓解结构性就业矛盾,为高校毕业生提供更多施展才华的机会。另外,地方政府为了经济发展,吸引大学生来当地工作创业,也出台了多项利好政策,帮助大学毕业生就业创业。为了吸引和留住大学毕业生在武汉工作和创业,2017年8月,湖北省委办公厅、省政府办公厅印发了《关于实施"我选湖北"计划大力促进大学生在鄂就业创业的意见》,在大学生实习实训补贴、企业吸纳就业补贴、创业扶持、基层人才引进、住房保障、外国人就业许可等方面提供政策优惠。希望在五年内在引才规模、载体建设和工作体系上取得突破。2017年6月,武汉市出台了《关于支持百万大学生留汉创业就业的若干政策措施》,在大学生安居落户、促进就业、支持创业、高效服务等方面破解大学生留汉痛点,以吸引更多年轻学子扎根武汉,力争5年留住100万大学生。

毕业生对国家政策性就业也要有一定的了解。进入新世纪,为了引导大学毕业生到西部、到基层、到特定地区、特定岗位去就业,国家先后出台了大学生志愿服务西部计划、农村义务教育阶段学校教师特设岗位计划、"三支一扶"(支教、支农、支医和扶贫)计划、选聘高校毕业生到村任职、科研项目研究助理或辅助人员选聘、大学生参军入伍等多项政策。应届毕业生应该把个人发展与社会发展相结合,到国家最需要的地方去建功立业,这是当代大学生应有的责任和担当。

二、收集和处理就业信息

就业信息是毕业生求职择业的前提和必要条件,毕业生应当及时全面地掌握有关就业方面的各种信息,并认真地对这些信息进行分析、筛选、整理,最终作出正确判断,明确求职择业的目标和方向。毕业生收集就业信息的渠道主要有下面几种。

1. 通过就业服务机构获取就业信息

毕业生可以通过各地市教育部门的就业指导中心、人事部门的人才交流中心、劳动部门的就业服务中心来获取就业信息。这些就业服务机构属于国家事业单位,不以营利为目的,提供的信息比较可靠。另外,还有一部分就业服务机构是营利性的,即民办的职业中介机构,它们通过为用人单位招聘人才,为求职者找工作来赚取服务费。通过这些服务机构获取就业信息虽然便捷,但成本高,且一般这些服务机构提供的就业信息多数是面向有经验的工作者,对于应届毕业生来说,有一定的局限性。同时,在选择就业服务机构尤其是职业中介机构收集就业信息时,还要注意选择实力强、声誉好、专业性强、获得有关经营许可的中介机构,以免上当受骗。

2. 通过学校就业指导中心获取就业信息

通过校招办和学院各系的招生就业指导部门来获取就业信息,就业的成功概率很高,其中有很多用人单位与学校长期保持密切的联系,其业务范围与学校的专业对口,所以毕业生一定要随时关注学校发布的各类就业信息。这些信息一般通过辅导员、班主任传达，或在学院公布栏、就业网页上发布，不仅自己要时刻留意这些信息，而且也可以委托同学相互提醒，做到不漏掉任何信息，这类信息可信度高，针对性、准确性、可靠性都比较强，是应届毕业生主要的信息渠道。

3. 通过学校招聘会获取就业信息

一般省市的有关主管部门和各大院校在毕业生毕业前夕，都会专门为应届毕业生举办一些毕业生专场供需见面会、人才招聘会等，除了这些专门针对应届毕业生举办的招聘会之外，还有一些综合招聘会、行业招聘会。这些招聘会针对性强、用人需求比较集中，参加成本也比较低，而成功的概率比较高，应届毕业生一定要抓住这样的机会获取就业信息。

4. 通过报纸、网络等媒体获取就业信息

报纸、杂志、广播、电视等媒体是传统获取就业信息的方式，互联网则是当前比较常见的、获取就业信息的主要渠道。除了企业网页自己发布的就业信息外，还有专门的招聘网站、门户网站或应用程序提供大量的就业岗位信息。专业的招聘网站有智联招聘、前程无忧、中华英才、应届毕业生等，有招聘专栏的门户网站则有新浪、搜狐、58同城等。随着移动互联网的兴起以及招聘市场的细分，猎聘网、大街、拉勾、Boss直聘等渠道成为很多年轻人获取就业信息的首选。通过网络获取就业信息能够避免人群近距离接触、大范围集中，但网络信息存在真实性等问题，需要求职者仔细分辨。

5. 利用实习等社会实践机会获取就业信息

通过实习等社会实践机会也可以获取一些就业信息，如果在社会实践的过程中获得用人单位的认可，就能获得一定的就业机会或就业信息。利用实习等实践机会获取的就业信息质量比较高，获得就业机会的可能性比较大，应届毕业生一定要重视这种机会。

6. 通过社会关系获取就业信息

人不能脱离社会关系而存在，中国是一个人情社会，在求职过程中应届毕业生要充分利用社会关系去获取就业信息。推荐人通常对用人单位有比较深入的了解，通过社会关系获取的就业信息非常可靠，成功的概率也非常高。

7. 直接给意向单位打电话、登门获取就业信息

使用这种方法，首先要对意向单位的用人需求有大概的了解和预测，知道其可能需要哪方面的人才，不能太盲目；其次，求职者要有充分的自信心和主动性。这种方式适合非常主动、优秀的毕业生。

总之，对于就业信息的收集与整理，我们要贯彻真实可信原则、时效性原则、合适原则，充分利用不同的渠道和方式收集与自己希望从事的职业相关的就业信息，并将收集的信息进行分析整理，加以有效利用。

三、做好择业的思想准备和心理准备

对于一名毕业生来说，了解就业政策，调整好择业心态，做好充分的心理准备，勇敢地迎接挑战，这些在择业过程中非常重要。

1. 改变择业观念

广大大学毕业生应该主动适应社会主义市场经济的要求，努力克服自身的心理障碍，进一步解放思想，转变观念，勇敢地面对社会的选择。

一是要改变国家统包统分的观念。曾经，我国高校毕业生就业实行的是统包统分制度，这一制度在历史上对大学生就业和稳定社会秩序起过良好的作用，但随着经济和社会的发展，这种"包下来"而且是"包当干部"的就业制度，其弊端也日益显现。由于否认用人单位和大学生择业的自主权，不允许专门人才的合理流动，从而既不利于调动劳动者的积极性、提高劳动生产率，又不利于劳动资源的优化配置。在社会主义市场经济中大学生就业的方向、规模、结构和流动必定会受到劳动力市场供求两方面的影响，政府不能再在传统体制中那样采取行政命令统包统分，而是要让用人单位和大学毕业生即劳动力市场中的需求和供给双方按自愿的原则自主选择，合理流动，让市场机制调节大学生劳动力这种特殊的商品在国民经济各部门和各地区间的配置。就业制度的改变要求大学生转变观念，要善于推销自己、勇于参与社会竞争，要不断提高自身素质、打好牢固的知识基础，力争在社会上凭实力谋取一席之地；要丢掉依赖思想，不等不靠，树立自主择业和多渠道就业的观念，到祖国最需要的地方奉献自己的青春和聪明才智。

二是要改变一次就业的观念。一次就业定终身的事不仅在社会主义市场经济条件下难以做到，就是在计划经济体制下也不可能完全做到。随着社会对人才要求的更新和提高，人才资源总是在不断的交换和流动中得到优化配置、有效利用。科学技术的突飞猛进和知识的快速更替，用人制度的改革和人才市场的建立，必将使失业和再就业成为毕业生一生中经常遇到的事情，因此每个大学生都应做好多次就业的思想准备。

三是要改变一步到位的观念。大学毕业生择业一般很难一次就找到理想的工作，大学生在就业问题上要树立逐步到位的观念，勤奋务实、努力上进、专心致志、勇于创新，正确处理人际关系，正确对待事业挫折，在工作更替中实现自己的人生抱负。

2. 客观评价自己

毕业生要树立良好心态，在求职中抓住机遇，避免盲目和减少失败，客观评价自己。每个人有自己的优点和长处，也有自己的缺点和短处，"尺有所短，寸有所长"，所以每个毕业生对自己和自身能力都应有客观和正确的认识，都应该清楚自己能干什么和不能干什么，"知人者智，自知者明"。首先，要选择适当的择业目标。择业目标的确定取决于知己知彼，要与求职者本人具备的实力相当，只有这样才能增强求职的信心，从而使自己在择业中处于优势地位。其次，避免从众心理，毕业生处在择业洪流中，期望水平往往会受到其他择业者期望水平的影响，虚荣心、侥幸心理会使他们改变原有的自我期望而采取不切合实际的从众行为。这样的盲目攀比对大学生求职就业没有任何帮助，只会在失败后带来心理失衡。再次，避免理想主义和依赖思想，毕业生找工作既受到自身能力、特质的制约，也受到就业大环境的影响，脱离实际的理想主义很可能就是一种空想，只有脚踏实地、依靠自己的能力去求职，才会求职成功，才会在职场中走得长远。

3. 克服求职心理障碍

择业是大学生人生中一次重大选择、一次转折，因此给大学生带来很大的心理压力，背上沉重的思想负担，成为困扰莘莘学子的一大难题，也使部分学生产生这样或那样的心理障碍，这既不利于就业，也影响了大学生的学习和生活。

心理障碍是由心理压力与心理承受力相互作用，使人失去心理平衡的结果，大学生在择业中出现的心理障碍多属于轻度心理障碍，常见的主要有以下几种。

（1）焦虑。焦虑是一种常见的神经官能症，是以发作性或持续性情绪焦虑、紧张恐惧为基本特征的一种病态心理。适度的焦虑可以使人产生压力，增强积极向上、主动参与竞争的能力；过度的焦虑则会干扰人的正常活动，产生较严重的心理障碍或疾病。许多毕业生在求职过程中会产生焦虑情绪，主要表现为对未来不确定的茫然，对面试过程中的表现与结果的担忧。

（2）幻想。幻想是由心理冲突或害怕挫折引起的。在择业中有些大学生渴望竞争，希望能找到理想的单位与职业，但由于害怕面对严酷的竞争结果或屡受挫折后而采取一种逃避态度。幻想不要参与竞争就能如愿以偿找到理想工作，更有甚者掉入自我欣赏、自我陶醉的深渊，幻想用人单位能主动找上门来。有这种心理的大学生很容易脱离现实，不思进取，整日处于幻想状态中，使自己的择业目标与现实产生很大的反差，很难能找到理想职业。

（3）自卑。自卑是由于受到暂时性挫折而产生的一种心理障碍，大学生在择业前往往踌躇满志、跃跃欲试，很想一显身手、大展宏图，而一旦受到挫折就容易产生自卑心理，自信心大大减弱，自尊心受损伤，对自己全盘否定，感到一种空前的失败和愧疚，从此看不起自己，自惭形秽，总是低估自己。在择业中往往缺乏自信心和勇气，不敢面对竞争。这在性格内向或有生理缺陷的学生身上表现较为明显，自卑不仅使一些学生悲观失望，错失良机，阻碍自身才能的正常发挥，过度自卑的学生还会产生精神麻木、心灵扭曲，甚至丧失生活信心等心理现象。

（4）怯懦。怯懦在毕业生面试中表现尤为明显，表现为面试前如临大敌、紧张不安、手忙脚乱，面试过程中面红耳赤、语无伦次、答非所问。为克服上述弱点，毕业生平时要加强面试技巧的训练，培养自己的应变能力和语言表达能力，以便给用人单位留下良好的第一印象，帮助自己顺利就业。

四、准备好求职材料

求职过程中会用到各种材料，包括简历、推荐信、求职信等各类自荐材料，还包括成绩单、资格证书、获奖证书、发表的论文或作品、参加各种重要活动的照片等佐证材料，以及面试服饰、资金等物质资料。

1. 简历与求职信

简历和求职信是求职过程中最基本的材料，是获得面试的敲门砖，应届毕业生在求职前必须根据自己的求职意向撰写一份有针对性的、高质量的求职信或简历。撰写简历要求主题突出、层次分明、简明美观、用词精准，同时还应注意细节。个人简历有电子版与纸质版之分，纸质版最好都是打印的，而不是复印的，以保证字迹清晰。如果应聘的是外企，还需要准备双语简历，对应的中英文求职信也需要认真准备。

2. 证件的原件、复印件、扫描电子版

在面试过程中还需要成绩单、资格证书、获奖证书、发表的论文或作品等佐证材料，我们要准备原件、复印件、扫描电子版，供用人单位验证，验证后原件要妥善保管，不要遗失。在投递简历时我们可以不提供这些佐证材料，不过可以在简历中将条目列出来，以提高自己的竞争力。

3. 个人照片

有的用人单位可能会要求求职者携带一寸或两寸的证件照，同时你还应该准备照片的电子版，电子版照片还可以用来进行网上申请。个人照片一定要体现出自己饱满、阳光的精神状态，用证件照而不是生活照。

4. 面试正装与资金

很多岗位面试需要着正装，求职前需要对自己的形象进行设计，准备好面试的服装。身着正装，可以让人看上去比较成熟、干练，而且会让人觉得你对此次面试比较重视。为了和正装配套，你可以准备一个求职用的公文包或者电脑包，这样显得比较正式。另外，你还应该随身携带一包纸巾，万一碰到杯子倒了等情况，可以随时拿取。在面试时，为了适应笔试的需要，要多准备几支黑色签字笔，而笔记本可以用来记录用人单位的相关情况，比如单位地址、面试官的电话号码等。求职过程需要一定的资金，很多大学为家庭贫困的大学生提供了求职补贴，毕业生可以根据自己的情况及时申请。

五、参加各类招聘会求职

供需见面、双向选择是大学生求职就业的主要形式，也是毕业生解决就业问题的关键环节，万事俱备，只欠东风，多年的准备，需要毕业生临门一脚，开展实质性的求职行动。招聘会一般分为现场招聘会和网络招聘会，日常中所讲的招聘会通常指的就是现场招聘会；招聘会分行业专场和综合两种，参加招聘会前先要了解招聘会涉及的行业及其性质，以免和自己要找的岗位不对口，浪费时间。应届毕业生主要参加的是校园招聘会，一般由学校就业办或省市毕业生就业指导中心在每年9—11月或3—4月举办，主要

面向即将毕业的应届生，这种招聘会通常职位数量有限，参加招聘会的学生非常多。当前网络招聘也比较火爆，我们要时刻关注各类网络就业信息，通过网络求职。

六、投递简历

确定了求职目标之后，求职者要根据用人单位的招聘信息，选择在招聘会现场或网上投递自己的求职简历，开启正式的求职行动。投递简历比较多时，要做好投递记录，管理好自己的求职过程。目前通过电子邮箱发送简历的情况越来越多，可以在邮件正文中附上语言精练的求职信，这样的求职信相当于开场白，能够激发别人的阅读兴趣，求职信的内容最好不要与简历重复。邮寄和上门投递简历虽然成本比较高，用的人越来越少，但它成功的概率要高于网上投递，如果是非常重要的岗位，对于那些特别自信和优秀的毕业生可以尝试一下，可能会给 HR 不一样的印象，收到意想不到的效果。不过这样的投递一定要用一个信封把简历封好，可以和附件一起邮寄或投递，最好将附件做一个目录。在招聘会投递简历时，要有针对性，不能盲目"海投"，在投递简历后不要匆匆离开，最好能向 HR 简单介绍一下自己，给对方留下较好的第一印象，这样获得面试的机会大一些。如果投递的简历比较多，投递简历后要建立档案，记录公司的名字和联系方式，避免对方邀约面试时反应不过来，对公司与岗位产生混淆。

七、参加笔试和面试

如果收到面试邀约，求职者接下来就需要参加用人单位组织的笔试和面试。面试是整个求职过程中最为关键的环节，毕业生要充分重视并做好充足的准备，用人单位一般通过一轮或几轮面试来做出最终选择。有的用人单位为了测试应聘者的知识和综合素质，除了面试外还要加上笔试来筛选合适的人才。如何准备笔试与面试，首先要熟悉笔试与面试的类型。如果是公务员笔试，笔试包括行政能力测试与申论；如果是事业单位笔试，一般包括职业能力倾向测试、综合应用能力测试与专业知识测试等；如果是企业的笔试，一般是与岗位有关的专业知识测试，有些企业笔试还有心理测评，用于对求职者的人格特质进行测试评估。笔试是毕业生综合能力的测试，考试前需要做充分的准备，归纳知识要点、形成知识体系、扩展知识面、提高答题速度。如何准备面试？首先要熟悉面试类型，对结构化面试与无领导小组讨论等面试形式有一定的了解，做到心中有数。其次要熟悉常见问题的回答，虽然面试过程需要面试者灵活应对，但提前熟悉题型往往使面试者更加从容，有利于发挥。

八、签订就业协议书

如果笔试和面试都通过，用人单位与毕业生就会达成就业意向，签订就业协议书，经学校毕业生就业管理机构审核后的就业协议书会列入就业方案，进入毕业流程。

九、报到

根据就业协议约定，同学们毕业时领取报到证与毕业证，办理毕业手续，按时到就业单位去报到，开始自己的第一份工作。

 延伸阅读：

校园招聘的六大形式

校园招聘是一类特殊的针对应届毕业生的招聘会，是指招聘组织（企业等）通过各种方式直接从学校招聘各类、各层次应届毕业生。校园招聘一般有高校自己举办的招聘活动，专业人才招聘机构、人才交流机构或政府举办的针对应届毕业生的招聘活动，以及招聘组织（主要是大型企业）举办的针对应届毕业生招聘活动等形式。由于应届毕业生具有年轻、富有活力，对未来抱有憧憬，学习能力强，善于接受新事物，头脑中条条框框比较少，可塑性极强，更容易接受公司的管理理念和文化等特征，吸引了众多企业的眼球。校园招聘成为企业重要的招聘渠道之一，越来越受到企业雇主的青睐，企业以此作为招聘年轻后备人才的首选渠道。另外，相对于社会招聘，校园招聘时间相对集中，一般在9月中旬就开始启动，主要集中在每年的9—11月和次年的3—4月；对象比较局限，一般只针对应届毕业生，竞争比较少；校园招聘不仅招募优秀人才，同时宣传企业形象，参与校园招聘的企业质量比较高，岗位比较好；另外，地点在高校内或高校周边，毕业生参加的成本也比较低，因而对于毕业生来说也是比较高质、经济、高效的求职途径，大学生一定要重视校园招聘。

用人单位和毕业生都很重视校园招聘，校园招聘并不局限于每年一度的校园招聘会，为了吸引优秀的人才，众多求贤若渴的用人单位开发出各式各样的校园招聘形式，汇总起来主要有以下几种形式。

1. 专场招聘

在每年校园招聘的高峰时节，当地政府以及各高校都会组织一些大型的专场招聘会，来自全国各地的企业在指定的时间和场馆"摆摊设点"，为前来投递简历的学生提供面对面的交流机会，并及时进行选拔测试。这种方式一般适合于招聘对象明确、招聘人数不多的中小型企业。对于企业来说，比起大张旗鼓巡回校园宣讲来说，可大幅节省招聘成本和时间，但因到场求职的学生来自众多高校的众多专业，这种形式对于学校及专业的针对性不强，而且受地域限制，收集到合格简历的数量也未必尽如人意，所以对于具有大量招聘需求的企业来说，这种形式的招聘效果可能不会十分理想。不过，对于毕业生来说，这种形式的校园招聘一般用人单位比较多，对不同专业的需求信息和招聘岗位也比较多，因而选择面比较大，成功的概率也比较高。

2. 校园宣讲会

校园宣讲会是企业在校园招聘伊始针对目标高校组织的专门的讲座，通过企业高层、人力资源负责人以及在本公司工作的该校校友的现身说法来传达公司的基本概况，介绍企业文化、经营理念，发布职位空缺、招聘条件和招聘流程等，通过情绪的感召与互动引导学生全面地了解企业。在宣讲会前一般会通过在学校网站发布消息、在校园张贴海报等形式宣传企业形象及其产品，达到一定的营销目的。有些实力雄厚的企业甚至选择全国巡回宣讲，整个校园招聘历时数月，足迹遍布全国主要城市。对于企业来说，这种校园招聘的成本固然更高，但因为学校和专业都定位准确，所以招聘效果通常是最理想的，而且在整个巡回宣讲过程中，对企业形象的宣传力度也比较可观。相对于其他类型公司而言，网络公司比较重视校园招聘，许多知名网络公司都会在各高校举办多场校园宣讲会，如多益网络、腾讯、网易等。对于毕业生来说，此类招聘会的岗位的质量比较高，求职目标更加精准。

3. 实习招募

实习生计划作为校园招聘的一个前奏，一般在应届毕业生正式求职以前，特别是毕业前的那个暑假，为经过初步挑选的大学生提供一些实习岗位，那些表现优秀的实习生，将会作为下一步正式录用的备选人才。对于企业来说，实习生计划至少有三个好处，首先，可以避开校园招聘的人才争夺高峰，将一些优秀毕业生提前纳入人才储备库，在人才争夺战中抢占先机。其次，通过实习，企业能够提前了解应届毕业生的个性特点、人品、价值观及在实际工作中的能力表现，有利于做出准确的录用决定。最后，通过一段时间的实习，这些实习生已经对企业和工作有了较多了解，一旦被正式录用，将来上班后也能够很快上手。对于学生来说，也能通过实习充分了解企业，亲身体会自己是否喜欢这个行业，对今后的择业方向做出更客观、理智的规划。应该说实习生计划对于企业和毕业生来说是双赢的，国内外很多企业都在实行，包括IBM的蓝色之路实习生计划，广东移动的"领先100"暑期实习生项目等。

4. 拓展夏令营

有的企业由于地域限制等原因不大适合大量的学生到企业实习，但又希望吸引优秀的大学毕业生，夏令营或参观计划就是一个不错的选择。通过组织目标院校及特定专业的大学生到企业所在城市参观旅游，并进入企业与员工座谈等活动，展示企业品牌，传递企业文化。有些企业还要求学生在回校后撰写报告，帮助其在学校进行宣传，推动今后校园招聘活动的开展。在这方面做得好的企业包括三星中国公司、中国广东核电集团和塔里木石油公司等。

5. 选秀竞赛

"选秀竞赛"作为近年来悄然兴起的一种校园招聘形式，势不可挡。企业通过组织一些职业技能或者商业大赛，模拟实际商业项目的运作，吸引大批学生报名参与，让最优秀的人才在竞赛中脱颖而出。获胜者除了能够获得丰厚的奖品之外，更有机会赢得去企业实习或被正式录用的机会。这类校园竞赛活动包括微软公司的"推荐就业之星大赛"、百度公司的"百度之星程序设计大赛"、Google的"中国编程挑战赛"、飞利浦公司推出的"短信创意大赛"等，其中最为著名的算是欧莱雅同时推出的"在线商业策略竞赛""校园市场策划大赛""工业大赛"三大赛事。

除了以上列举的校园招聘形式外，很多企业还在高校中设立了企业奖学金，更有一些企业和高校密切合作，开展了在学校"定制"人才的提前培养计划，学校会根据企业所需开设专业对口的课程，企业相关专业人员会到学校授课，学生也会有一定的时间到企业进行现场实习。海信集团、中国广东核电集团在这方面已经有比较成熟的经验。

6. 管理培训

高校中蕴藏着一大批极具领袖潜质的学生，"管理培训生"就是从顶级的高校寻找精英人才，通过严格的选拔、系统的培训课程设计和定向的实践培养，定期安排在校学生实习和培训，最终从中挑选出优秀者进入公司的制度。世界500强企业，如中国铁建电气化局、GE、汇丰、联合利华等都把"管理培训生"制度作为培养未来管理人才的战略措施来实施。南富士产业株式会社推出的全球化管理培训项目（GMC）就是以发现和培养具有国际化视野的外企中高级管理人才为目的，以突破外资企业在中国投资遇到的"人才本土化"瓶颈，招募拥有"良好基本素质，能够发挥主动性学习、改变、成长"的学生参加免费培训。GMC管理培训生将有机会获得公司会员集团提供的中高层管理者职位。再如，拜耳与北京大学光华管理学院签署高级人才储备计划协议，赞助两名MBA学生完成北京大学和法国高等经济与商业研究学院双学位课程，并为两名学生度身定制详尽的国内外培训计划，提前对拜耳集团及其业务运作有所了解，为将来在集团中的长期发展打好基础。

校园招聘正如一轮朝阳，方兴未艾，而企业到底要不要进行校园招聘，采取什么形式的校园招聘，与其所从事的行业、企业类型、发展阶段、岗位设置要求以及企业文化息息相关，只有对自身有着明确清晰的定位，企业才能在校园招聘这场人才抢夺战中抢得先机。

第二节 就业协议书与劳动合同的签订

大学毕业生在求职过程中会涉及两个重要文件的签订，一个是就业协议书，一个是劳动合同，对它们的了解与把握是求职准备事项中的重要内容。

一、就业协议书的签订

面试结束后，如果用人单位与毕业生达成了求职意向，则需要签订就业协议书，就相关就业事项进行约定。就业协议书全称为全国普通高等学校毕业生就业协议书，一般由教育部或各省市、自治区就业主管部门统一编制，是明确毕业生、用人单位和学校三者在毕业生就业工作中权利和义务的书面表达形式，又称三方协议。就业协议书的签订既是毕业生成功就业的标志，是用人单位确认毕业生相关信息真实可靠以及接收毕业生的重要凭据，也是高校进行毕业生就业管理、编制就业方案以及毕业生办理就业落户手续等有关事项的重要依据。协议在毕业生到单位报到、用人单位正式接收后自行终止。

就业协议书签订的作用：一是表明大学生就业的重要依据，即标志着大学生落实了就业单位或用人单位同意接收；二是大学生就业主管部门制订就业计划和派遣大学生的依据；三是明确就业过程中的权利和义务，避免双向选择的随意性，保护用人单位和大学生的就业权益。

1. 就业协议书的内容

就业协议书是毕业生与用人单位就就业相关问题达成的意向书，内容非常简单，其基本内容主要包括以下几个方面。

（1）毕业生基本情况及意见。主要内容包括姓名、性别、年龄、民族、政治面貌、培养方式、健康状况、专业、学制、学历、家庭住址、应聘意见等。

（2）用人单位基本情况及意见。主要内容包括单位名称、单位隶属、联系人、联系电话、邮政编码、通信地址、所有制性质、单位性质、档案转寄地址、用人单位意见、用人单位上级主管部门意见等。

（3）学校意见。主要包括学校联系人、联系方式、邮政编码、学校通信地址、院系意见、学校毕业生就业部门意见等。

（4）约定的基本条款。主要包括工作期限、工作地点、工作岗位的约定，工资待遇与社会保险的约定，协议免责、解除、违约的约定。

（5）备注部分。备注是为毕业生、用人单位、学校三方共同约定其他条款所设计的，许多毕业生往往忽视这一部分。除了上面的基本条款，毕业生还与用人单位洽谈好的一些条件，如违约处理、住房安排、薪资标准等都可以在备注栏中注明，同时要求双方签章，这样就避免今后一些不必要的争议。

2. 就业协议书的签订

就业协议书的签订是在毕业生与用人单位供需见面、双向选择之后达成一致意见的结果，签订就业协议书的流程如下。

（1）毕业生本人填写相关内容，并在协议书上以文字形式明确表达自己同意到选定单位应聘工作的意愿，同时签署本人名字。

（2）用人单位人事部门负责人代表单位填写相关内容，并签署同意接受该毕业生的文字意见并签字盖章。该单位如果没有人事决定权，还需要报送其上级主管部门签字盖章，予以批准认可。

（3）毕业生所在院系和学校主管部门签署意见并签字盖章，现行的就业协议书一式四份，协议签订后一份由毕业生本人保管，两份交给学校就业主管部门，其中一份作为就业派遣的依据，另一份用来办理毕业离校手续。还有一份交给用人单位，作为接受毕业生就业的凭证，并以此做好相关的人事及其他安排。

3. 就业协议书的无效与解除

大学生与用人单位签订就业协议后具有法律效力，任何一方不得擅自违约，否则违约方将向守约方支付协议条款规定的违约金。

1）无效协议

大学生在签订协议过程中，如果符合下面两条，将被认为是无效协议。无效协议是指欠缺就业协议的有效条件或违反就业协议订立的原则，从而不发生法律效力的协议，无效协议自订立之日起就没有法律约束力。

第一，就业协议未经学校审查同意视为无效，学校不列入就业方案，不予派遣，如有的协议经学校审查认为对大学生有失公平，或违反公平竞争、公平录用的原则，学校有权拒签。

第二，采取欺骗等违法手段签订的就业协议无效，如用人单位未如实介绍本单位情况，根本无录用计划而与大学生签订就业协议，无效协议产生的法律责任，应由责任方承担。

2）就业协议的解除

解约即就业协议的解除，是指在就业协议期届满之前由毕业生或用人单位提前终止就业协议的法律效力，解除双方的权利和义务关系的法律行为。违约即违反就业协议，是大学生或用人单位不履行或不全面履行就业协议的法律行为。在当今我国法制化的进程中，在人们的权利意识增强的同时，也存在大量忽视法律的价值、不注重法律的规范性调整的行为，解约和违约就是其中最常见的两种形式。就业协议的解除分为单方解除和三方解除。

单方解除包括单方擅自解除和单方依法或依协议解除。单方擅自解除协议属于违约行为，解除方应对另外两方承担违约责任。单方依法或依协议解除，是指一方解除就业协议有法律或协议上的依据，如大学生未取得毕业资格，用人单位有权单方解除就业协议。此类单方解除，解除方无须对另两方承担法律责任。

三方解除是指大学生、用人单位、学校三方经协商一致，取消原订立的协议，使协议不发生法律效力，三方均不承担法律责任。三方解除应在就业计划上报主管部门之前进行，如就业派遣计划下达后三方解除，还要经主管部门批准办理、调整改派。

大学生办理解约的程序：第一，在签订协议前实事求是地告诉用人单位自己可能会因为某些原因而解除协议；第二，用人单位同意后需在就业协议书备注栏中注明并签字盖章，避免以后对此约定发生争议；第三，当约定事项发生后将相关证明材料寄给用人单位，由用人单位签署意见后送交学校毕业生就业指导部门备案。办理解约的程序体现了就业协议的严肃性，大学生就业工作关系到学校的发展和与用人单位的长期合作，同时也涉及大学生的切身利益，因此大学生一定要慎重选择就业单位，慎重签订就业协议，慎重行使违约权利，以避免违约带来的心理压力和经济负担。

4. 就业协议书的违约责任与后果

从实际情况来看,就业违约多为大学生违约,大学生违约除了要支付就业协议书约定的违约金外,往往还会造成其他不良后果,主要表现在以下几个方面。

第一,对用人单位而言,用人单位往往为录用大学生做了大量的工作,有的甚至对毕业生将要从事的具体工作也有所安排。同时,毕业生就业工作时间相对比较集中,一旦大学生因为某种原因违约,势必使用人单位的录用工作付之东流,用人单位若重新选择其他大学生,在时间上也不允许,从而给用人单位工作造成被动。

第二,对学校而言,用人单位往往将大学生违约行为归为学校行为,从而影响学校和用人单位的合作关系。用人单位由于大学生存在违约现象而对学校的推荐工作表示怀疑。面对激烈的就业竞争,用人单位的需求是大学生择业成功的前提,如此下去必定影响今后学校的大学生就业工作,同时影响学校就业计划方案的制定和上报,影响学校的正常派遣工作。

第三,对其他大学生而言,用人单位到校挑选大学生,一旦与某大学生签订了就业协议,就不可能再录用其他大学生。若日后该大学生违约,有些当初希望到该用人单位工作的其他大学生因为录用时间等情况,也无法补缺,造成就业机会的浪费,影响其他大学生就业。因此,大学生在就业过程中应慎重选择,认真履约。

5. 就业协议书签订的注意事项

1) 认真了解国家及地方的就业政策与规定

了解就业政策是签订就业协议的前提,这里既包括国家层面的就业政策,也包括各地录用毕业生的就业政策。教育部颁布了《普通高校毕业生就业工作暂行规定》,该规定是目前较为全面、系统的就业法规,内容具体详尽,操作性强,对毕业生就业行为有一定的规范和指导作用,毕业生要认真学习领会。出于各种各样的原因,各地在引进人才方面出台了许多政策规定,这些规定对录用毕业生的条件进行了要求,如上海、北京、深圳等中心城市对录用毕业生的学校、专业、普通话水平、计算机登记等方面做了具体规定。毕业生若事先不了解这些政策,等到与用人单位签约时才发现不符合录用条件,这样既耽误时间也浪费精力。

2) 要明确用人单位是否具备合法的主体资格

只有具备合法主体资格的单位才拥有录用毕业生的自主权,因此毕业生签订就业协议前要仔细核实用人单位的主体资格,以免上当受骗。

3) 双方协商条款内容必须在备注栏中注明

毕业生在与用人单位洽谈时必然会就一些具体问题进行协商,达成一致意见后,协商条款一定要在备注栏中进行书面说明,并由双方签字盖章。备注栏中需要注明的条款一般有以下两类:一是关于工资福利待遇、住房条件、服务期限等内容,这些条款的提出,有利于保护毕业生的自身权益,毕业生报到后与用人单位签订劳动合同时就不需要重复协商此类问题;二是要明确违约处理办法,毕业生就业协议一经订立,任何一方都不得随意解除,否则就要承担违约责任,但出于各种各样的原因,违约现象也是客观存在的，为了维护自身权益，有必要约定双方违约所要承担的责任，如规定违约金数额等，这样一来，如果用人单位提出违约，毕业生可获得一定的补偿，毕业生如果提出违约，也可避免一些用人单位不允许违约或漫天要价等情况，从而使自己处于被动状态。

需要指出的是，毕业生如果考研待录取或准备出国，与用人单位签订就业协议时，一定要注明"毕业生考研录取或办理出国手续后协议自行解除"等相关内容，这样就可避免承担违约责任，避免造成经济损失或引起其他争议。

二、劳动合同的签订

毕业生入职后需要与用人单位重新签订劳动合同，因此也需要对劳动合同的相关内容有一定的了解。劳动合同是劳动者与用工单位之间确立劳动关系，明确双方权利和义务的协议。劳动合同按照不同的标准可划分为不同种类，以合同目的为标准，划分为聘用合同、录用合同、借调合同、停薪留职合同；以合同的有效期为标准，划分为有固定期限合同、无固定期限合同和以完成一定工作为期限的合同。劳动合同有主件、附件之分，劳动合同主件即为劳动合同文书，附件一般指劳动合同的补充协议，如岗位协议书、专项劳动协议、用人单位依法制定的内部劳动规则等。

1. 劳动合同的必备条款

综合《劳动合同法》第十七条规定，劳动合同应当具备以下条款。

（1）法定条款

用人单位的名称、住所和法定代表人或者主要负责人；劳动者的姓名、住址和居民身份证或者其他有效身份证件号码；劳动合同期限；工作内容和工作地点；工作时间和休息休假；劳动报酬；社会保险；劳动保护、劳动条件和职业危害防护；法律、法规规定应当纳入劳动合同的其他事项。

（2）约定条款

约定条款是订立劳动合同双方当事人经过协商约定、自行规定的条款，如生活福利、劳动者从事的工种、担任的职务、住房条件、争议解决的途径等。

2. 劳动合同的履行、变更与终止

劳动合同的履行，是指劳动合同的双方当事人按照合同规定，履行各自义务的行为。依法订立的劳动合同具有法律约束力，当事人必须履行合同约定的义务，任何个人或第三方不得非法干涉劳动合同的履行。

劳动合同的变更，是指双方当事人对尚未履行或尚未完全履行的合同，依照法律规定的条件和程序，对原劳动合同进行修改或增删的法律行为。劳动合同变更应遵循平等自愿、协商一致的原则，不得违反法律法规的规定。任何一方不得擅自变更劳动合同，否则要承担相应的法律责任。劳动合同的变更一般是协议变更，双方当事人就变更的内容及条件进行协商，达成一致意见，应签订书面协议。我国劳动法规定，提出变更劳动合同的一方，给对方造成经济损失的，应当承担赔偿责任。

劳动合同的终止，是指符合法律规定或当事人约定的情形的劳动合同的效力即行终止。《劳动合同法》规定："劳动合同期满或者当事人约定的劳动合同终止条件出现，劳动合同即行终止。"劳动合同终止主要有以下情形：劳动合同期满的；劳动者开始依法享受基本养老保险待遇的；劳动者死亡，或者被人民法院宣告死亡，或者宣告失踪的；用人单位被依法宣告破产的；用人单位被吊销营业执照、责令关闭、撤销或者用人单位决定提前解散的；法律法规规定的其他情形。

3. 劳动合同的解除

劳动合同的解除，是指劳动合同当事人在劳动合同期限届满之前依法提前终止劳动合同关系的法律行为。劳动合同的解除可分为协商解除、用人单位单方面解除、劳动者单方面解除以及自行解除等。综合《劳动合同法》的规定，劳动合同解除分为如下几种。

1) 协商解除

只要用人单位与劳动者解除劳动合同的意见一致，解除条件即达成。

2) 劳动者提前通知单方解除

为了保障劳动者全面自由发展的权利，我国《劳动法》和《劳动合同法》均规定了劳动者的辞职权，即劳动者单方无条件地提出辞职的权利，但为了达到用人单位与劳动者的利益平衡，法律规定，此种劳动合同解除条件只有在劳动者履行法定程序（应提前30日书面通知）后才能生效。

3) 劳动者随时单方解除

为了劳动者的合法权益，如果用人单位存在严重违反劳动合同行为或者劳动者人身受到威胁、迫害，劳动者有随时通知解除劳动合同的权利。主要包括以下情形：未按照劳动合同约定提供劳动保护或者劳动条件；未及时足额支付劳动报酬；未依法为劳动者缴纳社会保险费；用人单位的规章制度违反法律、法规规定，损害劳动者权益；以欺诈、胁迫的手段或者乘人之危，使对方在违背真实意思的情况下订立或者变更劳动合同；用人单位以暴力、威胁或者非法限制人身自由的手段强迫劳动者劳动，或者用人单位违章指挥、强令冒险作业及劳动者人身安全受到重大威胁；法律法规规定的劳动者可以解除劳动合同的其他情形。

小案例：

万某原系某公司的销售员，在公司工作至 2009 年 8 月 25 日。双方签订最后一份劳动合同期限为 2007 年 1 月 1 日至 2010 年 12 月 31 日。2009 年 8 月 24 日，万某向公司递交解除劳动合同通知书，单方面解除合同，理由是公司拖欠工资及奖金要求解除劳动合同。公司收到该通知书后不同意解除合同，但认为万某解除劳动的理由不成立。后面万某提起劳动仲裁并起诉至法院，要求该公司同意解除劳动合同并支付解除劳动合同的离职补偿金。法院受理了该案件，调查了解公司拖欠万某工资及奖金的理由成立，判定万某可以随时单方解除劳动合同，并支持万某提出的离职补偿金的要求。

> **点评**：工资遭拖欠可随时单方解除劳动合同，法官提示，很多毕业生不了解劳动法规的规定，认为主动辞职就不能再索要赔偿，故而放弃索赔，辞职索赔只要确定自己无责任，导致离职的原因在用人单位一方，这样即可获得赔偿。

4）用人单位单方随时通知解除

在合同期内如果劳动者存在严重违反用人单位规章制度，或存在其他严重损害用人单位合同利益的情形，用人单位有权单方随时通知劳动者解除劳动合同，主要包括以下情形：在试用期被证明不符合录用条件；严重违反用人单位的规章制度；严重失职、营私舞弊，给用人单位造成重大损害；劳动者同时与其他用人单位建立劳动关系，对完成本单位的工作任务造成严重影响，或者经用人单位提出，拒不改正；以欺诈、胁迫的手段或者乘人之危，使对方在违背真实意思的情况下订立或者变更劳动合同的；被依法追究刑事责任的。

5）用人单位提前30日通知解除

在合同期内如果存在非用人单位与劳动者的主观原因，致使劳动合同无法继续履行的，用人单位提前30日通知劳动者或支付劳动者一个月工资的代通知金。解除劳动合同的情形主要包括：劳动者患病或者非因工负伤，在规定的医疗期满后不能从事原工作，也不能从事由用人单位另行安排的工作的；劳动者不能胜任工作，经过培训或者调整工作岗位，仍不能胜任工作的；劳动合同订立时所依据的客观情况发生重大变化，致使劳动合同无法履行，经用人单位与劳动者协商，未能就变更劳动合同内容达成协议的。此外，用人单位在出现经营困难等情形，需要裁减人员，解除与劳动者劳动关系时，用人单位也需要提前30日通知全体劳动者或工会。

4. 劳动合同签订的注意事项

劳动合同是劳动者与用人单位有关权利与义务的约定，相关内容受《劳动合同法》保护，在签订过程中必须严肃认真对待。求职者在签订合同时应注意以下事项。

（1）注意劳动合同签订的时间，《劳动合同法》规定，劳动者入职一个月内需签订书面劳动合同，否则用人单位须向劳动者支付双倍工资。如果用人单位超过一年未与劳动者签订书面劳动合同，则视为双方已经形成无固定期限劳动合同。

（2）注意劳动合同的期限，劳动合同的期限有三种，固定期限合同、无固定期限合同与以完成一定工作为期限的合同，劳动者与用人单位在签订劳动合同时要根据双方的需求来协商确定合同的期限。同时，如果有约定试用期，试用期最长不能超过六个月且包含在合同期限内，若劳动合同仅约定试用期，试用期不成立，该期限为劳动合同期限。以完成一定工作为期限的劳动合同或者劳动合同期限不满3个月的，依据《劳动合同法》规定，该情形不得约定试用期。

（3）注意劳动合同签订的细节，签订前需要了解相关法律法规，特别要对《劳动法》《劳动合同法》有比较全面的了解，使自己知法懂法，知道利用法律来捍卫自己的合法权益。在签订过程中要查阅相关劳动合同范本，确保条款齐全，以保障自己的合法权益。签订合同最好当面签订，如无异议，双方当面签字盖章。如果涉及一些关键的数字，一定要写上大写汉字，以防篡改。合同签订后至少一式两份，双方各执一份，妥善保管合同。

三、就业协议书与劳动合同的共性与区别

就业协议书和劳动合同是毕业生就业过程中使用到的两类实用文书，前面我们详细介绍了它们的具体内容与操作流程，那两者之间有什么共性和区别？

1. 就业协议书与劳动合同的共性

1）合同的性质一致

毕业生与用人单位签订了就业协议书，毕业生就应该按照协议要求的时间去用人单位报到上班，用人单位要为毕业生安排相应的工作，从实质上说，这就是确定了一种劳动关系，确定这种劳动关系的依据是就业协议书。毕业生到用人单位报到后开始了实质性的劳动关系，需要签订书面劳动合同，以对这种劳动关系进行确认，对彼此进行约束，从这一点来看，就业协议书和劳动合同的性质是一致的。

2）都在双方平等自愿情况下签订

无论是就业协议书还是劳动合同都是在双方平等协议、充分表达主观意愿的情况下签订的，双方对协议或合同中订立的权利和义务都是完全认可的，无强制、胁迫等因素的影响。

3）都具有法律效力

就业协议书和劳动合同都是用人单位与大学生订立的书面协议，双方都应严格履行，任何一方违约都要承担法律责任，因此它们具有相同的法律效力。

2. 就业协议书和劳动合同的区别

就业协议书是劳动合同的一种特殊形式，两者不能相互替代，它们有以下区别。

1）适用的主体不同

就业协议书专指高校应届毕业生与用人单位签订的协议，涉及还没有毕业的大学生、用人单位和学校三方，因而也称为三方协议。大学生与用人单位是平等的主体，而学校一方因处于管理者的地位，所以制约着大学生与用人单位的签约行为。劳动合同适用于所有劳动者与用人单位之间的劳动关系，签约主体完全平等，无须第三方介入和干涉，签约的主体既可以是高校毕业生，也可以是其他劳动者。

2）内容的详细程度不同

就业协议书是学校、大学生与用人单位签订的初次工作协议，更多表达的是就业意愿，具体约定的内容不是很详细，一般不涉及具体的权利和义务，是一种粗线条的约定。

而劳动合同的内容则十分详细，涉及劳动报酬、劳动纪律、工作内容等方面，权利和义务也更为明确，大学生毕业后签订的就业协议书不能代替劳动合同。

3）适用的法律不同

就业协议中，大学生和用人单位发生争议时，问题的解决一般不会上升到法律的高度，主要根据协议书本身的内容、现有就业政策和法律对合同的一般规定来解决，而劳动合同发生争议，应依据《劳动合同法》来处理。

4）签订的时间不同

一般来说，就业协议书是大学生毕业离校前、落实了用人单位后签订的，就高校大学生就业而言，劳动合同则是大学生到用人单位报到后订立的，它们之间存在先后关系。两者并行不悖，毕业前通过就业协议落实用人单位，毕业后签订劳动合同建立规范的人事劳动关系。

5）生效的条件不同

就业协议在大学生与用人单位签字、盖章后还须经学校就业主管部门审核批准后才能生效，劳动合同则是双方当事人签字、盖章后立即生效。

4-1　五险一金

第三节　就业权益保护

一、大学生就业有关的法律法规概述

一般认为与毕业生就业有关的法律法规可分为四个层次：第一层次是指相关的法律，如《中华人民共和国合同法》（简称《合同法》）《中华人民共和国劳动合同法》（简称《劳动合同法》）《中华人民共和国就业促进法》（简称就业促进法），它们具有绝对的权威性，在就业、劳动市场的运作方面处于统领地位；第二层次是指教育部及有关部委关于毕业生就业的规范，如教育部颁布的《普通高等学校毕业生就业工作暂行规定》，该规定对全国高校毕业生、用人单位具有普遍的约束力，是目前最为系统全面的就业规范；第三层次是指各地方就业主管部门关于毕业生就业的规范性文件；第四层次是指各高校关于毕业生就业的管理规定、实施办法、细则等。

下面仅就《合同法》《劳动合同法》及《就业促进法》中与毕业生就业密切相关的一些条款作简要介绍。

（一）合同法

《合同法》是调整平等主体的自然人、法人及其他组织之间设立、变更、终止民事权利义务关系协议的法律。《合同法》中的有关条款同样适用于毕业生与用人单位就业协议的签订。

1. 基本原则

合同当事人的法律地位平等，一方不得将自己的意志强加给另一方；当事人依法享有自愿订立合同的权利，任何单位和个人不得非法干预；当事人应当遵循公平原则确定各方的权利和义务，当事人行使权利和履行义务应当遵循诚实信用原则；当事人订立、履行合同，应当遵守法律行政法规，尊重社会公德，不得扰乱社会经济秩序，损害社会公共利益。

2. 合同的订立

订立合同的当事人，应当具有相应的民事权利能力和民事行为能力。当事人采用合同书形式订立合同的，自双方当事人签字或盖章时合同成立。当事人在订立合同过程中有下列情形之一，给对方造成损失的，应当承担损害赔偿责任：假借订立合同，恶意进行磋商；故意隐瞒与订立合同有关的重要事实或提供虚假情况；有其他违背诚实信用原则的行为。

3. 合同的效力与违约责任

当事人对合同的效力可以约定附条件，附生效条件的合同自条件成立时生效，附解除条件的合同，自条件成立时失效。无效合同或被撤销的合同没有法律约束力，当事人一方不履行合同义务或履行合同义务不符合约定的，应当承担继续履行、采取补救措施或赔偿损失等违约的责任。

（二）劳动合同法

《劳动合同法》是在2007年6月29日第十届全国人民代表大会常务委员会第二十八次会议通过并由中华人民共和国主席令发布的关于劳动合同的法律条文，自2008年1月1日起施行，修改方案于2012年12月28日通过。《劳动合同法》在明确劳动合同双方当事人的权利和义务的前提下，重在对劳动者合法权益的保护，被誉为劳动者的"保护伞"，为构建与发展和谐稳定的劳动关系提供法律保障。

1. 拓宽了劳动法的适用范围

该法第二条规定中华人民共和国境内的"民办非企业单位等组织与劳动者"建立劳动关系，也要适用本法。同时，还明确国家机关、事业单位、社会团体和与其建立劳动关系的劳动者，订立、履行、变更、解除或者终止劳动合同，依照《劳动合同法》执行。另外，《劳动合同法》第五章专门用两节共十六个条文对劳务派遣和非全日制用工做出了规定，填补了原有规定的空白。

2. 突出强调工会的地位和作用，强化了工会的职能

该法总则部分第五条规定，县级以上人民政府劳动行政部门会同工会和企业方面代表，建立健全协调劳动关系三方机制，共同研究解决有关劳动关系的重大问题。从

中可以看出我国正在转变劳动法的调整方式，不再把劳动合同问题只看作劳动者和用人单位之间的问题，政府也开始谋求在三方机制中对劳动合同进行监管，工会在劳动合同问题中也有了越来越响亮的声音。另外，《劳动合同法》非常重视工会在集体协商、监督用人单位遵守劳动法律中的作用，赋予了其更多的参与权和监督权，例如，《劳动合同法》第五十六条明确赋予了工会对因履行集体合同发生的争议，有申请仲裁和提起诉讼的权利。

3. 用人单位的义务更多、更细、更重

（1）用人单位在劳动合同的订立、履行、解除等方面的义务更多了。例如，《劳动合同法》第四条新规定了用人单位的规章制定义务，并且规定在涉及劳动者的切身利益方面的劳动规章的制定、修改应当通过民主程序来进行。这对于防止用人单位滥用规章制度、保护劳动者合法权益将起到积极作用。《劳动合同法》中还可以见到大量的用人单位的新增义务，例如，建立职工名册备查的义务（第七条），书面订立、变更劳动合同的义务（第十条、第三十五条），试用期工资保障义务（第二十一条），劳动合同文本的保存义务（第五十条）等。

（2）用人单位在劳动合同订立、履行、解除等方面的义务更细了。例如，在竞业禁止方面，《劳动合同法》第二十四条对竞业禁止的人员、范围、地域、期限和违约责任都做出了更加细致的规定，进一步限制了用人单位利用其优势地位肆意限制劳动者自由的行为。类似的还有不少内容都进一步细化了用人单位的义务，例如，第四十一条对用人单位裁减人员方面义务的规定，第四十六条至第四十八条中对用人单位支付经济补偿金方面的规定等。

（3）用人单位在劳动合同订立、履行、解除等方面的义务更重了。在《劳动合同法》第七章法律责任部分，这一点体现得非常明显。例如，《劳动合同法》第八十二条规定，用人单位自用工之日起超过一个月不满一年未与劳动者订立书面劳动合同的，应当向劳动者每月支付二倍的工资。用人单位违反本法规定不与劳动者订立无固定期限劳动合同的，自应当订立无固定期限劳动合同之日起向劳动者每月支付二倍的工资。这里"二倍的工资"是以往的劳动法律规定当中所没有的。又如，《劳动合同法》第九十一条、九十二条、第九十四条规定了三个连带责任，都与用人单位有关，这也是以往的劳动法律制度中没有明确规定的。

4. 劳动者的权利更多、更强，义务更加规范

《劳动合同法》赋予了劳动者更多的权利，这有助于劳动者合法权益的维护。用人单位的新增义务大多是针对劳动者的，这些也都是劳动者的新增权利。劳动者的权利更多了，例如，在劳动合同解除方面，劳动者可以自由解除劳动合同的情形更多，对于用人单位违规用工时的解除程序更加简便。在劳动者的义务方面，《劳动合同法》也有增加，例如，《劳动合同法》第八条规定"用人单位有权了解劳动者与劳动合同直接相关的基本情况，劳动者应当如实说明"就是一个新增的内容。《劳动合同法》对劳动者义务的规定也更加规范，例如，《劳动合同法》第三十九条第四项规定"劳动者同时与其他用人单位

建立劳动关系，对完成本单位的工作任务造成严重影响，或者经用人单位提出，拒不改正的"用人单位可以解除劳动合同。

5. 劳动合同期限、试用期、劳动合同解除等具体制度更加完备

《劳动合同法》总结原有劳动法律制度中的规定，针对社会生活中的突出问题做了更详尽的规定。在劳动合同期限方面，劳动者的择业自由得到更大程度的保障。在试用期方面，则对试用期的长短、次数、试用期期间的工资待遇、用人单位在试用期间的义务等都做出了详细的规定，这比起我国《劳动法》第二十一条中仅仅规定试用期长度的规定显然要完备得多。在劳动合同解除方面，《劳动合同法》对劳动合同解除的条件、劳动合同解除的程序、劳动合同解除中的违约和补偿问题都做出了比较具体的规定，也较以往规定更加完备。《劳动合同法》第八十七条规定："用人单位违反本法规定解除或者终止劳动合同的，应当依照本法第四十七条规定的经济补偿标准的二倍向劳动者支付赔偿金。"

6. 新增了劳务派遣合同和非全日制用工两方面的内容

《劳动合同法》第五章第二节、第三节是"劳务派遣"和"非全日制用工"，共有十六个条文，这两节内容一方面弥补了原有劳动合同法律制度的空白，另一方面也带有突破性质。在原有的法律制度中，劳务派遣和非全日制用工问题大多被归类为劳务关系，认为这是一种民事契约，其权利义务通过民事法律来调整，《劳动合同法》的规定使得这两部分的内容转由该法来调整，不能不说是一种突破性的规定。

7. 进一步强化了劳动行政主管部门在劳动合同方面的监管职责

劳动行政主管部门的劳动监管职责不强、不明确和执行不力是导致《劳动法》在现实生活中被视为"弱法"的重要原因，《劳动合同法》大大加强了劳动行政主管部门在劳动合同监管方面的职权和职责，例如，《劳动合同法》第八十四条第二款规定，用人单位违反本法规定，以担保或者其他名义向劳动者收取财物的，由劳动行政部门责令限期退还劳动者本人，并以每人五百元以上二千元以下的标准处以罚款；给劳动者造成损害的，应当承担赔偿责任。这里的罚款权是以往的法律规定当中所没有的。

（三）就业促进法

《就业促进法》是国家为了促进就业，促进经济发展与扩大就业相协调，促进社会和谐稳定而制定的法律。2007年8月30日第十届全国人民代表大会常务委员会第二十九次会议通过，自2008年1月1日起施行。对于大学生而言，值得关注的是直接和就业权利有关的规定，主要有如下几个方面。

1. 政府应建立就业专项资金用于改善和扩大就业

改善就业环境，促进就业必然涉及资金投入，在《就业促进法》颁布之前，就有关于对再就业资金管理的规定，而《就业促进法》则把就业专项资金明确写入了法律，提

升了其效力程度。《就业促进法》第十五条规定，县级以上人民政府应当根据就业状况和就业工作目标，在财政预算中安排就业专项资金用于促进就业工作。就业专项资金主要用于以下几个方面：职业介绍职业培训、公益性岗位职业技能鉴定、特定就业政策和社会保险等的补贴，小额贷款担保基金和微利项目的小额担保贷款贴息以及扶持公共就业服务。

2. 劳动者的平等就业权

平等就业、反对就业歧视一直为社会所关注，因户籍、性别、民族等原因遭到就业歧视的报道和案例也有很多，《就业促进法》针对平等就业问题规定了多个条款，其中第三条规定了基本的原则，劳动者依法享有平等就业和自主择业的权利。劳动者就业，不因民族、种族、性别、宗教信仰等不同而受歧视。除此之外，该法其他条款的规定主要是：第二十六条规定的用人单位和职业中介机构的责任，用人单位招用人员、职业中介机构从事职业中介活动，应当向劳动者提供平等的就业机会和公平的就业条件，不得实施就业歧视；第二十七条规定男女平等的劳动权利，用人单位招用人员，除国家规定的不适合妇女的工种或者岗位外，不得以性别为由拒绝录用妇女或者提高对妇女的录用标准，用人单位录用女职工，不得在劳动合同中规定限制女职工结婚、生育的内容；第二十八条规定各民族劳动者平等的劳动权利，用人单位招用人员，应当依法对少数民族劳动者给予适当照顾；第二十九条规定残疾人的劳动权利，各级人民政府应当对残疾人就业统筹规划，为残疾人创造就业条件，用人单位招用人员，不得歧视残疾人；第三十条规定传染病病原携带者的劳动权利，用人单位招用人员，不得以劳动者是传染病病原携带者为由拒绝录用，但是，经医学鉴定传染病病原携带者在治愈前或者排除传染嫌疑前，不得从事法律、行政法规和国务院卫生行政部门规定禁止从事的易使传染病扩散的工作；第三十一条规定农村劳动者的劳动权利，农村劳动者进城就业享有与城镇劳动者平等的劳动权利，不得对农村劳动者进城就业设置歧视性限制。

3. 公共就业服务机构的设立

为了实现促进就业的目标，《就业促进法》规定了很多大政方针，比如加强职业教育和培训，鼓励发展劳动密集型产业、服务业；发展国内外贸易和国际经济合作；拓宽就业渠道等。其中和群众直接相关的就是建立公共就业服务机构，这是《就业促进法》的一大亮点，该法第三十五条规定，县级以上人民政府建立健全公共就业服务体系，设立公共就业服务机构，而且明确规定该公共就业服务机构是公益性的，不得从事经营性活动，为劳动者免费提供服务。公共就业服务机构主要为劳动者提供如下免费服务：就业政策法规咨询、职业供求信息、市场工资指导价位信息和职业培训信息发布；职业指导和职业介绍；对就业困难人员实施就业援助；办理就业登记、失业登记等事务；其他公共就业服务。

4. 建立失业预警制度

建立失业预警制度也是《就业促进法》的一大亮点，是《就业促进法》在法律层面上的首创，该法第四十二条规定，县级以上人民政府建立失业预警制度，对可能出现的较大规模的失业实施预防、调节和控制。

5. 就业援助制度

我国建立了专门的法律援助制度，各地市也建立了自己的法律援助中心，对请求给付赡养费、请求支付劳动报酬等符合条件的案件中因经济困难没有委托代理人的当事人提供法律援助服务，对就业提供援助服务是《就业促进法》新提出的制度，也是该法又一个值得关注的亮点。该法第五十二条规定，各级人民政府建立健全就业援助制度，采取税费减免、贷款贴息、社会保险补贴、岗位补贴等办法，通过公益性岗位安置等途径，对就业困难人员实行优先扶持和重点帮助。

6. 城市有就业需求的家庭至少有一人实现就业

法定劳动年龄内的家庭成员如果都处在失业状态，其生活是非常艰难的，对此《就业促进法》做了具体的规定，该法第五十六条规定，县级以上地方人民政府采取多种就业形式，拓宽公益性岗位范围，开发就业岗位，确保城市有就业需求的家庭至少有一人实现就业。

二、毕业生应具备的法律意识

毕业生在就业过程中不仅要对相关法律文件有一定的了解，而且要具备一定的法律意识，主要包括以下四个方面。

（一）维权意识

毕业生在择业过程中由于急于与用人单位达成招聘意向，往往忽视了对自己合法权益的保护，又加上毕业生对择业与劳动保障方面的法律知识较少，许多学生根本不知道《劳动法》《合同法》《劳动合同法》《就业促进法》等择业与就业保障方面的法律法规，因此当遇到侵犯自身权益的问题时，毕业生一般会表现为不知所措、忍气吞声等。具备一定的维权意识对毕业生正确行使自己的合法权益具有重要意义，维权意识中所蕴含的权利内容包括以下几个方面。

1. 接受就业推荐与获取指导信息服务的权利

接受就业推荐权就是毕业生有权要求学校和职业介绍机构在择业过程中公正、择优、分类型地向用人单位推荐自己的权利。接受就业指导与信息服务权是指学生有权从学校、社会、国家获得公开、及时的就业指导与就业信息服务。

2. 特殊时期特殊群体的保障权

特殊时期主要包括过渡期和休息休假期，过渡期保障权是指毕业生到用人单位工作后，在实习期、试用期、见习期内所应当享有的保障个人安全与和谐发展的权利。休息休假权是指劳动者在法律规定的工作时间后进行休息和休养的权利。我国宪法、《劳动法》《劳动合同法》都规定用人单位不得侵害劳动者的休息休假权。随着社会经济水平的发展，国家进一步加大了劳动者休息休假权的保障力度。特殊群体主要是依据《中华人民共和国妇女权益保障法》《劳动法》《劳动合同法》等法律法规，针对女职工的身体、生理特点，用人单位有义务对其在生产过程中的安全和健康采取特殊的保护措施，女职工有主张用人单位特殊保护的权利。

3. 社会保障社会保险权

社会保障权，又称社会福利权，是指劳动者享有国家和用人单位提供的各类保障、福利设施和各种福利待遇，在年老、患病、工伤、失业、生育和丧失劳动能力的情况下获得物质帮助的权利。社会保险权，是指参加劳动关系的劳动者在丧失劳动能力或者失业时，从国家通过立法强制建立的社会保险基金中获得必要物质帮助的权利。

4. 职业技能培训权

职业技能培训权是劳动者享有参加劳动所必需的、提高劳动技能或就业能力的各种业务学习和进修的权利。保障劳动者职业技能培训权的实现，有助于提高劳动者的文化素质和职业技能水平，有利于提高劳动者劳动生产率和工作效率，还能为减少失业人员、促进充分就业创造条件。

（二）合同意识

合同意识又称契约意识，公民与法人在财产与人身关系的保护中，一条重要的途径就是民事主体之间的契约自由与保护。当契约双方按照自己的意思依法设立、变更、终止民事权利、义务时，其契约必须遵守，这时契约就是当事人之间的"法律"，这也是社会存在基础的"公平原则"与"诚信原则"的体现。合同意识中所蕴含的权利内容包括以下几方面：① 违约及求偿权，违约及求偿权是指毕业生与用人单位签订就业协议后，如用人单位无故要求解约，毕业生有权依照《合同法》要求对方履行就业协议，签订劳动合同，或者支付违约金的权利；② 获得劳动报酬权，劳动报酬权是劳动者有按照劳动的数量和质量取得报酬的权利。取得劳动报酬是劳动权利的重要内容，劳动报酬是劳动者的又一项重要的基本权利。对于劳动者延长工作时间的工资支付将以另外的标准给予劳动者工资报酬，在标准工作日内安排劳动者延长工作时间的，应支付不低于法律规定的工资报酬。

（三）平等意识

平等是人与人之间的一种关系、人对人的一种态度，是人类的终极理想之一。人与人之间的平等，主要指的不是物质上的"相等"或"平均"，而是指在精神上互相理解、互相尊重，把对方当成和自己一样的人来看待。现代社会的进步，就是人和人之间从不平等走向平等的过程，是平等逐渐实现的过程。面对择业中存在的身高歧视、性别歧视、容貌歧视、生源地歧视、乙肝歧视及对学生毕业学校的歧视，毕业生通常缺乏维护自己平等就业权的意识，而往往采取回避与放弃的策略。

平等意识中所蕴含的权利内容包括以下几方面。

（1）公平择业权。公平择业权就是公民在择业过程中不得因其民族、种族、性别、政见、信仰、身体原因、社会出身不同等原因而受到歧视，被排斥适用公平均等机会，或被取消、损害就业与职业机会，或被给予区别对待的权利。

（2）自由择业权。自由择业权是指公民有权按照自己的意愿选择职业，包括自由选择是否从事职业劳动，从事何种职业劳动，何时从事职业劳动，在哪一类或哪一个用人单位从事职业劳动等权利。

（3）择业知情权。择业知情权是指被征集信息的劳动者对所征集的个人信息及根据这些信息所加工的产品及其征集信息者的信息享有了解真实情况的权利。为保护劳动者知情权的需要，《劳动合同法》规定用人单位招用劳动者时，应当如实告知劳动者工作内容、工作条件、职业危害、安全生产状况、劳动报酬，以及劳动者要求了解的其他情况。

（4）民主管理权与组织参加工会权。民主管理权是指劳动者在用人单位范围内通过职工代表大会和其他形式，审议单位的重大决策，监督单位管理者，从而维护自身合法权益的权利。组织参加工会权是指劳动者有自由组织与参加工会，保障自己经济权利、劳动社会权益的自由。

（四）法治意识

在激烈的竞争中，一些学生为取得择业的优势而涉足违法犯罪行为，如一些学生通过伪造成绩单、学业证明、学位证书、获奖证书来获得用人单位的青睐，而事情败露后这些学生又会以"不知道违法了"等借口推脱责任，这是没有法治意识的表现。

另外，在就业过程中也要有法治意识来保护自己的权益，法治意识中所蕴含的权利内容包括以下几方面。

（1）劳动争议救济权。劳动争议救济权是指劳动者与其所在的用人单位发生劳动争议时，可以向有关部门申诉反映情况，提请处理，或者依照处理劳动争议的法定程序，申请调解、仲裁和提起诉讼的权利。提起劳动争议处理权是法律赋予劳动者的一项重要的民主权利，它是保障劳动者实现劳动权利、维护自身合法权益不可缺少的条件，也是劳动关系法律化、健全社会主义民主与法制的要求。

（2）劳动合同倾斜保护。劳动合同倾斜保护是指在劳动关系建立过程中，毕业生享有《劳动合同法》倾斜保护劳动者的权利。随着《劳动合同法》及其司法解释和相适应的行政法规的进一步出台，用人单位签订书面劳动合同不及时，劳动合同到期既不续签也不提前通知终止劳动合同，在劳动合同中订立无保障条款、生死条款等不平等条款，劳动合同签订率低、试用期长、合同期短、内容不规范、同工不同酬以及利用毕业生在求职中所处的弱势地位签订"霸王合同"，故意以各种形式躲避《劳动法》与《劳动合同法》给用人单位规定的义务等侵害劳动者应得利益的情形将受到法律的严惩、舆论的谴责和劳动者的有力维权。

三、劳动争议保障

毕业生在就业过程中不仅要熟悉相关法律法规，具备法律意识，而且要学会使用法律武器，用实际行动来保护自己的权益，这主要涉及劳动争议处理。

（一）劳动争议概述

1. 劳动争议的概念

争议又称为纠纷、冲突、争端，是特定的社会主体基于利益冲突而产生的双方或多边对抗行为或现象。法社会学上，劳动争议被宽泛地界定为劳动关系形成和实践过程中产生的纠纷，即以劳动关系为圆心而发散出去的各类纠纷。按此定义，劳动争议至少包括四种类型：一是因劳动契约关系，劳动者与用人单位之间发生的争议；二是劳动者之间发生的争议；三是因劳动者之保护或保险，用人单位与国家间所起的纷争；四是用人单位与劳动者因团体之间的交涉所发生的纠纷。我国法律直接将劳动争议限定为用人单位与劳动者之间的争议，表现为《劳动争议调解仲裁法》第二条规定中华人民共和国境内的用人单位与劳动者发生的劳动争议，适用本法。

劳动争议的法律性质体现为以下三点：第一，劳动争议的产生是建立在劳动法律关系的基础之上的，劳动争议产生的前提必须是当事人之间存在着一定的劳动关系，否则就不存在劳动争议，这里的劳动关系，既包括劳动法律关系，也包括事实劳动关系；第二，劳动争议当事人一方为用人单位，一方为劳动者，如果争议不是发生在用人单位与劳动者之间，而是发生在企业与企业之间、企业与国家机关之间，即使争议内容涉及劳动方面的问题，也不构成劳动争议。由于劳动争议往往涉及第三人的物质利益，如劳动者伤残、死亡后，其近亲属由于抚养和继承问题而成为劳动争议的一方主体，但作为用人单位一方只能是用人单位行政方，不包括用人单位的党团组织、工会组织等；第三，劳动争议的标的是劳动权利和劳动义务，因企业开除、除名、辞退职工和职工辞职、自动离职所发生的争议，因执行国家有关工资、保险、福利、培训、劳动、保护的规定发生的争议，因履行劳动合同发生的争议，包括因执行变更、解除、终止劳动合同而发生的争议，法律、法规规定的其他涉及劳动权利和劳动义务的争议都应属于劳动争议。

2. 劳动争议的分类

劳动争议有很多种类型，标准不同，分类也不同。

（1）按照劳动争议当事人人数多少的不同，可分为个人劳动争议和集体劳动争议，个人劳动争议是劳动者个人与用人单位发生的劳动争议，集体劳动争议是指劳动者一方当事人在3人以上，有共同理由的劳动争议。

（2）按照劳动争议的内容，可分为因履行劳动合同发生的争议，因履行集体合同发生的争议，因企业开除、除名、辞退职工和职工辞职、自动离职发生的争议，因执行国家有关工作时间和休息休假、工资、保险、福利、培训、劳动保护的规定发生的争议等。

（3）按照当事人国籍的不同，可分为国内劳动争议与涉外劳动争议。国内劳动争议是指中国的用人单位与具有中国国籍的劳动者之间发生的劳动争议，涉外劳动争议是指具有涉外因素的劳动争议，包括中国在国（境）外设立的机构与中国派往该机构工作的人员之间发生的劳动争议、外商投资企业的用人单位与劳动者之间发生的劳动争议。

（二）劳动争议的处理

1. 劳动争议处理的方式

劳动争议处理的具体方式可分为两大类：一是合意方式（又称协议方式或妥协方式），这种方式是当事人双方自行协商或在特定机构干预下进行协商，相互妥协或者单方妥协，从而解决劳动争议，表现为和解、调解和调停，其中调解包括用人单位调解机构调解、仲裁机构调解和法院调解；二是裁判方式，这种方式是由特定机构对当事人请求解决的劳动争议依法进行审理，并做出具有法律约束力的处理决定，使争议得以解决，它包括仲裁裁决和法院判决。

2. 劳动争议处理体制

劳动争议处理体制是指劳动争议的各种处理机构和处理方式，按照各自在劳动争议处理过程中的地位和相互关系所构成的有机整体，它表明劳动争议发生后应当通过哪些机构和方式处理。根据现行立法的规定，劳动争议处理体制可概括为"一调一裁两审"体制，即劳动争议发生后，当事人可以向本单位劳动争议调解委员会申请调解，调解不成的可向劳动争议仲裁委员会申请仲裁，当事人一方也可以不经本单位劳动争议调解委员会调解而直接向劳动争议委员会申请仲裁。当事人不服仲裁裁决的，可以向人民法院起诉，人民法院审理劳动争议案件，实行两审终审制。

3. 劳动争议处理的原则

劳动争议处理原则包括两个：其一是劳动争议处理机构的组成原则，劳动争议处理机构的组成，应当实行"三方原则"，即劳动争议处理机构的成员中，应当有劳动关系当事人双方的代表和中立方代表（政府代表或公益代表），这一原则普遍适用于除普通法院以外的各种劳动争议处理机构；其二是当事人选择争议处理方式的原则，当事人选择劳动争议处理方式有自愿原则和强制原则，根据自愿原则，劳动争议由当事人双方协商确定是否调解或仲裁，选择仲裁的，仲裁员和仲裁程序也可以由当事人自愿选择。根据强制原则，劳动争议发生后，任何一方当事人都可以自行请求调解或仲裁，调解机构或仲裁机构有权主动进行调解或仲裁，仲裁员由仲裁机构指定，仲裁规则由仲裁机构制定或由立法规定。

4. 劳动争议处理程序

依据《劳动合同法》的有关规定，劳动争议处理的基本程序是：当事人自行协商解决，依法向劳动争议调解委员会申请调解，向仲裁委员会申请仲裁，对仲裁裁决不服的可在规定期限内向人民法院提起诉讼,可见劳动争议的处理程序分为协商、调解、仲裁、诉讼四个阶段。

(1) 劳动争议的协商。对于劳动争议,提倡当事人采用自行协商解决的办法解决争议,通过双方协商或第三者疏导、说服,促使当事人互谅互让,自愿就争议事项依法达成一致,既不伤害感情,也有利于共处和团结。

(2) 劳动争议的调解。劳动争议的调解是劳动争议发生后,当事人不愿协商或协商不成的,可以向本单位调解委员会申请调解,促使双方自愿就争议事项依法达成协议,从而使劳动纠纷得到解决的方法,但调解不是处理劳动争议的必须程序。调解委员会调解劳动争议案件要经过申请、受理、调查、调解等过程,争议当事人申请调解应当在知道其权利被侵害之日起 30 日内以书面或口头形式提出申请,调解委员会应在 4 日内决定是否受理,决定受理后应及时通知当事人做好准备,决定不予受理,应向申请人说明理由并告之解决争议的方法和途径。经调解达成协议的,双方当事人应自觉履行,如果当事人一方或双方反悔,调解委员会无权强制当事人执行调解协议,应视为调解失败,当事人在规定的时间可申请仲裁。

(3) 劳动争议的仲裁。劳动争议的仲裁是由国家授权的专门机构对当事人之间的争议依法进行的仲裁,属于国家仲裁。仲裁的过程如下:

第一,申请。当事人申请是仲裁委员会处理劳动争议的先决条件,也是必经程序,发生劳动争议的当事人应当自劳动争议发生之日起 60 日内向仲裁委员会申请仲裁,申请时应提交书面申诉书。申诉书按规定应写明如下事项:当事人的姓名、职业地址和工作单位,用人单位的名称、地址和法定代表人的姓名、职务,仲裁请求及事实和理由,证据和证人的姓名、地址。

第二,受理。仲裁委员会的办事机构在收到申诉书后,经审查对当事人申请处理的争议案件自收到申诉书之日起 7 日内应做出受理或者不受理的决定,并分别书面通知申诉人或被申诉人,被申诉人应当自收到申诉副本之日起 15 日内提交答辩,不提交答辩的不影响案件的处理。

第三,审理。案件审理一般经过组成仲裁庭、审理准备、开庭审理、调解裁决等程序。案件开庭审理前 4 日内,应将有关事项通知当事人,当事人无正当理由不到庭或未经同意中途退庭的,对申诉人做撤诉处理,对被诉人做缺席裁决。调解是仲裁中的选择性程序,经调解达成协议的,应制作仲裁调解书,未达成协议或已达成协议但事后反悔的,应及时仲裁。裁决做出后,如果一方或双方当事人对裁决不服,不得申请复议,也不得向上级仲裁机构再申请仲裁,只能在法定期限内向人民法院起诉。

第四,执行。劳动争议当事人收到仲裁裁决书之日起 15 日内不向法院提起诉讼,裁决书即发生法律效力,当事人应当自觉严格履行。如果当事人不履行,或者不完全履行已生效的调解书、裁决书的,另一方当事人可以向人民法院申请强制执行。

(4) 劳动争议的诉讼。向人民法院提起诉讼的劳动争议,必须先经过劳动争议仲裁委员会仲裁,必须是接到仲裁裁决书下达 15 日之内向人民法院起诉,否则法院不予受理。劳动争议诉讼是劳动争议处理的最后程序,人民法院对劳动争议案件遵循民事诉讼法的基本原则,行使最终裁判权。

延伸阅读：

求职常见陷阱

毕业生在就业过程中会面临竞争和挑战，也会面临各种各样的求职陷阱，因而要时刻保持警惕，避免因招聘骗局给自己带来各种损失。

1. 虚假招聘陷阱

一些用人单位在招聘会上为了招到条件较好的毕业生，便夸大或隐瞒自己的真实情况，如故意夸大用人单位规模和岗位数量，进行虚假宣传，另外把招聘职位写得冠冕堂皇，不是"经理"就是"总监"，实际上却是"办事员""业务员"。有一些用人单位为了做广告，造成轰动效应，虽然本来不想招人，却还是在媒体上发布招聘消息，甚至大张旗鼓地举办招聘会，把招聘当成形象宣传的渠道，甚至有些用人单位借招聘之名获取毕业生的联系方式进行诈骗活动。

2. 收费陷阱

就业市场中一些用人单位利用毕业生求职心切的心理，巧立名目向毕业生收取各种不合理费用，如风险抵押金、违约金、培训费、服装费等。一些单位开出了一些诱人的条件，如留在某大中城市工作，或者能解决这些大中城市的户口问题等，在双方面试的过程中，单位又表示，为了增加双方的信任，学生在工作之前必须交纳一定的押金。等学生交完押金，工作一段时间后，单位的有关人员就表示，聘用之初说定的工作岗位有些调整，可能需要将毕业生派到偏僻地区或冷僻部门，如果毕业生不愿意去，就以不服从单位安排为由将其辞退，不退其押金。

《劳动合同法》规定，用人单位招用劳动者，不得扣押劳动者的居民身份证和其他证件，不得要求劳动者提供担保或者以其他名义向劳动者收取财物。

3. 试用期陷阱

劳动合同的试用期是指用人单位和劳动者为了相互了解而选择、约定的考查期，在这段时间里，用人单位考查劳动者的工作能力，劳动者也考查用人单位的情况，是双方互相试用的过程。由于试用期的工资、福利待遇和正式录用后差异较大，而招聘的费用又微乎其微，一些用人单位抓住毕业生急于找工作的心理，堂而皇之地打出试用期的幌子，通过这种无休止的"试用"来获得毕业生最廉价的劳动力。试用期陷阱主要表现为：试用期过长，与签订的劳动合同期限不符；要求毕业生在试用期内承担违约责任；在试用期内无正当理由辞退毕业生；以见习期代替试用期；续签劳动合同时重复约定试用期；将试用期从劳动合同期限中剥离，仅仅订立一份试用期合同；试用期工资低于当地的最低工资；试用期内单位不缴纳社会保险费等。

4. 传销陷阱

所谓传销，本是指生产企业不通过店铺销售，而由传销员将本企业产品直接销售给消费者的经营方式，目前该经营方式在我国受到严令禁止。目前传销者首选对象常常是急于找工工作挣钱的打工者，特别是刚毕业的大学生，先是以帮忙找工作为由、以高薪为诱饵，因人而异，投其所好，骗求职者去进行非法传销活动，求职者一旦进入陷阱，便限制其人身自由，被迫从事传销，要么交3000～4000元入门费，要么花3000～4000元购买传销产品作为入门条件。传销组织者还采取扣留身份证、控制通信工具、监视等手段不让受骗者离开，强迫他们联系亲友前来，或者要求寄钱寄物从中牟利。

5. 就业协议陷阱

就业协议书是明确毕业生、用人单位在毕业生就业择业过程中权利和义务的书面协议，就业协议一经签订，对双方都具有约束力。按照有关规定，就业协议书不能代替劳动合同或聘用合同，这样就可能在毕业生和用人单位之间产生纠纷。常见的毕业生签订就业协议书过程中遇到的陷阱主要包括：用人单位不与毕业生签订就业协议书；用人单位不根据就业协议书的约定与毕业生签订书面劳动合同；用人单位不将就业协议中的承诺写入劳动合同；用人单位与毕业生签订"霸王合同"。

就业协议书是转递毕业生人事关系的依据，如果不签订该协议，毕业生的人事档案、户籍等人事关系就无法转入工作单位及所在城市，而这些关系的办理涉及毕业生的切身利益，如办理社会保险、购买经济适用房、评职称等。因此，单位不与毕业生签订就业协议书，对毕业生的工作、生活、职业发展是不利的，毕业生应主动要求单位解决这些问题，并可通过当地的人才交流中心协助办理人事档案、户口等关系的接收。

6. 智力陷阱

有些单位按程序假装对应聘毕业生进行面试，再进行笔试，在面试、笔试时把本单位遇到的问题以考查的形式要求前来应聘者作答或设计，待毕业生利用专业优势完成其承担的项目后再找出各种理由推辞，结果无一人被录用，用人单位却将应聘者的劳动果实据为己有，使毕业生陷入智力陷阱。

• 本章小结 •

本章主要介绍了求职前的一些准备事项，包括对求职流程的了解，对就业协议书与劳动合同内容的把握，以及对就业权益与求职陷阱相关内容的了解。就业协议书与劳动合同的签订是每个大学生走入社会必须面对的内容，本章重点介绍了就业协议书与劳动合同的相关条款以及两者的异同。就业权益与大学生切身利益密切相关，其内容也比较复杂，毕业生需要时刻警醒，避免陷入求职陷阱。

课后思考

1. 什么是就业协议，其基本内容是什么？

2. 试搜集大学生在就业过程中遭用人单位违约的案例，和同学们讨论怎么依法保护自己的权益。

3. 试搜集大学生在就业过程中不诚信的案例，和同学们讨论怎样从职业生涯第一步开始就正确看待人生。

就业行动

就业权益保护知识抢答

一、实训目的和要求

在大学生就业走向市场化、法治化的今天，大学生在整个求职择业过程中应该增强法律意识，自觉遵守市场规则，并学会用法律武器保护自己的合法权益。大学生必须全面了解与就业有关的法律法规，明确自己、用人单位、学校在就业过程中享有的权利和义务。学习本部分内容有利于学生熟悉就业权益保护知识，提升自我保护意识和能力。

二、实训准备

1. 以班级为单位，将全体同学分为 A、B 两个大组，每大组分为若干个小组，每个小组以 3~4 人为宜。

2. 学生提前准备好就业权益知识。

3. 准备实训所需的纸张、签字笔和评分表等。

三、实训内容和步骤

第一步：交换问题和答案。

教师分别收集 A 组内各个小组的问题和答案，并与 B 组内各个小组的问题和答案进行交换。

第二步：抢答。

1. 每个小组选出一名代表进行提问，组内其他成员可抢答该代表提出的问题。

2. 小组代表统计组内各个成员的抢答情况，答对得 1 分，答错不得分，不答题也不得分。小组内得分最高的人为获胜者。

题目示例如下：

1. 劳动者与用人单位已建立劳动关系，未同时订立书面劳动合同的，应当自用工之日起一个月内订立书面劳动合同。　　　　　　　　　　　　　　　　　（　　）

2. 劳动合同类型可分为：有固定期限的劳动合同，无固定期限的劳动合同，以完成一定工作任务为期限的劳动合同。　　　　　　　　　　　　　　　　　（　　）

3. 用人单位自用工之日起满一个月不与劳动者订立书面劳动合同的，视为用人单位与劳动者已订立无固定期限劳动合同。（　　）

4. 用人单位违反《劳动合同法》规定不与劳动者订立无固定期限劳动合同的，自应当订立无固定期限劳动合同之日起向劳动者每月支付两倍的工资。（　　）

5. 在法定休假日劳动的，按照不低于工资的300％支付加班工资。（　　）

6. 用人单位与劳动者协商一致，可以变更劳动合同约定的内容，可以采取口头形式。（　　）

7. 劳务派遣单位和用工单位可以向被派遣劳动者收取一定的费用。（　　）

8. 用人单位招用与其他单位尚未解除或者终止劳动合同的劳动者，给其他用人单位造成损失的，应当承担连带赔偿责任。（　　）

9. 劳动者对工资支付承担举证责任。（　　）

10. 用人单位应当按时缴纳工伤保险费，职工个人不缴纳工伤保险费。（　　）

参考答案：1. √　2. √　3. ×　4. √　5. √　6. ×　7. ×　8. √　9. ×　10. √

四、实训注意事项

1. 小组代表念题目时，组内其他成员不得打断，要等题目叙述完毕再进行抢答。
2. 每人准备的题目不得低于5个。
3. 除小组代表外，每名学生的得分不得低于1分。

五、结果汇报

1. 你获胜了吗？如果没有，你和获胜者之间有什么差距？
2. 准备活动问题时，你学到了哪些就业权益保护知识？
3. 就业过程中，如何做才能保护自己的权益？

• 技能实训 •

情景模拟：试用期的权利

1. 活动目的

阅读下面的案例，讨论求职者在试用期内享有哪些权益。

应届毕业生黄某被一家公司录用，与他一起被录用的还有6名职员，他们7人被分配到不同的部门实习，黄某被分配到一家电子商城售卖电子产品。经理让他在公司柜台销售电子产品，一是为了让他熟悉公司的业务，二是为他以后的工作奠定基础，三是让他了解市场动态，听取顾客的意见，方便公司改进产品。实习期间，黄某每个月的销售业绩都超过公司制定的销售目标，于是黄某认为凭借这3个月实习期的销售业绩，公司肯定会录用自己。结果，实习期结束后，经理却让他回去等消息，黄某等了两个月后给公司人事经理打电话，却得知自己没有被公司正式聘用。当初与他一同实习的6名职员也都没有被正式聘用，而且这6名职员也是在公司的摊位销售了3个月的电子产品。6个月后，黄某无意间来到这家公司的柜台前，发现柜台前站着一批新的应届毕业生。

2. 活动步骤及说明

（1）以班级为单位，将全体学生平均分为若干个小组，每个小组以 6—10 人为宜。

（2）通过查阅资料，将讨论内容以书面的形式写下来。

3. 活动总结

试用期是指包括在劳动合同期限内，劳动关系还处于非正式状态，用人单位对劳动者是否合格进行考核，劳动者对用人单位是否符合自己要求进行了解的期限。法律之所以规定试用期，目的是让用人单位与劳动者之间在一定期限内相互了解，然后自行选择是否继续履行劳动合同。可是，在实践中有个别用人单位除了采取延长试用期这一方法来降低用人成本外，还利用劳动者对法律规定不甚了解的弱点把试用期当成"白用期"，或者在试用期内任意解除劳动合同，或者支付极低的工资报酬。

试用期是劳动者从求职到成功入职的关键一环，在此期间，劳动者依法享有获得劳动报酬的权利，对此《劳动合同法》第七条、第二十条规定，用人单位自用工之日起即与劳动者建立劳动关系，劳动者在试用期的工资不得低于本单位相同岗位最低档工资或者劳动合同约定工资的 80%，并不得低于用人单位所在地的最低工资标准。此外，试用期不能超过法定期限，《劳动合同法》第十九条规定，劳动合同期限三个月以上不满一年的，试用期不得超过一个月，劳动合同期限一年以上不满三年的，试用期不得超过两个月，三年以上固定期限和无固定期限的劳动合同，试用期不得超过六个月。同一用人单位与同一劳动者只能约定一个试用期，以完成固定工作任务为期限的劳动合同不得约定试用期。试用期包含在劳动合同期限内，劳动合同仅约定试用期的，试用期不成立，该期限为劳动合同期限。

第五章 我这样写简历

✎ 学习目标：

- 了解简历设计流程、构成要素、设计技巧，掌握简历投递与管理中的注意事项；
- 能够撰写出一份高质量简历，并对简历的优缺点作出合适的点评；
- 在完成简历的过程中能认识到前期能力积累的重要性，并能换位思考，以严谨、细致、认真的态度制作自己的简历。

✎ 本章知识结构图

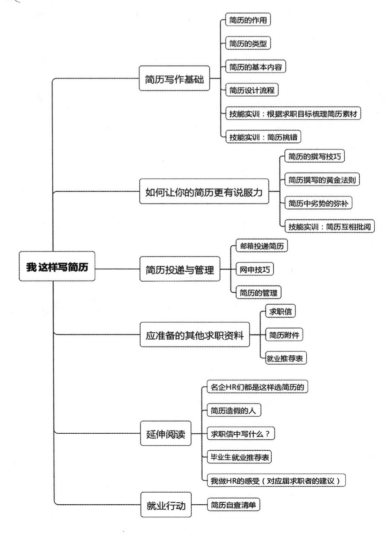

第五章　我这样写简历

✎ **学习重点与难点**

重点：
简历的基本内容，学会如何让简历更有说服力。

难点：
学会如何让简历更有说服力。

✎ **情景导入**

你的简历为什么总被拒？

　　李同学在校期间学习成绩优异，是院学生会主席，大学期间参加了许多校园活动，并获得校级荣誉多项。临近毕业，他试着写了一份简历挂到网上，一段时间过去了，他累计投递简历 100 余份，但是大部分都石沉大海，没有收到面试通知。

　　这一天，他带着满满的困惑走进职业生涯咨询室，"老师，我找工作已经有 1 个月了，其间投递了无数简历却没有收到面试通知，现在我都在怀疑自己能不能找到一份工作了。"老师看完李同学的简历后，语重心长说道："其实不是你不够优秀，而是你的简历不够有吸引力。"李同学的在校经历还是比较不错的，但是在制作简历的过程中无论是从主观对待简历的态度，还是从客观的简历内容、格式、细节等方面都存在一定的问题。具体来看，李同学的简历存在以下突出问题：① 没有明确的求职意向；② 一份简历走天下；③ 罗列经历，缺乏重点；④ 错别字较多；⑤ 排版方面格式较为混乱。

　　看到这些问题，李同学很惭愧，"没想到写简历也要下这么大功夫"。在老师的耐心指导下，李同学一一修改并反复打磨，新简历投递出去后很快就收到了面试邀约。

　　点评：其实，很多人都并不清楚简历的作用，简历作为打开职场大门的敲门砖，不仅是一种求职的形式，还承载着为求职者推销自己的重要作用。简历是否符合目标岗位的要求？简历能否突出求职者目标岗位的胜任力？面试者对求职的重视程度与准备程度怎么样？这些都是在一份简历中可能留给 HR 的第一印象，而这些初步判断也直接影响了求职者接下来的面试机会。

第一节　简历写作基础

一、简历的作用

　　简历，被喻为求职的"敲门砖"。个人简历是毕业生向用人单位推荐自我的书面材料。简历的优劣很大程度上影响着求职的成败。一份优秀的简历是求职者取得面试资格的通行证，会给用人单位留下一"简"钟情、简而有"力"的印象。制作一份高水平的简历并有效投递，是成功求职的开端。简历制作的好坏、简历投递方式是否得当，都直接关系到求职者能否进入后续的招聘环节。

顾名思义，简历可以定义为"简单"＋"经历"，是求职者人生中的第一张名片，将教育背景、实习情况、实践经历、所获荣誉等人生经历浓缩在一张 A4 纸上，突出"我为什么适合这一岗位"的要点。

求职与招聘对应的是求职者与招聘方互相了解、互相匹配的过程。对求职者来说，写简历的目的就是要在有限的空间和时间内将自己与招聘方职位需求最相关的个人特质展示给招聘方，吸引招聘方的关注，从而获得笔试、面试的机会。所以，求职者在写简历、投递简历前应先做到知己知彼，方能在求职过程中百战不殆。

对于 HR 来说，为了加快简历筛选的速度，阅读每份简历的平均时间为 10～30 秒。那么，如何在这短短的 10～30 秒内让自己的简历吸引 HR 的目光，给 HR 留下深刻的印象，并在众多应聘简历中脱颖而出，则成为所有求职者在制作简历时必须面对和思考的问题。只有做到知己知彼，将自己的特点及优势与招聘方的要求一一对应，在简历中充分突出与招聘方的具体职位要求匹配的专业素质、经验技能等，才能增加简历通过筛选的可能性。

二、简历的类型

简历类型的划分标准很多，可以按求职领域、是否有工作经验或者简历的语言等来划分。但无论是哪种简历，从内容布局来说，可分为三种类型：时序型、功能型和混合型。

（一）时序型简历

时序型简历是从最近的经历开始，逆着时间顺序逐条列举工作实习经历、教育经历等个人信息。这种简历清晰、简洁，便于 HR 阅读。一份按时间顺序排列的简历应包括求职意向、经历和学历等部分。这种简历格式能够演示出持续和向上的职业成长及发展的全过程。关注的焦点在于时间、工作实践持续期、成长与进步及成就。对应届毕业生来说，按时间顺序写的简历一般适用于以下情况：你申请的职位非常符合你的教育背景和实习实践经历；你有在知名公司实习的经历；你的实习实践经历具有持续性，且能很好地反映相关工作技能的不断提升。

（二）功能型简历

功能型简历又称为技术型简历，在简历的开始就强调技能、资质、能力及成就，但是并不把这些内容与某个特定的雇主联系在一起。功能型简历强调你的资历与能力，并对你的专长和优势加以一定的分析和说明。工作技能与专长是功能型简历的核心部分。

一份功能型简历一般包括据目的、成绩、能力、工作经历和学历等几部分。功能型简历一般适用于以下情况：跨专业求职，但你具有申请职位所需的相关技能和素质；缺乏在著名公司实习的经历或者缺少荣誉奖励，又希望突出在管理、沟通等方面的能力。

功能型简历最大的不足，就是会使 HR 怀疑你是否想通过删除时间等细节来隐藏什么。对应届毕业生来说，采用这种类型的简历格式可能会造成教育课程、技能词汇的简单罗列而缺乏相应的具体事例来支撑，同时缺少对相关技能掌握程度的描述。

时序型简历与功能型简历的格式各有千秋，对没有工作经验的应届毕业生来说，一般比较适合时序型简历。

（三）混合型简历

混合型简历是时序型简历和功能型简历的结合运用。其主要内容一般按照以下方式进行：在开头处写明求职目标之后，列明个人的基本情况，下面写自己对应应聘的职位所具备的能力、资质和潜力等，在之后的工作或实习经历部分，按照从现在到过去的时间顺序，列明自己所实习的单位，从事的工作岗位、工作内容、取得的业绩等。

混合型简历的主要优点是：既按照时间顺序列明自己的实习经历、项目经历，显得脉络清晰，又把自身所具备的优势、能力和应聘职位的主要要求结合起来，能让 HR 印象深刻，抓住要点，锁定目标。

对应届毕业生来说，可以根据自身情况及应聘职位的要求适当采用混合型简历。但要注意一点，与功能型简历面临的问题相同，运用混合型简历不能只是简单地罗列技能词汇，而应结合具体的经历来说明对相关技能的掌握程度。

三、简历的基本内容

一般来说，简历的格式由七个部分组成：个人基本信息、求职意向、教育背景、实习经历、社会实践、获奖证书情况，以及其他个人信息。

（一）个人基本信息

这部分信息主要包含应聘者的姓名和联系方式，其主要作用是方便 HR 知道简历是属于谁的，如果对这位应聘者感兴趣而且想联系他的话，能够联系上。这就是简历中"个人基本信息"的作用。个人基本信息的内容应该简单、直观、清晰，不需要多余的信息。

根据不同情况，个人信息有必填和选填之分。

必填信息：姓名、联系方式（手机、固定电话、电子邮箱、邮寄地址）。

选填信息：性别、年龄、政治面貌、籍贯、民族、照片等。

必填信息是在简历中必须出现的信息，无论是应聘外企、国企，还是其他性质的公司。对于大多数简历，个人基本信息部分只需要提供必填信息，即姓名和联系方式即可。

选填信息具体取决于应聘单位的性质和职位要求，一般国企、事业单位倾向于要求个人信息全面，尤其是大多数国企认为应聘者的性别、年龄、籍贯、政治面貌、民族等都是重要信息，因此应聘这类单位时建议将相应信息体现在简历中。而如果是应聘其他企业，这些信息可暂不填写。

（二）求职意向

求职意向是应聘简历的核心内容，书写求职意向应当尽可能明确和集中，并与自己的专长、兴趣、价值观等相一致。在阐述时力求简短、简洁，明确地告诉未来的雇主你在寻找什么样的工作机会，包括职位类型、角色定位等。就算自己不是很明确，那也要表现得很明确，让HR觉得你的目标定位与所招聘的职位正好相吻合，你正是该职位的最佳人选。不要模棱两可，不要让HR也不肯定你能否胜任该职位。

一份简历只能有一个求职意向，如果我们有多个职业目标，最好分别撰写不同的简历。每一份简历都要针对招聘单位的特点和要求，突出相应的重点，表明你对用人单位的重视和热爱。

（三）教育背景

教育背景一般按照时间逆序的写法来写，主要是个人从大学阶段到毕业前所获得的学历，时间上需要衔接。最近的学历放在最前面，即如果你现在是即将硕士毕业，那么要先写硕士阶段再写本科阶段。大学以前的高中阶段、初中阶段经历一般不写，但如果有获得特别的奖励或者与众不同的经历，例如，全国数学奥林匹克赛一等奖或高考状元等，也可以写上。

在应届生简历中，教育背景一般也包括必填信息和选填信息。

必填信息：时间段、学校、专业、学历等，可以用"×年×月×日—×年×月×日在×学校学习×专业"进行表述。

选填信息：研究方向、相关课程、辅修课程、研究项目、GPA排名等。

1. 时间段

每段教育经历都应有起止日期，时间段有助于让HR了解你的毕业日期或者看到你接受教育的成长轨迹。

2. 学校

毕业学校的信息便于HR迅速识别你的学历，如果就读的是名校，校名可能对你的应聘有所帮助。这种情况下，建议将校名加粗显示。如果你就读的是非名校，则可以不用加粗显示，竞争中的教育短板可以通过其他方式来弥补，例如，强调实习经历、社会实践经历等。

3. 专业

如果是应聘专业对口的职位，那么专业最好加粗强调。如果你是跨专业求职，有双学位或相关的辅修经历，那么辅修的专业要加粗强调，例如，你本专业学习的是生物，但你辅修了经济学第二学位，如果你想从事金融方面的工作，那么你应当淡化生物学的背景，强调经济学的第二学位。如果你的学校是非名校，主专业也与职位要求不对口，且没有学习过相关的课程，也没有辅修经历，那么在教育背景硬伤下，你可能需要在简历中弱化教育背景，转而强调其他与职位相关的实习经历或社会实践经历。总而言之，应根据职位和自身情况做到突出优势，规避劣势。

4. 相关课程

很多同学无论应聘什么职位都会将大学学习的所有课程列一遍，这其实是不正确的做法。一般来说，如果专业符合应聘职位要求，那么可以不列课程，如果要列，最好只列三四门与职位相关的主干课程。如果专业与应聘职位要求不符，但是有该专业的第二学位或者选修过相关课程，那么可以将相关的三四门课程列出来，如果成绩还不错的话，还可以再标注上相应的成绩，课程不宜多列，选择相关的核心课程即可。

5. GPA 排名情况

GPA 意思是平均成绩点数。如果你的 GPA 还算出色的话，可以写出来，同时也可以附一些说明性的文字，例如，专业前 5%。通过相对数字来表示学习成绩也比较有说服力。如果你的排名在班级或者院系的前 10%以内，一般可以直接写上，例如，排名年级前 5%。

（四）实习经历

实习经历一般来说是简历的重点内容，如果已有的工作实习经历与应聘的职位或公司的业务需求相关，那通过简历筛选的概率就很大。因为相关的工作实习经历最能体现出职位所要求的技能。虽然对应届毕业生来说，通常没有特别正式的全职工作经历，但是实习经历、兼职经历可以有效地弥补这一不足，所以 HR 在看应届毕业生简历的时候，往往首先看的是相关的实习经历描述。

实习经历的撰写一般由三部分构成：第一部分描述清楚"×年×月×日—×年×月×日在×单位×部门任×职"；第二部分呈现该岗位的主要职责；第三部分写明自己在任职期间的主要业绩。具体每个部分的写法如下所述。

1. 工作时间

这是 HR 判断应聘者实际工作经验丰富与否的一个标准。先写最近的工作，再写以前的工作，一般放在行首或行尾。如果工作时间较早，工作时间在两年以上或者为了拉长工作经历，可以只写年份。如果工作时间较短，但公司的知名度或者与应聘公司相关度比较高，可以在行首位置强调公司，把工作时间放在行尾。

2. 公司名称

以最为人熟知的名称来写，可以是营业执照上的公司全称，也可以是公司简称，例如 IBM 的大名在中国家喻户晓，但它的全称"International Business Machines"知道的人相对较少。加粗显示。

3. 公司简介

对于 HR 不熟悉的某些行业的公司、新公司或小公司，可以适当用一句话简要介绍。外籍 HR 可能不太了解中国的公司，也可以介绍一下。

4. 部门名称

公司名称之后注明职位所属部门，加粗显示。如果在同一公司经历不同部门和职位，需要分别介绍在不同部门的工作内容和业绩。

如果并不了解自己之前实习工作所在的部门名称，建议按照一般公司常设的部门名称来为自己的实习工作划定一个部门，企业一般常设：人力资源部、市场部、采购部、销售部、技术部等。

5. 职位名称

这是 HR 浏览简历时的一个关键词。如果没有正式的职位名称，也不要轻易用"实习、实习生、兼职"之类的词来代替，因为很难看出工作性质。应根据具体的工作、实习内容及对应的部门性质，在真实的基础上为自己的实习职位定义一个有具体指向的职位名称，例如，销售代表、业务助理等，但不要夸大职位头衔。加粗显示。

6. 工作实习的具体内容

这部分包括你的主要工作和职责，工作结果与主要成就，你从工作中学到的技能与素质等。很多人在写工作经历时容易存在两个问题：一是按照时间、地点、单位的模式简单罗列，叙述平淡无奇，或者是像写记叙文一样对每段工作经历都浓墨重彩地描述，重点不突出，让 HR 看得云里雾里。所以，要记住，在写工作经历时要用短句，避免大段的文字描述。

那么，这部分内容应该怎样写才能入 HR 的法眼呢？

（1）PAR 法则。采用问题（problem）描述、采取的行动（action）、工作业绩或成果（result）的框架来描述，也就是工作目标、内容、所扮演的角色、工作业绩。

例如：电商运营专员的经历对比。

一般写法：主要负责活动设置、数据整理等平台操作工作，以及参与部分运营决策工作。

按照 PAR 法则修改：完成天猫、拼多多、有赞微商城等六大电商平台的活动设置、数据整理等平台基本操作工作，并参与产品定价等运营决策工作。在职期间，带领团队配合主管实现各平台总销售额 30 万＋，成单量 7000＋。

（2）工作成就要用数字来说话，尽量具体化，不要使用"许多""大概"等模糊表达的词汇。我们通常接触的数字包括成本、收入、预算等财务数据，也包括时间效率、规模数量等。

例如：主要作为校园记者采访报道学校大小活动和事件并撰写新闻稿件，累计为学校官方网站供稿 200 余篇，稿件总字数达 6 万字，30 余篇稿件被刊登在《楚天都市报》《湖北日报》《长江日报》等省级主流媒体上；整理近两年客户资料 3000 余份，完成客户后台的信息维护和电话回访（日均 30 个）。

（3）将看上去含金量不高的内容，尝试用相关的专业术语来包装，这样显得比较专业。要善于用一些比较强势的动词突出自己的成绩，例如，你在 KFC 收钱和记账，就可以写成"主要负责现金收支项目的管理与账目申报工作"。

（五）社会实践

有很多同学在学校参加了诸如学生会、各类社团等组织，有的同学会利用寒暑假参加诸如支教、下乡调研等志愿者活动，也有的同学参加各种形式的商业比赛。

诸如此类的活动，一般在简历中可作为社会实践项目来撰写。社会实践的描述格式、描述方法、描述原则及重点与工作实习经历类似，社团名称对应公司名称，在社团中的职位（主席、部长或干事等）对应工作职位，其具体职责、工作业绩等建议参照工作实习经历的描述方式逐一描述。在描述社会实践的时候，也应该参照"与职位相关"的原则，与职位要求相关的社会实践重点描写，与职位不相关的则轻描淡写或者不写。

与工作实习经历描述类似，除了描述工作内容以外，还要重点描述工作所取得的成果，并辅以具体数字来证明。

（六）获奖证书情况

在简历中描写奖励情况时，应特别注意强调获奖的级别及特殊性。因为 HR 收到的学生简历中，几乎每份简历上都会有这样或那样的获奖情况，如奖学金、优秀学生、优秀干部等，HR 已司空见惯，所以仅仅列出获奖名称是没有意义的，最好能够将所获奖励的难度用数字或获奖范围表示出来，让 HR 明白所获奖励的含金量，从而增加简历通过筛选的概率。

有些同学在简历中将所获得的各种奖励按照时间顺序全部罗列出来，而每项奖励从性质到级别都是类似的，这样并不可取。这种人物传记式的获奖描述，虽然看上去数量很多，但并不能给 HR 留下深刻的印象，不仅显得没有重点，而且占用了简历的大量篇幅（具体见图 5-1 的反面示例）。当你有很多获奖情况要写时，一定要懂得取舍，将那些与职位要求不相关的奖励删除，只保留那些与应聘职位相关程度高、含金量比较高的奖励，从格式版面上做到清晰有序、层次分明。

此外，如果奖励不多，很多同学常常把奖励和证书放在一起，在这种情况下如果能同样从格式版面上进行归纳总结、清晰区分，也可以给人留下良好的印象（具体见图 5-2 的正面示例）。

🏅 个人荣誉

- 2019.12 _____ 学院"**国家奖学金**"和"**校长奖学金**"同时获得者
- 2020.07 获得一项**国家实用新型专利证书**
- 2019.11 获得第十届"外研社杯"全国高职院校**湖北省二等奖**
- 2019.10 全国大学生英语竞赛**湖北省二等奖**
- 2019.06 获得第五届"全民阅读"知识竞赛**湖北省二等奖**
- 2019.11 湖北省翻译大赛初赛**优秀奖**
- 2018.11 _____ 学院获得"**校二等奖学金**""_____ **市政府奖学金**"和"**校优秀学生**"荣誉称号
- 2019.11 _____ 学院 获得"**校一等奖学金**"和"**优秀社团干部**"荣誉称号
- 2019.12 _____ 学院英语朗诵大赛**团体二等奖**

图 5-1 简历实例 1

⊞ 技能/证书及其他

- **技能**：SPSS数据分析工具（熟练，可进行数据处理并建模分析）；Excel（熟练）；PPT（熟练，可设计模板）；HTML/CSS（可制作简单网站）；MySQL数据库（可进行简单的程序设计）；PS（熟练，可制作宣传海报）
- **证书/执照**：阿里巴巴商业数据分析师（初级）
- **语言**：英语（CET-4），英语（CET-6），获得第七届中西部外语翻译大赛非英语专业笔译组优秀奖
- **兴趣爱好**：经常关注微博、小红书、知乎这些社交平台的内容；一年阅读超过20本书
- **活动**：译国译民寒假实习

图 5-2 简历实例 2

（七）其他个人信息

其他个人信息中，第一项是兴趣爱好。一般来说，除非是公司要求填写的申请表有明确要求，否则不建议在简历中写兴趣爱好。一是我们很难保证写在简历上的兴趣爱好能够投其所好；二是兴趣爱好主观的成分居多，并不能说明什么问题；三是占据简历篇幅。在一些企业的申请表中，如果设置了兴趣爱好的选项，那么很有可能企业筛选简历的一个标准就是看求职者是否具备某项特殊技能，例如，一些企业倾向于招聘篮球打得很好的男生，很可能因为企业或招聘的部门需要补充有篮球特长的员工，以便能够在企业组织的员工篮球赛中，获得好成绩。所以，在同等条件下，如果有这样的兴趣爱好作为特长，在求职中也许能够占优势。

如果企业的招聘信息中明确注明要填写兴趣爱好，我们该怎么来写自己的兴趣爱好呢？首先，要写自己擅长的兴趣爱好，弱项不要写；其次，兴趣爱好不宜太多，两三项即可；最后，兴趣爱好要具体，不能只写"运动、音乐、读书"这样泛泛的概括性词汇，否则很难让 HR 判断你究竟喜好什么，甚至可能会让 HR 对你的写作水平产生怀疑。

第二项是自我评价。与兴趣爱好一样，除非是公司要求填写的申请表有明确要求，否则不建议在简历中写自我评价。因为几乎每份投递到 HR 手中的简历，凡是写了自我评价的，无一不是夸自己的，都是雷同的空话、套话，过于主观，而且可能会引起单位的反感。不过，如果企业的申请表中明确注明要填写自我评价，建议结合应聘职位的特点，分别用一句话来总结各项素质。例如，应聘销售就要强调自己的沟通能力、抗压能力，要强调自己的细心谨慎、责任心强，然后用一句高度概括性的话，对各项素质（沟通能力、细心谨慎等）做出说明（具体见图 5-3 和图 5-4 的正面示例）。

自我评价

我觉得自己是一个**不怕吃苦加班的人**，**抗压能力强**，**渴望成为职场精英**的人；最有成就的一件事就是我的补习班，没有想到我的**潜力那么大**，短短 15 天完成了选址，招聘老师宣传等事宜，**两年的寒暑假赚了将近 10 万**，我对自己**非常有信心**，同时在各大公司里的实习让我知道自己的不足，不会自满，我相信我会成为最好的自己。

图 5-3　简历实例 3

自我评价

工作方面：有一定的财务分析能力，会计基础知识扎实，会使用财务分析软件，工作认真仔细，责任心较强，具有较强的服务意识。
学习能力：自学能力较强，善于思考、能够及时发现问题，具有钻研精神，能通过各种学习方法及时解决问题，逻辑思维能力强。
性格方面：面对生活与工作乐观积极，能带动团队合作氛围，敢于接受挑战，接受新鲜事物，讨厌思想上故步自封，个性沉稳，顾全大局，思维缜密。

图 5-4　简历实例 4

以上为大家介绍了简历中各种要素的撰写，需要特别说明的是，每一部分的书写和详略均应以求职意向为中心，按照与求职岗位的相关度进行排序，结合个人特长和优势，将简历中的关键信息和重要细节层次分明地呈现。不少同学在简历中将与申请岗位无关的实习经历大写特写，占用了宝贵的简历版面，而与岗位契合的科研成果和实践内容却少之又少，这就犯了主次不分的毛病。还有个别同学力图将简历的每一部分都书写详细，导致文字冗长，看上去洋洋洒洒几千字，实则没有重点，存在详略不当的问题，使 HR 在快速筛选简历的时间内抓不住重点，这样的简历往往很快就会被放弃。

四、简历设计流程

简历的撰写一般遵循"人职匹配"原则，简历内容并非越详细越好，而是"您正好需要，我正好专业"，这就要求在简历撰写前、中、后期分别做好充分准备。总的来看，撰写简历一般有以下几个步骤。

第一步，知己知彼，做好职业定位。这一步在撰写简历前应该已经明确下来，根据自我与职业探索，明确个人求职意向，最好是能具体到求职的目标行业、目标企业类型、目标职业类型。

第二步，梳理自身履历，做好自我评估。根据一般简历所包含的要素，分门别类梳理自己大学期间在学习成绩、实习实践、荣誉证书等方面积累的经历或成果。这个阶段梳理的履历，只要是有助于体现自己胜任职业所需能力的经历，都可以记录下来，越丰富越好，并按照时间顺序简要记录下来。

第三步，审读招聘公告，了解招聘要求。根据自己的求职意向，在求职网站上查找最新最符合自己求职意向的招聘公告。认真阅读招聘公告中目标岗位的工作内容和任职条件，并按照能力三核（专业知识技能、可迁移技能、自我管理技能），分别提取出胜任目标岗位所需的关键能力，并做好分类。不同公司对同一岗位的要求可能略有差异，所以建议查找至少 3 个目标公司及岗位的招聘公告，进行归纳总结，得到不同公司对同一岗位的通用性和差异性要求。

第四步，根据招聘要求，筛选关键经历。根据目标岗位能力要求，在每个关键词下列举出 1~2 条最具有代表性的、难度系数最大的工作业绩，作为撰写简历的重要素材。由于篇幅有限，撰写简历时，不需要把相关业绩全部罗列上去，鸡毛蒜皮的小事往里边写，反而显得求职者格局太小、文字表达能力不足。

第五步，选好模版，撰写简历。在这个部分，可以先选择一个大方美观的简历模板，再按照求职目标对简历内容进行组织加工。关于简历每部分内容的撰写技巧已经在前面详细讲解，这里不再赘述。除此之外，一份比较好的简历，除了对内容的要求之外，版面设计也是一个十分重要的因素，是真正的"第一印象"。简历的版面设计，要板块清晰、脉络分明、主旨突出、清新美观；在新颖性、专业性、吸引力方面要尽显个性。

第六步，对照常见问题清单，修改并设计高质量简历。在按照上述步骤完成初版简历后，别忘了根据简历制作过程中常见的错误一一核对，比如内容是否语言简练、重点突出，结构是否层次清晰、协调一致，排版是否字体适中、颜色适宜，有无错别字等低级错误？在修改完善的基础上，完成一份有针对性的高质量简历。

综上所述，设计与制作出一份卓有成效的求职简历，绝不如想象中那么简单，它需要根据求职目标精心设计与准备，并以"吹毛求疵"的态度反复修改，只有这样完成的简历才能更容易得到 HR 的青睐。

 延伸阅读：

5-1 他的简历只有 13 个字

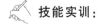 技能实训：

根据求职目标梳理简历素材

1. 根据实际情况写出你的求职意向：_____。

2. 在官方招聘网站（如应届生求职网）上查找 3—5 条最符合自己求职意向的招聘信息。仔细研究该岗位招聘信息的说明，从岗位职责和任职要求中提取胜任该岗位所需能力要求，并进行归类。

3. 对照招聘要求，对自身履历背景进行分析，判断自己是否满足该条招聘要求，若满足，看哪些经历或证书可以证明自己能胜任该要求；若不满足，思考如何在简历中巧妙应对。

4. 把以上分析结果填写在表 5-1 中，或者自行设计表格进行充分对比分析。

表 5-1　招聘要求及自身条件对照表

分类	招聘要求			个人背景
	招聘信息 1 ＿＿公司 ＿＿岗位	招聘信息 2 ＿＿公司 ＿＿岗位	招聘信息 3 ＿＿公司 ＿＿岗位	
教育背景				
专业技能				
相关证书				
通用素质或能力				
其他条件				

技能实训：

简历挑错

查看给定的简历（图 5-5），并思考该简历有哪些不足或待改进之处？

1. 请每位同学从给定的简历中挑出至少 5 个错误之处，限时 5 分钟。

2. 请以小组为单位，在组内讨论简历不足之处，一致意见请罗列出来，不一致之处可讨论并在课堂上提出来，供全班讨论。

3. 请小组代表发言，老师给予反馈点评，对简历撰写要点进行进一步点评。

	女			
求职意向：电商运营				
手机		QQ		
邮箱				

基本信息　民族：汉　　政治面貌：共青团员　婚姻状况：未婚

自我评价
热爱电商事业，曾个人经营微信公众号，企业抖音视频号，多段客服实习经历，熟悉客服基本流程；
具备扎实的打字速度（150字/分钟），熟练使用各类聊天工具（阿里旺旺、微信、QQ等），能有效处理各类售前售后问题；
曾整理客户常见疑问解答话术库，有效提升服务效率；擅长活跃店铺气氛，与用户交流，曾将店铺好评率从95%提升到99.3%。
求职意向：电商运营

求职意向
期望职位：电商运营　　期望地点：武汉市 / 合肥市　　期望薪资：面议
求职状态：随时入职

教育背景　本科　　　　　　　　　　　　　　　　　　　　　2019-09 至 2023-06

工作经历　　　　网络科技有限公司　　　　　　　　　　　　2020-10 至 2021-04
运营管理
负责企业旗下网咖的微信公众号运营，其粉丝量达到5w+，每天定时发送推文，对粉丝进行管理，回复

职业技能
技能		水平
Word	●●●●●●	精通
Excel	●●●●●●	精通
PPT	●●●●●●	精通
Photoshop	●●●●○○	掌握
pycharm	●●●●○○	掌握
anaconda	●●●●○○	掌握

资格证书
大学英语四级考试
大学英语六级考试

兴趣爱好　瑜伽，健身，穿搭

图 5-5　简历实例 5

第二节 如何让你的简历更有说服力

一、简历的撰写技巧

应聘简历可能是你进行自我推销的最重要的文件，它将在很大程度上决定你是否可以被邀请参加面试。很多 HR 专家在咨询中都告诫求职者，在简历中列举一些量化的工作成效是他们赢得面试机会的最佳途径。

这些工作成效可以吸引阅读者的注意力，同时还能突出个人职业生涯中的最大成就。这些成绩可以有效证明你的价值所在，因此应该是你简历的核心。但是很多求职者在这方面做得并不好，他们的简历中全是职务名称、日期和职责等方面的内容。一些管理者认为，他们看到的 75% 的简历未包括任何一项量化的成果。这大概有两个方面的原因：一方面是求职者还没有意识到量化简历的重要性，另一方面求职者不知该如何量化自己的简历。

应聘那些热门职位的求职者尤其应该注意量化简历。对于某些热门职位，可能有几十个甚至上百个人同时竞争，量化简历是让你脱颖而出的好方法。一位国内知名 IT 公司的管理者曾说，他每天用一个小时浏览 100 余份简历，如果翻开每份新简历的前 15 秒内未发现任何可以说服继续读下去的成果表述，那么这份简历就出局了。

每一个求职者都曾取得过或大或小的成就，但是这些成就需要被呈现在管理者的面前，无论你是想求职，还是想升迁或者加薪。管理者往往认为，那些能够令人信服地展现过去成就的应聘者将来仍有可能续写往日佳绩，因此可降低聘用选择的失误率。所以，将你所取得的成就在你的简历中活灵活现地展示出来并加以证实是非常关键的。你的竞争者的成就或许比你更辉煌，但他们若不能有效地表述，那么他们的成就对管理者而言就丝毫没有影响力，有效表述的简历可以令你获得很大优势。

如何量化你的简历呢？"SMART"方案是可行之策。"SMART"方案由下列要素组成：成绩应当是具体的（specific）、可测量的（measurable）、行动导向的（action-oriented）、现实的（realistic）和有时效性的（time-based）。经验证明，如果一项成就描述包括上述各要素，那么它就会产生影响。

量化工作业绩时，首先要列出你在所从事的每项工作中取得的一项或多项成就，然后对你的工作成果进行简要描述。雇主们寻觅的是能够提高利润、降低成本和解决问题的人选。百分比或金额数据等具体信息能令你以往取得的成绩变得更真实、更能打动人。试比较如下两种表述方式。

第一句：实行新的销售计划，使销售额在一年之内快速增长。

第二句：自 1998 年 9 月开始实行新的销售计划，在广告预算只有 200 万元的情况下，一年之内使销售额由 500 万元快速增长至 2700 万元。

第二句中的详细数字会令管理者对你的工作成果有更加深刻的印象。

当你没有具体的数据时,你需要通过估算来得到百分比或金额数据。如果拥有电脑单据或公司文件来证明你的声明是再好不过的,但你很可能缺乏此类材料。某些情况下你只能在自荐信中加以解释,描述自己的成就和实现过程以期引起人们的注意。

即使是无法以金额、数字或百分比表示的成就也能产生效果。以下陈述均有可能打动潜在的雇主:通过技术创新降低了次品率;提前将产品推向目标市场。或者在你对数据没有把握时,试着采用"显著地""极大地"等词语。例如,开发新的生产技术,使次品显著减少;与客户建立密切联系,从而极大地提高了客户忠诚度等。

如果你的成果很有说服力,促成了某件重大的事情向积极的方向发展,那么你就应该在你的简历中提及。另外,要多训练自己挖掘重要成果的能力。如果你在这方面存在问题,可以尝试一种简单的技巧:写简历前先将自己目前或最近的工作岗位所涉及的任务、职责领域和计划列出来,然后针对过去的每项工作重复这种训练。不必在意文字的精彩,重要的是回忆并正确表述你的经历。

列出每项任务与计划后,再来填入具体内容或由此产生的成果。填空方法迫使你为自己的行为与成就赋予合乎逻辑的结果。继续这一过程,直到找出每项有价值的功绩。在有多项值得谈及的业绩时,许多人往往发现其一就止步了。首先应该将它们全部列出来,然后再决定简历中的取舍。

量化成绩时,决定使用原始数据还是百分比将产生至关重要的影响。例如,一位地区销售主管可以说,"三年内销售额从 450 万元上升至 720 万元",或者"一年内使销售额提高了 60%"。两种都是表现数据的方法,有时可同时选用,有时需要根据管理者的需要选择最合适的表述方式。

工作量化起来比较困难,但是你如果做到了,你会取得意想不到的惊喜。你可以做如下尝试:在你准备量化某项工作前,查找以前的记录并且拟订改进的方向和目标,然后做持续的跟踪记录。假如本企业的员工流动率较高,而你打算降低它,可以查询过去的记录,看看近几年的员工流动率。随后,推行你的新办法,并全程追踪数据的变化。如果流动率不断下降,它不但是你简历中可以证明你个人成就的实际数据,而且可以为你的升迁和加薪提供依据。

二、简历撰写的黄金法则

(一)关键词说话

关键词是用来描述你的专业活动或成就的表示技能的名词或动词词组。前面提到 HR 们对每份简历的审查不是阅读,而是"扫描"。扫描的对象是什么呢?当然是关键词!HR 们从简历中挑出所希望见到的关键词,并最终挑出合格的候选者来。

作为求职者，你需要通过简历告诉公司你过去取得的成就。但是，仅仅罗列成就并不足以吸引 HR 的目光。比如，如果你仅仅说"负责实施公司的销售计划，使公司的销售额得到增长"，这样空泛的叙述并不足以让招聘公司相信你是一个出色的销售人员。要用动词说话、数字说话、结果说话，这些点睛之笔，将吸引简历的阅读者的目光，让他们记住你的故事，让他们相信"我就是你们要找的人"。

（二）动词说话

动词可以给人一种印象——你的作用是很大的，你做了很多事情，你具备岗位所需的能力。在写简历时，可以尽量使用自己做过或参与过的内容进行表述，如"完成""设计""启动""监督"等，体现自己确实完成过具体的工作内容，具备胜任相关岗位的潜在能力。

（三）数字说话

一定要把包含数字的陈述表达出来。例如，"实习期间，月均营业额得到 25% 的提升"，或"每天销售额达 10000 元"。尤其是针对性地表达自己工作成果中成本降低、收益增加和时间节省的内容。

（四）结果说话

表明以往工作的业绩，业绩就是个人能力的最好证明。

在你自己的简历中，综合运用上面提到的四种方法：关键词说话、动词说话、数字说话和结果说话。一方面在形式上，条理清晰、重点突出；另一方面，在功能上，通过这样的简历，将大大降低 HR 和你沟通的成本，提升你在 8～10 秒之内吸引 HR 眼球的竞争能力。

三、简历中劣势的弥补

俗话说，人无完人。对应届毕业生来说，缺乏相关工作经验是求职困难的一个主要原因。对一些同学来说，还存在着一些我们俗称"硬伤"的劣势，例如，学习成绩不够好、缺少公司实习经历、应聘的职位与专业不相关、缺少英语等级证书等。那么，在这样的不利条件下，我们该如何来调整自己的简历，让 HR 看到我们的优点呢？实际上，我们可以借用中国传统拳法——太极拳里的一个招式"借力打力"来修饰我们的简历，在保持简历真实性的基础上，最大限度地展示我们的优势，淡化我们的劣势。以下详细分析如何规避各种硬伤和劣势。

（一）学习成绩不够好

首先明确一点，大多数公司在招聘应届毕业生的时候，学习成绩固然是一个很重要的考核指标,但不是决定性的。因为多数公司更看重的是应届毕业生的综合素质及能力,学习成绩好只能说明应聘者在学习课堂知识方面有独特的方法,并不能说明其他方面也很优秀,况且高分低能者也不少。

学习成绩的好与不好实际上是一个相对的概念,因为不同的行业、不同的公司对成绩的要求也是不一样的,如应聘 Google、玛氏、波士顿咨询公司等知名外企,在学习成绩方面是一定要突出的,而不少民营企业或制造业相关企业对成绩的要求则没有那么高,会更看重实际表现。另外,一些专业性较强的公司,如 IT 类公司,更看重职位相关课程的成绩,而不一定是总成绩。如果你的学习成绩一般,建议可以从以下两个方面来准备简历。

第一,突出相关的、高分的课程,建议将相关的、相对高分的课程写到简历里,而将不相关的、相对低分的课程从简历中删除。例如,某管理学专业本科生应聘财务会计类职位,其总成绩并不突出,可在教育背景中选择列出相关的高分课程。

第二,突出实习兼职、社团或学生会经历。如果学习成绩不是很好,那么建议突出相关的实践活动。因为理论与实践通常不可能是两全其美的,而通过实践经历来证明综合素质,大多数情况下比列出学习成绩更有效。

(二)缺少公司实习经历

对一些同学来说,并不缺少公司实习的经历,缺少的是与应聘职位或行业相关的实习经验。而对大多数同学来说,除了学校的经历以外,没有任何公司的实习经历。在这种情况下,我们应该从以下方面来弥补没有实习经验的劣势。

第一,突出社团、学生会等实践活动。我们可以将在学校参加的社会实践活动作为工作经历、实习经历来描述。因为如果在学校担任过社团、学生会等干部,有带领团队合作、安排社团活动的经历,从某种程度来说,同样代表了沟通能力、团队合作能力等企业看重的能力。不过特别值得一提的是,并不是每项社团经历对求职者都有帮助,也不是每一次的校内活动都有正面的意义,建议大家在处理这个部分的时候,要根据应聘的职位和公司情况慎重地进行选择和调整。

第二,强调个人技能、培训经历和快速学习能力,你应该强调自己已掌握的知识、工具或参加的培训经历,并同时以真实、详细的例子来证明自己具有极强的学习能力,能够有效弥补所欠缺的工作、实习经验。例如,你可以将论文中应用的研究方法、所使用的软件等作为个人技能及经验的证明;某同学应聘财务助理,职位说明中要求应聘者能熟练操作财务管理软件,该同学的大学课程中有学习财务软件的课程,他就将此课程作为培训经历来重点描述,向 HR 强调自己的个人技能及快速学习能力。图 5-6 和图 5-7 的案例中,某同学由于实习经历匮乏,确实没有专业相关实习实践经历,为了突出自己具备岗位所需要的相应能力,只能退而求其次在所学专业岗位相关实践类课程中挖掘所学知识、所训练的能力和模拟实操演练经历等,以从侧面反映自己具备胜任岗位所需基础知识与能力。

主修课程：包括国际贸易实务、海关实务、国际商务单证制作、速卖通外贸业务模拟等。

学 校 经 历	
曾担任院宣传部部员，主要负责微信推文编辑工作。	任职时间：2019.3-2019.8
获得易班创"易"大赛海报设计二等奖。	获奖时间：2019.9
社 会 经 历	
参加汉口北商品交易会志愿者服务活动。	参加时间：2020.11

图 5-6 简历实例 6

学习经历

- **主要理论课程**：跨境贸易基础、外贸英语函电、国际贸易、国际技术贸易和国际结算等。
- **国际贸易实务实操课程**：实操内容包括各类贸易术语的学习、销售合同的签订、商品的包装和价格、货物的运输和保险、货款结算和各类贸易方式等。(98 分)
- **国际商务单证制作实操课程**：实操内容涵盖一笔完整的单证业务项目，包括信用证、商业发票、保险单、原产地证明、报检单、报关单、运输单据、汇票等单据的制作。(92 分)
- **海关实务实操课程**：实操内容包括国际贸易中涉及海关部分的进出口环节，包括对海关的了解、报关业务及报关单位、一般货物的进出口、减免税和报税类货物的报关。(88 分)
- **速卖通外贸业务模拟实操课程**：实操平台为 AliExpress 模拟平台，实操内容为认识各种跨境电商平台、速卖通店铺装修、通过分析市场进行选品、产品的上架、如何优化商品界面提高吸引力、关键词搜索、产品推广、跨境电商物流、收款结汇和客户服务等。

图 5-7 简历实例 7

（三）应聘的职位与专业不相关

实际上，现在越来越多的应届毕业生所找的工作与自己所读的专业并不相关。因为越来越多的企业放宽了对专业的限制，甚至不限专业，所以这一条对求职者的影响已经越来越少（当然，技术类专业因为门槛较高，还是要求专业对口的）。如果是跨专业求职，那么简历中该如何写？建议大家从以下几方面来考虑。

第一，突出双学位/辅修专业/选修课程。虽然有些职业对专业性要求不强，但如果学生具有一定的相关专业背景，在求职中自然能更胜一筹。现在很多大学都开设了辅修专业课程，这对跨专业的学生应聘是很有帮助的。所以，准备跨专业求职的同学，有必要尽早规划就业方向，在专业课以外选修或辅修相关课程。

第二，突出外语能力、个人技能。在跨专业求职中，工作能力是最重要的考量，外语能力、计算机能力、与职位相关的专业技能、沟通表达能力、团队合作精神等都是简历中应该突出的亮点。

第三，也可以突出实习、社会实践经历。如果能够及早洞察自己未来求职要面临跨专业的问题，那么平时就应该多参与相关的实习及社会实践，用实践经历来说话。

(四)缺少英语等级证书

大多数企业招聘应届毕业生,对英语的要求为至少通过大学英语四级。有些企业要求更高一些,要求通过大学英语六级。对外企来说,英语是工作环境中可能经常要用到的语言,所以如果是应聘外企,相关的英语证书是必需的。但如果你只有一张大学英语四级证书,而实际的英文口语水平还不错,这时你可以借实习经验让 HR 推断出你的英语能力。比如,你想表达英语口语能力强这层含义,在实习经历里面注明"工作语言为英语",说服力也会很强。

延伸阅读:

5-2 名企 HR 们都是这样选简历的

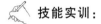技能实训:

简历互相批阅

在已有简历的基础上,按照"人职匹配"的原则,进一步修改完善自己的简历,并能指出自己和他人简历中存在的错误或待改进之处。

1. 请同学们完成自己的初版简历,并随机打乱分发给班级同学。

2. 请每位同学查看自己手上的简历,思考如果你是人力资源招聘经理,这份简历还有哪些不足或待改进之处。请在简历的对应部分做出批注或在简历背面分条罗列。

3. 把简历重新发回简历制作者本人手中,存疑意见在课堂上向老师提问,并在课后根据同学提出的好建议,进一步修改简历。

第三节 简历投递与管理

作为企业招聘方来说,接受简历的渠道是多样的,包括网申、邮箱接收简历、邮寄简历、宣讲会招聘会现场接收简历等。每种方式各有利弊,邮箱、邮寄简历虽然不能自动筛选简历,会增加 HR 在浏览简历时的工作量,但因其无须构建复杂的网申系统,成本低,在招聘人数和招聘规模不是很大的情况下,采用这样的方式比较经济实惠;网申系统对于简历筛选、给应聘者发通知、安排笔试面试等来说比较方便,在处理大量应聘者简历的情况时（通常在上千份简历），网申系统的优势就非常明显了，但是，构建网申系统需要额外支出成本，而且在网络访问高峰时，对于应聘者来说，可能会出现填写的简历数据丢失或者登录不上网申系统的情况。同时，也应注意到，有些企业仍然采用现场接收简历的方式，包括在宣讲会、招聘会现场直接接收简历。下面我们对邮箱投递和网申两种主要简历投递方式进行简要介绍。

一、邮箱投递简历

在当今信息化时代，无论是自己主动求职找工作，还是经朋友推荐，大部分情况下，自己的简历都是通过邮箱发送出去的。用邮箱发简历，除了你的简历本身很重要，还有很多细节容易被大家忽略，从而出现不少"简历很棒，却不知为什么发送简历后就再无消息"的情况。其实，你的面试从发送简历时就已经开始了。

（一）邮箱与 ID

首先，在给用人单位发送简历时，要用自己的私人公共邮箱，切勿使用学校教育网的信箱。

其次，选择稳定性、可靠性高的邮箱，尤其是免费邮箱的选择更要注意，如果不稳定，发送的简历对方没有收到，或者对方回邮的过程中邮件丢失，那就太可惜了。建议使用 Gmail、Yahoo 等公共邮箱。

最后，邮箱的 ID 要显得专业、成熟且职业化。在邮箱 ID 的设置上，一般可以采用英文名＋中文姓氏或中文拼音＋数字（注册日期、生日）等各种形式，其原则是不要看上去很傻，如 superman，little girl 之类的，最好是让对方看到邮箱就能马上知道你是谁。

（二）邮件标题

关于邮件的标题问题，如果对方在招聘的时候（在职位广告中）已经声明了用哪种格式为主题，尽量照做，因为这是它初步筛选的标准。不要认为一个 HR 一天收到的简历只有几份或几十份，事实上是有几百份甚至几千分应聘不同职位的信件。如果你的标题只写了"应聘"或者"求职""简历"等，你自己也可以想象一下你的简历被关注的程度。所以，至少要写上你应聘的职位，而且最好在标题中就写上自己的名字，这样便于 HR 审核你的简历。

标题除了表明职位、姓名，还可以根据招聘要求备注招聘关键词。何为招聘关键词呢？就是符合对方招聘要求的信息，比如，对方要求的专业是物流，那"物流"字眼就是重要信息；如果你所在的学校的专业与它要求的专业对口，而你们学校此专业的全国排名又比较靠前，或者在某地区范围内非常出名，那么学校的名字就是重要信息；如果对方要求的是马上就可以上岗的应届毕业生，那么可随时到岗就是重要信息；其他依此类推。故而，一个较好的标题应该是"×大学×专业×应聘×岗位""×应聘×岗位——×大学×专业""随时可到岗的×专业×——应聘×岗位""×届应届生岗位＋院校＋姓名＋应聘岗位＋意向工作地"等。

（三）邮件正文

很多同学在发邮件的时候，习惯于附上简历附件，直接发送，忽视了简历正文的撰写。要知道HR在打开邮件看到求职者的简历前，首先看到的是邮件的正文界面，可以说邮件正文是求职者的"黄金广告位"，能不能在HR下载打开简历附件的短短几秒钟通过正文突出个人岗位匹配度和核心优势，对求职者来说是一个考验。

在撰写邮件正文时，有以下几个关键点。

1. 抬头写上招聘信息中的人

收简历的往往是工作人员，所以可以按照招聘信息的联系人填写抬头。如果招聘信息中没有写任何人，那么就可以用"尊敬的女士/先生"这样的称呼来代替。如果你觉得"每投一个简历就得改一次称呼，比较麻烦"，或者怕有些时候会忘记修改，那建议你不要用"贵公司""贵校""贵院"这样的词，可以用一个中性的词——"贵单位"。

2. 正文内容要有针对性地写

怎样才叫有针对性呢？根据对方发布的招聘信息要求，如"×相关专业的应届毕业生""学生干部优先""有较好的团队合作精神"等，用序号的方式在邮件正文中进行回答。当然，写这些内容前还是有些非常重要的信息要展示，那些客套话还是不能少的，比如说"您好！通过×渠道获悉贵校正招聘×人员……特来应聘，主要理由如下：……"

3. 文字字数适宜，排版层次分明

一般来说，挑选简历者在邮件正文中停留的时间不会太长，所以邮件正文既不宜过长，也不宜过短。可以用最简洁的方式把该表达的内容表达清楚，建议正文部分的字数以"在正常邮件界面的阅读情况下，不下拉滚动条就可以看完正文"的标准为参考。

4. 正文结语

写完正文的主题内容后，在正文最后加上一句祝福的话，这样做看起来并没有实际的作用，但如果没有这样一句话，可能会让邮件接收者产生不被尊重的感觉。最后，正文最后落上发件人姓名和发件时间。

邮件正文实例可参考图5-8。

贵公司：

您好，我是☐☐☐☐了解到贵公司正在招聘跨境电商运营的岗位，特来应聘，理由如下：

1、我将于2022年6月份电子商务专业本科毕业。
2、英语水平较好，在校期间参加过一些比赛并获奖。
3、有一定的电商企业实战经验和其他实习经历。
4、在校期间，成绩优秀，获得过国家奖学金等几类奖学金。
5、担任过班委和学校社团干部，有一定的组织和团队协调能力和合作精神。

静候佳音，祝您周末愉快！

☐☐☐☐
电话：☐☐☐☐
2021年4月2日

图 5-8　邮件正文实例

（四）邮件附件管理

电子版简历的文件名称也需要格外注意。为了方便 HR 将你的简历存入他们的文件夹，而不需要重新命名，最为妥当的方式就是按照公司的要求，与写邮件时的"主题"要求一致，写清楚各种信息。避免仅以"简历""个人简历"等模糊方式命名，这样命名的简历可能因为无法与其他简历区别开来而遭到删除，或者给 HR 带来极大的不便，需要下载打开简历后再重新命名。

经过对多家公司的招聘信息进行总结，发现 HR 的要求几乎都是如下几种，"姓名＋岗位名称""姓名＋岗位名称＋岗位性质""姓名＋应聘岗位＋某论坛""姓名＋学历＋学校＋工作年限＋应聘岗位＋意向城市""×届应届生＋院校＋姓名＋应聘岗位＋意向工作地"同学们在写简历时一定要看清要求。

此外，如果在简历之外还有其他荣誉证书等需要发送的资料，可以将所有的资料生成一个 word 文档附在简历之后。如果附件内容比较多，可以在这些附件内容前面添加一个目录并标明页码，方便 HR 快速查阅到自己感兴趣的内容。通过以上方式，方便 HR 下载、查阅与存档，也顺便给 HR 留下良好的印象。

二、网申技巧

（一）什么是网申

网申，即 apply online（网络在线申请），是指招聘方通过招聘页面或第三方平台收集简历，并对求职者进行初步筛选的求职方式。与直接邮箱投递不同的是，这种方式能设置关键词过滤，方便招聘企业在成千上万份简历中进行筛选，降低招聘成本。

如何才能找到网申的地址呢？一般来说，招聘企业会在官网展示一个专门用于招聘的区域，所以求职者应当从招聘企业的官网去找网申地址。如果实在找不到官网的网申地址，也可以通过第三方就业信息网站来找网申地址，但是要注意辨别是否是官方网址，以防信息泄露。

（二）网申的常见内容

网申通常为固定题和开放题，固定题为基本的个人信息填写。开放题则大多侧重于检验个人的合作能力和技巧，工作的抗压能力，是否有性格缺陷等。这部分的题目有点类似于面试题，但是和面试不同的是，你有充分的时间来准备和回答，甚至可以求助于朋友等，最后给出令人比较满意的回答。具体而言，在网申时，你一般需要填写以下内容。

1. 基本信息

姓名、性别、出生年月、籍贯、民族、手机号、电子邮箱、政治面貌等。

2. 教育经历

入学时间、毕业时间、毕业院校、学院、专业、学历、学位、班级排名、GPA 等（一般从高中教育经历填起）。

3. 能力信息

外语、计算机及其他类别的职业资格或专业能力证书。

4. 所获奖励

奖学金、荣誉称号、参与项目/学术成果的获奖情况。

5. 任职情况

在学校担任的职务名称及级别、时间。

6. 社会活动经历

在校内参与的社团、学生会活动。

7. 实习经历

实习时间、单位、部门及岗位、职责、业绩等。

8. 特长及兴趣爱好

突出与投递岗位相匹配的特质。

9. 家庭情况

家庭成员姓名、工作信息、政治面貌、联系方式等。

10. 开放型问答

即 Open Questions（简称 OQ），比如"你为什么申请这个岗位？"答案以具备执行力、组织能力、团队合作精神的意思为核心。

不是所有网申都有开放型回答，银行类岗位，开放型回答比较少，甚至没有；快消、互联网行业，开放型回答比较常见。

现在很多公司都是在本公司网站申请，填写耗费时间较长，一次次填写个人信息较为烦琐，提前把所需的相关信息用表格汇总好，申请时根据资料整理进行填写，会大大提升网申的效率。

（三）网申的筛选方式

网申不是帮 HR 找到对的人，而是帮 HR 筛选掉不合适的人。每到校招高峰期，HR 一天能收到几百上千份简历，而像腾讯、字节跳动这样的互联网巨头，通常一个岗位都能收到上万份简历，这个时候单靠 HR 一份份去看是不可能的，就需要借助机器来完成。

目前来说，网申主要有三种筛选方式。

1. 人选

即 HR 亲自查看每一份简历并筛选出来，一般适用于申请人数较少的公司。

2. 机选

即通过系统设置关键词，并为关键词设置等级、分数，用关键词搜索和打分筛选出简历，这种方式简单又高效，适用于很多企业。

3. 人选机选结合

即先通过机选刷掉大部分简历，再进行人工选择，既能为 HR 省去繁重的工作量，也能弥补机选的不足，发现更加优秀的人才。

（四）网申筛选的运作机制

网申系统一般是设置关键词进行搜索与打分的。

1. 关键词搜索

网申的关键词大概有以下几种。

学历：重点大学，如双一流学校。
学位：博士、硕士、本科、专科。
绩点：GPA3.0 以上。
专业：对于明确需要专业与岗位对口的专业，一定要突出自己专业的相关性。

外语能力：大多数公司的硬性指标是大学英语四、六级，若有托福、雅思或托业的考试也可加分，部分外企也会看重其他外语水平，比如日语、法语、韩语等。

实习经历：尽量突出自己在知名企业的实习或者与应聘职位相关性较强的实习经历。

学生工作：如学生会、团委主席、干部等。

奖学金：如国家级、省级、校级、院级奖项、证书等。

2. 关键词权重打分

基本原理大致如下。

学位：博士生（+5分）、硕士生（+3分）、本科生（+2分）、专科（+1分）。

外语能力：大学英语六级（+2分）、大学英语四级（+1分）。

以此类推，通过打分，网申系统就会帮 HR 筛除掉大部分不符合公司标准的人，然后 HR 就会开始着手去看剩下的申请人的简历和各项资料，综合判断这个人到底能否获得面试机会。

（五）提升网申通过率的方法

1. 把握网申的黄金时间

建议在网申开放日到截止日之间的 30%～70% 这段时间去网申，这段时间被称为黄金时间。以网申时间一个月为例，第 7～23 天，即中间两周这段时间。网申越早越好，并不是指网申开放后第一二天就网申，系统刚开放，可能很多人涌入，开放五六天后再去会比较好。你还可以通过各种渠道向前面已经网申的同学了解情况，给自己留几天时间去准备。

要谨记的是，千万不能在截止日前最后几天才去网申。企业筛选网申简历，并不是等截止日期到了才开始筛选的，从开始网申后几天就开始筛选了。而企业网申筛选是设置了通过人数的，选够了，后面的简历就不看了。

2. 网申前做好充分的准备

网申前，应该做好充分准备。仔细了解公司的企业文化、核心业务、发展背景等，这样在回答开放题时能更好地契合企业要求。另外，网站的风格、用词、对职位的描述等能给你提供一些线索，如关于应聘职位要求的基本素质、对方惯用的专业语言等。

做好内容准备后，可以挑选人员不密集的时间段进行网申（如饭点和凌晨），每填完一部分及时保存填写的内容，避免网络波动导致数据丢失。此外，在机器配置流畅，网络稳定且畅通的环境下进行网申，一些求职者可能会出现电脑或网络导致死机或断网的情况，严重影响网申。

3. 利用好字数限制，把握关键词

对于那些开放性的问题，尽量利用所给的字数限制，既不要超出太多也不要字数太少，一般来说，注明需要用 300 字来回答的问题，只写 100 个字恐怕是很难符合要求的。

填写尽可能多的信息，因为网上申请有一个很重要的检索步骤是电脑自动地按照关键词来检索，所以如果你的申请资料上没有 HR 想要的这一类关键词，很有可能你就被筛选掉了。所以，在必填部分应尽可能多地填写内容，很多网申系统会自动判断简历的完整程度，如果简历完整度较低自然会排在最后。

4. 千万别犯低级错误

每填完一个模块的内容，就检查一次，别等全部填完再来检查，别犯低级错误，如写错别字、填错电话号码和邮箱。大公司对于细节问题其实很介意，都注重专业精神，对于低级错误、拼写和语法等细节问题都是很在意的，所以一定要注意，如果因为细节问题导致印象分下降那就得不偿失了。

5. 期望薪资

网申时，有些公司会让你填期望年薪。很多同学担心填高了会让公司觉得自己不自量力，填低了又怕公司觉得自己不肯定自己的价值。在网申前，你可以通过各种渠道提前了解岗位的薪资范围，然后结合自己所在城市与个人能力、填写一个大概的范围即可。

最后，网申作为求职的第一块敲门砖，具有极其重要的作用，所以一定要重视网申，提前准备才不至于让简历石沉大海。

6. 建立网申题库

很多公司的开放题大同小异，所以务必记下网申题目和自己的回答，做成题目案例库，也可以加入别人的回答，方便以后网申其他公司时参考。不只是开放题，社会实践、项目经验之类的都可以拷贝在固定的一份文档里，以后需要网申时直接复制粘贴就好了，能够节省很多时间。

三、简历的管理

简历投递之后并不是万事大吉了，要想收获理想工作，投递简历之后还不能松懈。秋季招聘可投递的公司较多，可投递的渠道也很多，不同公司的网申面试节奏各不相同，对于大部分同学来说，投递简历是一个持续的过程，投完之后也忘了上一家投的到底是什么职位，甚至连公司名字都不记得。求职者如果在这种状态下接到 HR 的面试通知，甚至进行电话面试的话，就会茫然无措。这样的第一次接触很难给 HR 留下好的印象。所以，求职者可以考虑建立一个求职进度档案，主要信息为投递简历的公司名称、部门、岗位、投递时间、城市、反馈情况、企业类型、网申链接等，并在秋季招聘过程中根据进展情况及时更新，这不仅一目了然，还能帮助求职者复盘。此外，网申链接一定要记得复制，这样你跟进后续流程时可以方便地查看岗位的内容详情，岗位描述也一定要记得保存下来，这将有助于求职者后续的面试准备。

企业对求职者的考查是从简历投递出去的那刻起就开始的，因此，接到笔试或者面试电话时要有礼貌、态度要谦和；否则，HR 很可能因为你在电话里的态度而给你判

"死刑"。同时,在求职进度档案中对有反馈的招聘方进行标注,写下反馈记录,对自己的投递状态做到心中有数。这样做有助于求职者在接到面试电话时,给 HR 留下一个有礼貌的印象,这必然会给求职者一定的加分。

简历投递一段时间后,如果还没有收到任何回复,也可以再次发送邮件或者打电话询问进展情况。这样做一是表明自己很期望得到这份工作,二是如果得到拒绝的消息,也不必沮丧,可以顺势询问被拒绝的原因。很多公司还是愿意把理由说清楚的,如果是求职者自己的原因,求职者得知后也能够尽快改善相应的问题。

延伸阅读:

5-3　简历造假的人

第四节　应准备的其他求职资料

在求职过程中,除了简历,不同用人单位会要求求职者提供其他补充性求职资料,这些资料通常包括:求职信、荣誉奖励、职业资格证书、就业推荐表,以及一些应聘该单位或该岗位所需的其他特殊要求等。

一、求职信

求职信是求职者写给用人单位的信,属于商业信函,要求规范与专业,足以吸引招聘者的目光。求职信的目的是引起雇主的兴趣,让对方了解自己、相信自己、录用自己。在知名企业,特别是针对外企或 500 强企业的求职过程中,一封出色的求职信是必不可少的。

从某种程度上来说,求职信来源于简历,但又高于简历,具有对简历内容进行综合介绍、补充说明和深入拓展的作用。好的求职信必须量身定做。

有效的求职信需要认真说明三个主题:① 求职意愿;② 自己与职位相匹配的优势及工作经历等;③ 请求对方阅读自己的简历、给予面试机会。

写求职信的时候,你要有正在和某个人说话的感觉。求职信中要能感受到你的热情洋溢、彬彬有礼、不卑不亢,应具有使对方觉得此人值得一见的效果。

(一) 求职信的内容结构

求职信与商业信函的结构是一致的,同样以称谓及问候起头,然后是正文、结束语、落款和撰写日期。正文部分的内容也通常可以从四方面入手——开头部分、简要自我介绍、联系方式和结尾部分。求职信的正文中，首先应介绍求职者的身份和写信目的，接着写出自己的优势或长处，并写清楚电话预约面试的可能时间范围，表明希望迅速得到回音，最后在结尾处感谢对方阅读并考虑应聘请求。一封标准的求职信的正文应当包括以下内容。

1. 列举写信的理由

包括从何处获悉招聘信息，申请的目的和应聘的原因，以及自己希望申请的职位等，让招聘人对求职者的意图一目了然。

2. 自我介绍

说明自己为什么适合申请该职位。注意要提出自己能为未来雇主做些什么，而不是他们能为求职者本人做些什么，以此打动招聘人。

3. 简明突出优势

即为什么自己比别人更适合这个位置。

4. 强调与申请职位相关的经历

包括培训、实践、技能和成就等。用事实和表现证明自己的优势。

5. 提出进一步行动的请求

在结尾段落中，求职者可以建议如何进一步联络，留下可以随时联系到自己的电话和地址。同时，对阅读者表示感谢。招聘人员每天要阅读大量的简历，一句关切的问候会给人留下很深的印象。

（二）求职信的撰写规则

一封效果良好的求职信，首先必须有完整的内容结构；其次，撰写人还要掌握一定的写作规则，以免走入误区，收到反效果。一般来说，求职信的撰写规则主要有以下几条。

1. 量体裁衣，度身定做

面对不同的招聘单位和具体职位，求职信在内容侧重点上有所不同，必须有很明确的针对性。求职信不能像简历那样"千篇一律"，否则很容易被有经验的招聘人员识破并弃置一旁。

2. 突出主题，引人入胜

一般只有几秒钟的时间吸引招聘者决定是否继续看求职信。在求职信中要重点突出求职者的背景材料中与未来雇主最有关系的内容。通常，招聘人员对与其企业有关的信息最为敏感，因此要把自己与企业或职位之间最重要的信息表达清楚。

3. 言简意赅，避免冗长

求职信最好不要超过一页，除非招聘人员索要进一步的详细信息，而且要避免内容空泛和啰唆。招聘人员的工作量很大，时间宝贵，求职信过长会使其效度大大降低。

4. 语句通顺，文字规范

一封好的求职信不仅能体现求职者清晰的思路和良好的表达能力，还能考查出其性格特征和职业化程度。所以，一定要注意信中的措词和语言，切忌有错字、别字、病句等。

5. 实事求是，切忌吹嘘

从求职信中看到的不只是一个人的经历，还有品格。诚实是招聘单位对新员工最基本的要求。有的求职信没有任何豪言壮语，也没有使用任何华丽的词汇，却使人读来觉得亲切、自然、实在。

6. 先让身边的人查看

在求职信正式发送之前，先给身边的人看一下，这也是求职信撰写中的一个重要技巧。其目的是避免歧义的产生，让求职信能更好地、更准确地传达出求职者所要传达的信息。

 延伸阅读：

求职信中写什么？

"好钢用在刀刃上"。求职时的生活状态，用奔波劳碌、焦头烂额来形容也丝毫不夸张。大家往往是愿意努力付出，然而在焦急盲目中不能找到确切的方向，要做的事情那么多，不清楚哪些是关键环节必须严格把关，而哪些是细枝末节可以一笔带过。

求职信无疑就是一个敲门的动作。求职信的目的就是要让简历筛选者从众多简历中发现自己，觉得自己是很适合这个工作的人，至少能让对方考虑给自己面试的机会。

求职信中写什么？

首先，我们要在求职信中突出自己与所应聘职位匹配的优点，例如，自己的性格非常适合所应聘的工作，同时也可以讲述自己以前在实习或社团工作中对组织所做的贡献。注意求职信不是投得越多机会越大，如果把写好的求职信反复附在每一个求职邮件中，而只把公司名字改掉，这样做也是很难起到实际效果的。据不完全统计，在整个求职大军中，95%的求职人员只有一封求职信。事实上，写有针对性的求职信，便是自己脱颖而出的第一步。

其次，要在求职信中显示出自己对公司的了解、发展近况，以及自己的一些看法，最好可以有针对性地提出一些问题。这样不仅可以让求职信接收人员感觉到你的专业性，而且还能让对方感觉到你对公司的工作也非常感兴趣，会开始考虑是否可以面试。再次，向对方传达自己能为公司提供何种帮助的信号，并通过自己的某个例子证明自己确实有这方面的能力。

撰写求职信时，还有以下注意事项。

（1）求职信一定要在邮件的正文写出，不宜用附件形式，公司人员往往都很繁忙，附件形式的求职信会降低他们的工作效率，增加工作人员的烦躁感。

（2）信件的整体思想积极向上，尽量介绍一些自己以前类似于求职的实习经历，并向对方说明可以随时联系自己。

（3）邮件内容要简洁明了，忌讳拖沓冗长；大概300—400字即可。

（4）不要在求职信中表达出自己想在这个工作中获得什么，例如，通过这个工作，我今后可以申请到其他更好的工作。

（5）如果对方没有问，无须向对方介绍自己所在年级。也许对方只要求是毕业生，在了解你之后发现你很适合该公司，便会考虑让你在公司内部先实习；如果你在求职信中挑明自己还没有毕业，那么对方很可能暂时不会考虑。

二、简历附件

简历中所列的各种奖励、证书等凭证，是要告诉对方所列事项有凭有据。这个时候你就要准备好学习成绩单、英语等级证书、计算机等级证书、荣誉证书、奖学金证书、职业资格证书、社会实践证明等各种材料的原件及复印件。当然，并不是所有的简历都必须附上这么多资料，我们要在明确企业及职位要求的基础上，选择性地附上相关资料。

当确定好简历后面需要附上的附件材料后，可以通过合适的排版，使附件信息既丰富又简洁，给用人单位留下良好的印象。

三、就业推荐表

就业推荐表是由学校正式向用人单位推荐毕业生的书面材料，具有较高的权威性和可信度，能够比较客观、真实地说明情况。发放对象是具有派遣资格的非定向毕业生，委培生、有具体定向单位的毕业生、非国家计划内招收的毕业生没有推荐表。每个毕业生只有一份，学校审核盖章后，学生要注意妥善保管，建议平时求职用复印件，原件交给最终签约单位。

就业推荐表的性质和作用如下。

（1）推荐表是毕业生具有就业资格的证明文。

（2）推荐表是毕业生申请人事接收函、报考公务员等的必备材料。

（3）推荐表是学校向用人单位推荐毕业生的正式书面材料。

（4）若毕业生与用人单位达成签约意向，推荐表下方的"用人单位回执"经用人单位签章后，可视作接收函，毕业生凭此回执可申领就业协议书。

延伸阅读：

5-4　毕业生就业推荐表　　　5-5　我做 HR 的感受

· 本章小结 ·

通过本章学习，首先，了解到大学生求职为什么要撰写简历、简历的类型、基本内容和设计流程等。

其次，在完成简历撰写的基础上，进一步学习简历撰写的技巧、黄金法则，以及在存在劣势的情况下如何撰写简历更好。

再次，了解通过电子邮件和网申两种方式投递简历的技巧及管理投递简历后的注意事项。

最后，在求职前，大学生还可以根据职位要求及自身特点，准备好求职信、简历附件和就业推荐表等其他求职资料。

· 课后思考 ·

练习题/实践实训活动

1. 开始制作简历前，需要做好哪些准备工作？

2. 简历撰写的 PAR 法则你会用了吗？试着用 PAR 法则撰写一段自己的实习或实践经历。

3. 把按照简历自查清单修改后的简历与同学进行交换，帮助该同学找出至少 5 个待改进之处，换回自己的简历，根据同学的反馈意见进一步修改。

• 就业行动 •

根据你的求职意向，撰写一份有针对性的求职简历，并根据简历自查清单（见表 5-2）一一对照，以完成一份令人心动的高质量简历。

表 5-2　简历自查清单

自查条目		标准	结果	备注
内容	标题	不出现"简历"或"个人简历"字样		
	求职意向	明确具体岗位，一份简历只有一个求职意愿		
	基本信息	姓名、性别、年龄、电话、邮箱		
	照片	标准证件照（最好是蓝底）		
	教育背景	部分与岗位相关课程、高分课程可把分数列出		
	实习经历	a. 最多不超过 3—4 项 b. PAR 方法、结果导向、数字说话、对标岗位关键词		
	项目经历			
	实践经历			
	获奖证书	a. 挑选几个最有分量、与岗位关系最密切的 b. 级别最高的放在最前面 c. 可以对证书获奖进行分类归纳		
	自我评价特长	a. 非必须 b. 若填写，需要有实例支撑 c. 不宜全用形容词描述，可辅以动词、与岗位相关的关键词进行描述 d. 内容不宜过多，两行以内为宜		
排版	语言	无错别字、无语言不通顺现象		
	标点	合乎规范、使用一致		
	排版	整体格式一致		
	字体	利用字体、字号、加粗等，达到层次鲜明、重点突出的效果		
	颜色	字体颜色不宜过多，可适当对重点部位进行加粗或其他颜色标注		
	页码	一页纸简历		
	保存	转成 pdf		

续表

自查条目		标准	结果	备注
投递	发件人	改为本人姓名		
	主题	姓名＋岗位		
	简历命名	姓名＋专业＋岗位		
	正文内容	a. 简要个人介绍，突出岗位相关自我优势与求职意向，表达诚挚希望和感谢 b. 附件为个人pdf版简历＋相关证明材料（如果该项是加分项）		

第六章 面试也就那回事

✎ **学习目标：**

- 了解笔试类型及应对技巧；了解面试常见类型，熟悉面试场景；了解面试需要做的准备，做好面试准备；掌握结构化面试、无领导小组讨论面试技巧；
- 掌握应对面试的语言技巧、行为技巧，掌握无领导小组面试、半结构化面试的应对技巧；
- 认识到面试是求职中最重要的环节，应该多模拟、多练习，才能在面试中取得成功。

✎ **本章知识结构图**

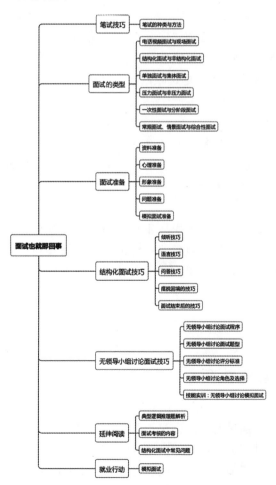

学习重点与难点

重点：

掌握结构化面试与无领导小组面试应对技巧。

难点：

1. 提升面试的自信心；
2. 不同类型面试中应注意的问题；
3. 面试中战术性技巧培养的准备与练习。

 情景导入

就业榜样：面试前的准备

胥同学在应聘 A 公司之前，先特意到 A 公司设在学校附近的超市进行了一番考察，对 A 公司的经营理念、市场定位、目前规模和发展目标有了相当的了解，从公司的宣传栏了解了比较详细的背景资料。接着又上网查阅了许多关于 A 公司以及国内外其他连锁经营的管理知识，在此基础上他还认真整理出一份《管中窥豹——我对 A 公司的九点建议》的文章。面试由 A 公司人力资源部的张总主持，第一个问题是"你对 A 公司有多少了解？"，考场内鸦雀无声，而胥同学却暗自庆幸自己做的准备，感觉"头筹非我莫属"。果不其然当他陈述了一番 A 公司并递上自己的建议时，张总连连对他点头。最终，他从 20 多位求职者中脱颖而出。

点评：机遇只偏爱那些有准备的头脑，面对日益激烈的择业竞争，面对用人单位越来越挑剔的眼光，求职者在面试前一定要做好充分的准备，这是很多面试成功者的共同体验。

对于大学毕业生来说，求职择业是每个人融入社会的必经之路。大学生要想谋求一份适合自己的好职业，就必须掌握一定的求职应试技巧，以避免求职过程中的盲目和冲动。在求职过程中，会遇到用人单位各种形式的考核与测试，其中最主要的两种形式就是笔试和面试。

第一节　笔试技巧

笔试是一种与面试对应的测试，是用以考核应聘者特定的知识、专业技术水平和文字运用能力的一种书面考试形式。这种方法可以有效测试应聘者的基本知识、专业知识、管理知识、综合分析能力和文字表达能力等素质及能力的差异。

笔试在单位招聘中有相当大的作用，尤其是在大规模的单位员工招聘中，笔试可以直接把求职者的基本情况了解清楚，划分出一个基本符合需要的界限。有些单位往往选择先通过笔试来确定进一步面试人员的名单，有很多求职者会因为笔试成绩不好而失去应聘的资格，因此求职者不可轻视笔试，必须认真对待。

一、笔试的种类与方法

通常笔试主要适用于一些对专业技术要求很强或对录用人员素质要求很高的单位，如国家机关、跨国公司、知名企业等。笔试的结果是根据一定的标准答案评定出来的，它弥补了面试往往根据个人爱好、感情评分来选拔人才的缺陷。笔试得出的分数往往可靠、真实，排名也一目了然，对求职者来说是一次公平的竞争，对用人单位来说是检查和核实求职者真才实学的有效办法。大学生对笔试并不陌生，从小学起一直到大学毕业，经历过无数次笔试，可谓久经沙场，但是应注意到社会上的考核与学校里的课程测试是有所区别的，求职中的笔试更有其行业侧重点。

（一）笔试的种类

1. 专业笔试

专业笔试主要是检验应聘者担任某一职务时能否达到所要求的专业知识水平，是否具备相关的实际能力，一般用人单位在接收毕业生时，主要是看学校提供的推荐表及成绩单，再辅以自荐材料，就可以了解其基本的知识能力等情况，但也有一些用人单位需要通过笔试的方式对求职者进行专业知识的再考核。值得注意的是，这种考试方式已被越来越多的热门企业/单位采用，如外资企业对应聘者进行外语水平测试，科研机构招聘人员要对应聘者进行实际操作能力测试，公检法机关录用干部要考法律知识等。这种考试往往在特意设置的工作环境中进行，例如，阅读一篇文章写读后感；自编一份请示报告或会议通知；某公司计划在5月份赴国外考察，写出需要做哪些预备工作；给出一个科研题目，写出科研论文的具体大纲等。

2. 心理测试

心理测试是要求被试者完成事先编制好的标准化量表或问卷，根据完成的数量和质量来判定其心理水平或个性差异的方法。现在越来越多的用人单位以此来测试求职者的态度、兴趣、动机、智力、个性等心理素质。

3. 综合测试

综合测试分为综合知识测试与综合能力测试，主要测量求职者的综合素质，不同考试侧重点不同。综合能力测试主要被一些著名跨国公司采用，他们对毕业生所学专业一般没有特殊要求，但对毕业生的素质要求较高，在他们看来，有没有专业训练背景无关紧要，但毕业生是否具有不断接收新知识的能力是至关重要的。公务员考试中行政能力测试与申论也是典型的综合测试，行政能力测试题型为单选题，主要考核求职者的语言理解与表达、数量关系、判断推理、资料分析与常识判断等，申论试题则测试从事机关工作应当具备的基本能力，由注意事项、给定资料和作答要求三部分组成。另外，有些综合测试还包括知识域的考核，主要通过设定一些时事方面的内容和常识性的问题来考查应聘者的知识面。

（二）笔试的方法

笔试的方法很多，这里介绍三种常见的方法——测试法、论文法与作文法。

1. 测试法

测试法是一些具体方法的总称，比起作文法和论文法，它运用得最多。常见的测试方法如下。

（1）填充法。填充法是往缺少词语的句子里填充词语，做法有简有繁。

（2）是非法。也称订正法或正误判断法，是要求判断内容正误的方法。

（3）选择法。即对某一词句或问题提出若干容易混淆的解释，要求肯定其中一种正确的解释作为答案。

（4）问答法。要求考生对提出的问题作出回答，大多是要求用简单的词语回答简单的问题。

以上方法常常是相互交叉的，比如，选择法同时也是辨别是非的方法等，但是测试法也有明显的缺陷，它追求简单唯一正确的答案，只能训练求同思想和聚合思维，而不利于求异思维和发散思维的训练，它不能充分反映应聘者的表达能力。把所有精神现象都用简单化的方法加以反映，也难以做到完全准确，因此出题单位在用测试法时，题目特点往往是问题明确、简练，出题量大，问题涉及面广，问题的难度适当，所以应聘者在参加测试时要根据题型的特点复习，以免失误。

2. 论文法

论文法在我国已有较长的历史，在招聘选拔人才的笔试中曾被普遍采用过。这种方法与测试法的明显不同是，它可以使受试者给出属于自己的答案，如果说测试法是封闭性考试或识别性考试的话，那么论文法则是开放性考试或表达性考试。论文测试的内容主要是让应聘者对职业选择的具体问题作出评价，对某种现象作出分析或写出感想，例如，事故分析、对公司或经理的评价、读后感等都属于论文测试性质。论文测试远比简单的测试题更能判断一个人的水平，其缺点是难以制定出切实的评分标准，容易受主观因素影响。同时，论文测试题多属于理解性的，对促进实际技能的训练并无太多助益，在解答这类题型时应该透彻地理解题意，解释全面。

3. 作文法

作文法是我国的传统考试方法，由用人单位给出范围或特定要求，通过让应聘者作文来考查其知识、思维、文字表达能力的笔试方式。这里要注意文字书写，字词句的正误具体而明显，对改卷者来说，往往容易对这些形成印象，因而影响分数。所以，应聘者在进行作文考试时，在主题表达清楚的同时一定要认真对待字词句及标点符号，以取得用人单位的好印象，并取得高分。

（三）笔试准备

从某种角度来说，笔试能更深入地检验毕业生的综合素质、平时的知识积累及对知识的理解和掌握情况等，用人单位的出题方式远比学校灵活多样，更侧重于能力，而不是单纯的知识，因此，在笔试之前毕业生应进行全面深入的准备。

1. 提纲挈领，系统掌握

据了解，招聘单位的笔试重点是常用的基础知识，所以笔试前应注意两个方面。一是要对大学专业知识进行必要的复习，这是笔试准备的重要内容，一般来说，笔试都有大体的范围，可围绕这个范围翻阅一些相关的图书资料，复习巩固所学过的基础知识，温故知新，做到心中有数。不要把复习重点放在难点、怪题上，要把基础知识掌握好，在实际运用上下功夫。二是重点关注与求职有关的一些知识，如文史知识、科技知识、经济知识、法律知识和一般的电脑知识，这些知识都要系统地复习一遍。复习时可采用单元复习法，即把教材中某些具有相似点的知识放在一起组成单元，然后通过分析、比较、归纳，总结其共性和特性，使自己对这一单元的知识有一个较完整、具体的了解，逐渐提高分析、鉴赏和写作的能力。

2. 学以致用，理论联系实际

现在的求职笔试越来越强调用学过的知识来解决实际问题，具有很强的实用性。换句话说，应聘考试主要是考核应聘者对知识的运用能力，因此在复习过程中必须始终突出一个"用"字，通过各种实践，把学到的知识运用到实际工作中去解决各种具体的问题。

3. 多读多练，提高阅读能力

提高阅读能力对拓展知识面和回答应聘考试类的问题很有益处。要提高阅读能力，就要坚持进行阅读实践。知识的获得主要依靠传授，而能力的提高则必须通过实践，复习时经常做一些阅读练习，有助于阅读能力的提高。在做阅读练习时，一定做到"眼到"和"心到"，特别是"心到"，即对每个问题都仔细揣摩、认真思考、分析比较、综合归纳，努力提高自己的阅读能力。

4. 敏锐思考，提高快速答题能力

为了适应招聘考试中的题量，还应该培养自己快速阅读、快速思维和快速答题的能力，因为现代阅读不只着眼于信息的获取，而且还特别重视速度，所以在准备笔试的时候一定要提高答题速度。

（四）笔试技巧

除了熟悉笔试类型、做好笔试前的准备工作外，笔试过程中应试者的状态以及答题技巧也非常重要，应试者需要注意的事项主要有以下几个方面。

1. 调整身心状态

求职过程中的笔试毕竟不同于学校平时的考试，临考前要保持良好的身心状态，应注意以下几点。

（1）减轻思想负担，不可给自己施加过大的压力，否则适得其反。

（2）笔试的前一天要注意休息，保证充足的睡眠，避免考试时精神不振，影响正常思维。

（3）要适当参加一些文体活动，从而使高度紧张的大脑得到放松和休息，以充沛的精力去参加考试。

2. 提前到达考场

考试应提前 20 分钟到达笔试现场。熟悉考场环境，有利于消除应试时的紧张心理，还应仔细阅读考场注意事项，尽量按要求做好。除携带必备的证件外，一些考试必备的文具（计算器、笔、橡皮等）也要准备齐全。千万不能迟到，招聘单位是不会为你一个人单独组织一次考试或者延长考试时间的，而且笔试时如果迟到，也会造成一种紧张慌乱的心理，不利于正常发挥。

3. 遵守纪律

应聘者到达考场后应注意考场纪律，一定要遵从监考人员的指示，应当在监考人员的安排下就座，而不要随意选择座位，更不要抢座位。在没有得到指令的情况下翻阅试卷，很有可能被取消笔试资格，很多公司都非常看重应聘者的守纪与诚信。在落笔之前，一定要听清楚监考人员对试卷的说明，不要仓促作答，不要跑题或文不对题，更不能有不顾考场纪律、我行我素的行为，比如，未经许可携带手机等通信工具，擅自翻阅一些资料等。要明确一点，笔试不仅仅是一场考试，也是求职过程中的一个环节，考场上的表现很可能会影响到你之后的面试。

4. 卷面整洁

应聘者答题时应注意卷面整洁、字迹清晰、行距有序、段落整齐、版面适度，即从方便对方阅卷和装订的角度出发，试卷上下、左右边缘应该留出一些空隙，而不要"顶天立地"。因为求职过程中的笔试不同于在学校时的考试，有时用人单位并不特别在意应聘者笔试分数的细微差距，而是从中观察考生是否具有认真的态度、细致的作风，从而决定录用意向。那些字迹潦草、卷面不整洁的人，招聘单位先不看答题的内容，单从卷面就会觉得不可靠；那些字迹端正、答题一丝不苟的人，招聘单位认为其态度认真、作风细致，会更加青睐，所以在具体答题时，要避免书写过于潦草，这样会影响求职结果。

5. 科学答题

笔试题型多、内容多，又要限时完成，必须合理安排答题时间。拿到试卷后首先应通览一遍，了解题目的多少和难易程度，以便调整答题的速度和策略。根据先易后难的原则确定答题步骤，这样就不会因为思考难题费时太多，而没有时间做容易的题。在答完试卷后尽可能留出时间进行一次全面复查，注意不要漏题跑题，要纠正错别字和用词、语法等错误。

 延伸阅读：

典型逻辑推理题解析

逻辑推理题考查的是应试者对各种信息的理解、判断、分析、综合、推理及类比等日常逻辑思维能力，即使不具备逻辑专业知识，仍然可以有较强的日常逻辑思维能力，而只要具备并运用好这种能力，就能取得逻辑科目考试的好成绩。另外，笔试前应试者应该有意识去训练自己的解题思路。

一、语言推理题

语言推理也叫演绎推理，这种题型考查应试者的逻辑推理能力，每道题中给出一段陈述，这段陈述被假定是正确的，要求考生根据这段陈述，选择一个备选答案。正确的答案应与所给的陈述相符合，不需要任何附加说明即可从陈述中直接推出。语言推理是最常考的题型，也是行政能力测试中的固定题型。

[例1] 绿色壁垒是指一些国家和国际组织通过指定环境标准和法规，为保护生态环境、人类以及动植物生命安全与健康而直接或间接采取的各种限制或者禁止贸易的措施，它是能对进出口贸易产生影响的一种非关税贸易壁垒。根据上述定义，下列属于绿色壁垒行为的是：（　　）

A. 某大型连锁超市只销售通过绿色食品检验的进口农产品。

B. 一家纺织品进出口公司销往欧洲的10余吨棉纱，因检测出含有禁用的偶氮染料而停止出口。

C. 某公司向国外出口大蒜，因途中货轮上的温控设施出问题，部分大蒜到港后变质，结果所有大蒜被退回。

D. 一家工厂生产的木质卧室家具在美国市场的销量非常可观，但由于美国提高了木质卧室家具的关税，其出口量大受影响。

[解析] 答案为B，定义的关键词句是：① 主体为国家和国际组织；② 为保护生态、人类以及动植物生命安全与健康；③ 非关税贸易壁垒。A项不符合"绿色堡垒"的主体要求——国家和国际组织，应排除；"绿色壁垒"是非关税贸易壁垒，由此可排除D项；C项停止出口是因为产品变质，也不属于②的范畴；只有B项符合定义的各项要求，故选B。

[例2] 附加值是附加价值的简称,是在产品原有价值的基础上,通过生产过程中的有效劳动新创造的价值,即附加在原有产品价值上的新价值。根据上述定义,以下行动提高了产品附加值的是:(　　)

A. 某明星为娱乐活动优胜者的奖品签名。
B. 雨天商贩以高于市场价的价格在景区内销售雨具。
C. 某生产饮料的厂家将产品由过去的罐装变为塑料包装。
D. 个体商贩请人在白色T恤上画上各种漂亮的图案后出售。

[解析] 答案为D。定义的关键词句是:①通过有效劳动;②在原有价值上创造新价值。A项明星的签名没有通过有效劳动创造新价值;B项雨伞也没有产生新的价值;C项置换了包装,不是在原有价值上的新价值;D项通过有效劳动在原有价值上创造了新价值,故选D。

二、解难推理题

解难推理题也叫分析推理题,通常会给笔试者很多选择,造成一个复杂混乱的局面,考查笔试者对现有条件的推理和分析并通过推理解决问题的能力。推论过程其实不难,但是需要笔试者具备足够的细心和耐心,解这类题就像拼图一样,要把每个图片安排到适当的位置。这类题型是宝洁、强生、通用、长安福特等企业招聘的笔试题。

[例1] S先生、P先生、Q先生,他们知道桌子的抽屉里有16张扑克牌:红桃A、Q、4,黑桃J、8、4、2、7、3,草花K、Q、5、4、6,方块A、5。约翰教授从这16张牌中挑选出一张来,并把这张牌的点数告诉P先生,把这张牌的花色告诉Q先生。这时约翰教授问P先生和Q先生:你们能从已知的点数或花色中推知这张牌是什么牌吗?

于是,S先生听到如下对话。

P先生:我不知道这张牌。
Q先生:我知道你不知道这张牌。
P先生:现在我知道这张牌了。
Q先生:我也知道了。

听罢以上的对话,S先生想了想,之后就正确地推出这张牌是什么牌。请问:这张牌是什么牌?

[解析] 由第一句话"P先生:我不知道这张牌"可知,此花色牌的点数只能包括A、Q、4、5,如果此牌只有一种花色,P先生知道这张牌的点数,P先生肯定知道这张牌。由第二句话"Q先生:我知道你不知道这张牌"可知,此花色牌的点数只能包括A、Q、4、5,符合此条件的只有红桃和方块。Q先生知道此牌的花色,只有红桃和方块花色包括A、Q、4、5,Q先生才能做此判断。由第三句话"P先生:现在我知道这张牌了"可知,P先生通过"Q先生:我知道你不知道这张牌"判断此花色为红桃和方块,P先生又知道这张牌的点

数，P先生便知道这张牌。据此，排除A，此牌可能是Q、4、5，如果此牌点数为A，P先生还是无法判断。由第四句话"Q先生：我也知道了"可知，花色只能是方块。如果是红桃，Q先生排除A后，还是无法判断是Q还是4。综上所述，这张牌是方块5。

[例2] 有个法院开庭审理一起盗窃案件，某地的A、B、C三人被押上法庭。负责审理这个案件的法官是这样想的：愿意提供真实情况的不可能是盗窃犯；与此相反，真正的盗窃犯为了掩盖罪行，是一定会编造口供的，因此，他得出了这样的结论：说真话的肯定不是盗窃犯，说假话的肯定就是盗窃犯。审判结果也证明了法官的这个想法是正确的。

审问开始了，法官先问A："你是怎样进行盗窃的？从实招来！"A回答了法官的问题："叽里咕噜，叽里咕噜……"，原来A讲的是某地方言，法官根本听不懂他讲的是什么意思。法官又问B和C："刚才A是怎样回答我的提问的？叽里咕噜，叽里咕噜，是什么意思？"B说："禀告法官，A的意思是说，他不是盗窃犯。"C说："禀告法官，A刚才已经招供了，他承认自己就是盗窃犯。"B和C说的话法官是能听懂的。听了B和C的话之后，这位法官马上就断定B无罪，C是盗窃犯。请问这位聪明的法官为什么能根据B和C的回答做出这样的判断？A是不是盗窃犯？

[解析] 不管A是不是盗窃犯，他都会说自己"不是盗窃犯"。如果A是盗窃犯，那么A是说假话的，这样他必然说自己"不是盗窃犯"，如果A不是盗窃犯，那么A是说真话的，这样他也必然说自己"不是盗窃犯"。在这种情况下，B如实地转述了A的话，所以B是说真话的，因此B不是盗窃犯。C有意错述了A的话，所以C说的是假话，因此C是盗窃犯。至于A是不是盗窃犯是不能确定的。

三、数学/编程推理题

数学/编程推理题是解难推理题的高级版本，不仅要笔试者理清给定条件中的诸多关系，还要结合数学或程序的算法加以求解。这类试题尤其在信息技术或通讯类的企业笔试中比较多见。

[例1] 有一种体育竞赛共含M个项目，有运动员A、B、C参加。在每一个项目中，第一、第二、第三分别得X、Y、Z分，其中X、Y、Z为正整数且$X>Y>Z$。最后A得22分，B与C均得9分，B在百米赛中取得第一。求M的值，并问在跳高中谁得第二名？

[解析] 因为A、B、C得分共40分，前三名得分都为正整数且不等，所以前三名得分之和最少为6分，$40=5\times8=2\times20=1\times40$，不难得出项目数只能是5，即$M=5$。A得分为22分，共5项，所以每一项第一名得分只能是5，故A应得4个第一名、1个第二名。$22=5\times4+2$，第二名得2分，又B百米得

第一,所以 A 只能得百米第二。B 的 5 项共 9 分,其中百米第一 5 分,其他 4 项全是 1 分,9＝5＋1＋1＋1＋1,即 B 除百米第一外全是第三,跳高第二必定是 C。

四、智力推理题

智力推理题可以说是变相的智商题,给出一个乍看无解的问题,条件通常比较少,要应试者自己找出对应关系,考虑诸多因素,通过创造性思维将问题解决。这类题是推理题中难度最高的,要笔试者进行深入分析和自我梳理,即通过发散性思维进行假设再推理,考查的是应试者解决问题的创新性思维和逻辑分析能力。

[例 1] 开关控制灯问题,在房里有三盏灯,房外有三个开关,在房外看不见房里的情况下,你只能进门一次,你用什么方法来区别哪个开关控制哪一盏灯?

[解析] 首先在房外随便打开一个开关,过一段时间将刚才打开的开关关闭,再从另外的两个开关中任意打开一个。与此同时进入房间,摸摸灯泡,最烫的应该就是第一次打开的开关所控制的,现在正在亮着的灯泡应该就是第二次打开的开关控制的,剩下的一个灯泡就是没动过的那个开关控制的。

[例 2] 烧香确定时间问题,有两根均匀分布的香,每根烧完的时间是一个小时,你能用什么办法来确定一段 45 分钟的时间?

[解析] 将两根香同时点燃,A 香只点一头,B 香两头同时点。B 香烧完的时候是半小时。将 A 香剩下的部位也同时点燃两头,烧完的时间是 15 分钟,合计 45 分钟。

第二节 面试的类型

面试即当面测试,是用人单位对应聘者进行选拔而采取的诸多方式中的一种。在整个求职过程中,面试无疑是最具有决定意义的一环。同时,面试也是求职者全面展示自身素质、能力、品质的大好机会。面试发挥出色,可以弥补先前笔试或者其他条件如学历、专业上的一些不足。在应聘的几个环节中,面试也是难度最大的,尤其是对应届毕业生来说,由于缺乏经验,面试常常成为一道难过的坎儿,有很多毕业生顺利通过了简历关、笔试关,最后却在面试中铩羽而归,因此要重视学习面试的基本知识,面试的类型是每个面试者应该了解的知识。

一、电话视频面试与现场面试

根据面试使用的载体不同,可以分为电话面试、视频面试与现场面试。

(一)电话面试

电话面试是面试官通过电话对求职者进行提问的面试,电话面试一般是笔试之后、现场面试之前采用的面试手段,往往针对某些问题做进一步的了解。多数企业在简历中筛选出合适的求职者之后通常会采用打电话的形式进行首轮面试,从而进一步了解求职者的实际情况。电话面试的时间一般控制在10—30分钟,通过常规问题的询问或让求职者自我介绍来核实求职者的相关背景与语言表达能力,据此判断求职者是否拥有招聘职位所要求的素质和能力。电话面试前,用人单位一般会通知面试的时间,面试过程中需要注意以下事项。

1. 保持冷静,化解紧张

在接到面试电话时,求职者或许正在上课,或许正在乘坐地铁,在这种没有任何准备的情况下,首先不能慌张,应尽快冷静下来,然后用友好的声音告诉招聘人员:"×先生/女士,非常感谢您打电话过来。如果您不介意,能否5分钟之后再打给我?我换一个安静的地方。或者我5分钟之内给您回拨过去?"一般情况下,招聘人员会同意几分钟后再打过来,这样求职者就可以有一个较短时间的准备。如果确实不方便接电话,一定要跟招聘人员说清楚,稍后回拨,确认面试事宜。在电话面试过程中,感到紧张是很自然的,但是要试着让自己慢慢放松,由于招聘人员可以通过电话面试来判断求职者的表达能力,所以一定要控制好自己的情绪,这样在说话时才不会乱了方寸。

2. 注意语速,适时沟通

在电话面试中声音很重要,不要过于平淡地、机械地背诵已准备好的内容。在回答问题时语速不要太快,音量可以适当地放大,因为一般电话里的声音是比较小的,发音吐字要清晰,表述要尽量简洁。如果没有听清楚问题或者没有理解问题,正确的做法是有礼貌地请招聘人员复述问题,不要不懂装懂,以免答非所问。

3. 面试过程中记录重要信息

如果条件允许,求职者应该在电话面试前准备好笔和纸,面试时一边听招聘人员的说明和提问,一边记录重要的信息,包括公司名称、招聘人员的姓名、面试问题的要点及进一步的面试安排等。

4. 注意电话礼节

在整个面试过程中要注意打电话的礼节,这些也可能是招聘人员考核的细节。接电话的时候应该先说"您好",不能仅说"喂",在电话面试过程中,要对招聘人员表示尊重，最后在结束电话面试前，一定要对他的工作表示感谢，以显示自己的职业修养。

5. 把握向招聘人员提问的机会

招聘人员在电话面试的最后阶段，可能会给求职者提问的机会和时间，这个时候一定要把握好最后的自我展示机会。求职者可以事先准备好问题，如果事先没有准备，可以询问招聘人员何时能得到进一步的通知。

（二）视频面试

视频面试是面试官与求职者利用计算机，通过视频、摄像头和耳机进行即时沟通交流的招聘形式。由于之前受疫情影响及面试成本的考虑，视频面试的运用越来越广泛，视频面试也需要求职者进行充分的准备。

1. 硬件的准备

面试前需要做好硬件的准备，首先要准备一台随时有电、关键时刻能顶上的手机、电脑，下载好相应的线上面试软件，如腾讯会议、QQ、微信等，提前做好测试。其次要准备一个适合面试的房间，安静、整洁都是必不可少的。最后，面试的个人形象也非常重要，洗头、刮胡子、化淡妆，一身比较正式的着装，既能体现你的精神状态，也能体现你对这场面试最大的诚意。

2. 软件的准备

当迎来面试高峰期时，你可能记不清楚最近投了什么岗位，不知道对方是哪家企业的面试官，所以一份面试安排表十分重要。大家可以把自己接到的面试邀约，按照时间顺序依次记录，随时更新。记录表要包括这几个内容：面试时间、面试平台/软件、应聘公司和岗位，以及岗位的基本职责要求等。

3. 肢体语言的控制

视频面试不同于电话面试，面试者的肢体语言是能够被面试官看到的，因而要注意肢体语言的控制。首先注意眼神的控制，在面试时，建议大家将主画面设置为面试官而不是自己，无论是倾听还是回答的时候，不能一直盯着屏幕里的画面看，眼神都应该适当正视摄像头，让对方有一种面谈的感觉，千万不能东张西望。其次是语言的控制，回答问题时声音洪亮，放慢语速，注意抑扬顿挫；面试的时候，先倾听，后确认，再作答；千万不要轻易打断别人说话，一定要等对方话语结束后，再进行回答或提问。最后是表情的控制，保持微笑，一些适当的手势也是自信的一种体现，另外适当地点头赞同对方，找到适合自己视频说话的语调和语速，这些将会减少与面试官的距离感。

（三）现场面试

现场面试是最常见的面试形式，是面试者与面试官在现场面对面的面试形式，其中比较常见的有结构化面试、情景模拟面试、无领导小组讨论等多种形式，这些面试形式我们在后面的内容将重点讲解。

二、结构化面试与非结构化面试

根据面试的结构化（标准化）程度，面试可以分为结构化面试、半结构化面试和非结构化面试三种。

结构化面试中，面试题目、面试实施程序、面试评价、考官构成等方面都按照统一明确的规范进行。半结构化面试只对面试的部分因素有统一要求，如规定有统一的程序和评价标准，但面试题目可以根据面试对象而随意变化。非结构化面试是对与面试有关的因素不做任何限定的面试，也就是通常没有任何规范的随意性面试。

正规的面试一般都是结构化面试，公务员录用面试即为结构化面试。所谓结构化，包括三个方面的含义：一是面试过程把握（面试程序）的结构化，在面试的起始阶段、核心阶段、收尾阶段，面试官要做些什么、注意些什么、要达到什么目的，事前都会进行策划。二是面试试题的结构化，在面试过程中，面试官要考查应聘者哪些方面的素质，围绕这些考查角度主要提哪些问题，在什么时候提出、怎样提，在面试前都会做好准备。三是面试结果评判的结构化，从哪些角度来评判应聘者的面试表现，等级如何区分，甚至如何打分等，在面试前都会有相应的规定，并在众考官之间统一尺度。

在非结构化面试的条件下，面试的组织非常随意，关于面试过程的把握、面试中要提出的问题、面试的评分角度与面试结果的处理办法等，面试官事前都没有精心准备与系统设计。非结构化面试类似于人们日常的非正式交谈，除非面试考官的个人素质极高，否则很难保证非结构化面试的效果。目前非结构化面试越来越少。

三、单独面试与集体面试

根据面试对象的多少，面试可分为单独面试和集体面试。所谓单独面试，是指面试官单独与应聘者进行面谈，这是最普遍最基本的一种面试方式。单独面试的优点是能提供一个面对面的机会，让面试双方较深入地交流。单独面试又有两种类型：一是只有一个面试官负责整个面试过程，这种面试大多在较小规模的单位采用；二是由多位面试官参加整个面试过程，但每次均只与一位应聘者交谈，公务员面试大多属于这种形式。

集体面试又叫小组面试，指多位应聘者同时面对面试官进行面试。在集体面试中，通常要求应聘者进行小组讨论，相互协作解决某一问题，或者让应聘者轮流担任领导主持会议、发表演说等。这种面试方法主要用于考查应聘者的人际沟通能力、洞察与把握环境的能力及领导能力等。无领导小组讨论是最常见的一种集体面试法，在不指定召集人、面试官也不直接参与的情况下，应聘者自由讨论面试官给定的讨论题目，这一题目一般取自拟任工作岗位的专业需要或是现实生活中的热点问题，具有很强的岗位特殊性、情景逼真性和典型性。讨论中众考官坐于离应聘者有一定距离的地方，不参加提问或讨论，通过观察、倾听为应聘者进行评分。

四、压力式面试与非压力式面试

根据面试目的的不同，可以将面试分为压力式面试和非压力式面试。压力式面试是将应聘者置于人为的紧张气氛中，让应聘者接受诸如挑衅性的、非议性的、刁难性的刺激，以考查其应变能力、压力承受能力和情绪稳定性等。典型的压力式面试是以考官穷追不舍的方式连续就某事向应聘者发问，而且问题刁钻棘手，甚至逼得应聘者难以应付，考官以此种"压力发问"的方式逼迫应聘者充分表现出其对待难题的机智灵活性、应变能力、思考判断能力、气质性格和修养等方面的素质。非压力式面试是在没有压力的情景下考查应聘者有关方面的素质。

五、一次性面试与分阶段面试

根据面试的进程来分，可以将面试分为一次性面试和分阶段面试。所谓一次性面试，是指用人单位对应聘者的面试集中于一次进行，在一次性面试中，面试考官的阵容一般都比较"强大"，通常由用人单位人事部门负责人、业务部门负责人以及人事测评专家组成。在一次面试情况下，应聘者是否能面试过关，是否被最终录用，就取决于这次面试表现。对于这类面试，应聘者必须认真准备，全力以赴。

分阶段面试又可分为两种类型，一种叫依序面试，一种叫逐步面试。

依序面试一般分为初试、复试与综合评定三步，初试的目的在于从众多应聘者中筛选出较好的人选，初试一般由用人单位的人事部门主持，主要考查应聘者的仪表风度、工作态度、上进心、进取精神等，将明显不合格者予以淘汰。初试合格者则进入复试，复试一般由用人部门主管主持，以考查应聘者的专业知识和业务技能为主，衡量应聘者是否适合拟任工作岗位。复试结束后，再由人事部门会同用人部门综合评定每位应聘者的成绩，确定最终合格人选。

逐步面试一般是由用人单位的主管领导、部门主管及一般工作人员组成面试小组，按照小组成员的层次和由低到高的顺序，依次对应聘者进行面试。面试的内容依层次各有侧重，低层一般以考查专业及业务知识为主，中层以考查能力为主，高层则实施全面考查与最终把关。实行逐层淘汰筛选，越来越严，应聘者要对各层面试的要求做到心中有数，力争在每个层次均留下好印象，在低层次面试时，不可轻视大意，不可骄傲马虎，在面对高层次面试时，也不必胆怯拘谨。

六、常规面试、情景面试与综合性面试

根据面试内容设计的重点不同，可将面试分为常规面试、情景面试和综合性面试等。所谓常规面试，就是我们日常见到的，面试官和应聘者面对面以问答形式为主的面试，在这种面试条件下，面试官处于积极主动的位置，应聘者一般是被动应答的姿态。面试官提出问题，应聘者根据面试官的提问作出回答，展示自己的知识、能力和经验，面试

官根据应聘者对问题的回答及应聘者的仪表仪态、身体语言、在面试过程中的情绪反应等对应聘者的综合素质状况做出评价。

在情景面试中，突破了常规面试考官和应聘者一问一答的模式，引入了无领导小组讨论、公文处理、角色扮演、演讲、答辩、案例分析等人员甄选中的情景模拟方法。情景面试是面试形式发展的新趋势，在这种面试形式下，面试的具体方法灵活多样，面试的模拟性、逼真性强，应聘者的才华能得到更充分、更全面的展现，面试官对应聘者的素质也能做出更全面、更深入、更准确的评价。

综合性面试兼有前两种面试的特点，而且是结构化的，内容主要集中在与工作职位相关的知识技能和其他素质上。

延伸阅读：

面试考核的内容

因为考官不同、职位不同、时间不同、地区不同，针对应聘者的测评内容并非完全一样，而且偏重的方面也不同，但是面试测评的基本内容是通用的，主要包括以下几个方面。

1. 仪表、气质与精神状态的考核，主要观察求职者的体形、外貌、气色、衣着举止、精神状态等，推测应聘者是否具备应聘岗位所需的形象与气质。像教师、公关、导游、公务员等职位，对仪容仪表的要求较高。建议着正装，要做到仪表端庄、衣着整洁、举止文明；注意提前准备与考前休息，以最佳的精神状态进入考场；面试过程要保持微笑、自信、睿智的状态。

2. 核实求职动机与职业规划，了解应聘者的求职动机与职业规划，判断职位是否满足求职者的要求与期望，判断求职者的职业规划与公司发展是否契合，判断求职者的职业稳定性。建议求职者在面试前认真确认。面试常见的问题有如下这些。

(1) 你为什么离开上一家公司，你对上家公司（或领导）如何评价？

(2) 从你的简历来看，你是工作几年后才考研的，你入职后还会不会辞职考博？

(3) 你学的是财务管理专业，怎么会考虑到我们公司来应聘培训师助理的岗位？

(4) 你为什么会选择我们公司？为什么选择这个岗位？

(5) 你择业考虑的主要因素是什么？

(6) 你有什么样的职业规划？

(7) 你想过创业吗？

3. 了解求职者的基本情况，了解求职者的兴趣、特质、价值观、态度、经历、家庭情况等，考核求职者的自我认知，推断你的为人与职业素养。建议坦诚面对，如实回答，常见的问题有如下这些。

(1) 你有什么样的兴趣爱好？

(2) 说说你身边朋友对你的评价？

(3) 说一下你身上最大的缺点？

(4) 你最崇拜的人是谁？

(5) 说一下你的一次失败经历？

(6) 说说你的家庭情况？

(7) 如何评价你的大学生活？

(8) 谈谈你对期望薪资的要求？

(9) 你能够接受加班吗？

(10) 假如我们聘用了你，在开会的时候与主管意见不合吵了起来，你该怎么办？

(11) 你希望与什么样的主管共事？

4. 考核岗位业务能力，考核与岗位业务相关的能力，包括专业知识与专业技能，包括口头表达能力、应变能力、人际交往能力、自我控制能力、情绪稳定性及综合分析能力等。建议对专业知识、专业技能全面回顾，对企业文化、岗位职责与工作内容有一个大概的了解，常见的问题有如下这些。

(1) 用三个关键词来描述你的专业/请谈谈你对专业的理解？

(2) 作为应届毕业生，你如何能胜任这份工作？

(3) 谈谈你在上家公司（或实习）的经历？

(4) 对于这份工作，有哪些可以预见的困难？

(5) 假如你被录用，你将如何开展工作？

(6) 我们为什么要聘用你？你能为我们做什么？

5. 面试者在面试即将结束时的提问，考核面试者的关注点。建议提前准备，不要问一些行业的常识问题、在企业网站可以找到答案的问题，也不要轻易询问薪酬待遇问题，多问一些与企业发展、岗位要求相关的问题，常见的问题有如下这些。

(1) 公司对员工有什么样的期待？

(2) 怎么描述这个职位一天的工作？

(3) 这个职位一年典型的任务是什么？

(4) 我将会与哪些人一起工作？公司在这个岗位上最厉害的是谁，有什么样的业绩？

(5) 这份工作最大的挑战是什么？

(6) 如果我有幸被录取，我会得到什么样的培训？

(7) 这个职位有什么样的发展前景？

(8) 目前公司最大的挑战是什么？

(9) 公司最大的机会是什么？在哪里？

(10) 我从公司的网站上了解到……您能否再跟我详细谈谈这方面的情况？

(11) 后续安排与反馈周期是怎样的？

第三节 面试准备

要得到任何一个职位，都要通过面试这一关，短短十几分钟的面试很有可能改变一个人的职业生涯。工欲善其事，必先利其器，如果想要成功，就必须在事前做好充分的准备，成功总是眷顾那些有准备的人，面试也是如此。

一、资料准备

面试在求职过程中至关重要，因而要做好各方面的准备，确保万无一失，其中就包括资料准备。

（一）确定 3W

面试前需要对面试过程进行设想，明确 when（时间）、where（地点）、who（联系人）三要素。一般情况下，招聘单位会采取电话通知的方式，这时一定要仔细听，明确三要素，万一没听清楚，赶紧问。对于一些大公司，最好记住联系人，不要以为只有人事部负责招聘，在大公司里有时人事部根本不参与面试，只是到最后才介入，办理录用手续。关于地点，要提前查找交通路线，以免面试迟到。接到面试通知后，应该看面试地点的位置，并标出交通路线，要搞清楚究竟在何处转换车，应留出充裕的时间去换乘，可能出现耗时的意外情况都应考虑在内。

（二）应聘单位资料准备

面试官提问的出发点往往与招聘单位有关，因此面试前应尽可能多了解一些招聘单位的情况，无论申请什么性质的工作，对应聘单位的情况了解得越多，对面试成功越有利。面试之前，毕业生一定要广泛收集面试单位和应聘岗位各方面的资料和信息，即便"临场发挥"也会是相当精彩和出色的。

1. 了解面试单位所在行业情况

面试官通常喜欢有行业经验的人或对行业有所了解的人，这样的人才能更好地适应岗位，在短时间内就能做出成绩。因此，毕业生在面试之前一定要想办法了解面试单位所在行业的情况，主要包括行业特点、行业走向、近一年行业竞争的情况以及有关信息等。总之，对行业的情况了解得越多越好，这样面试时才能与面试官有更多的话题交流，求职者给面试官的良好感觉是取得面试成功的重要条件之一。如果毕业生对面试单位所在行业的情况不十分清楚，在面试过程中与面试官的沟通就会显得被动，感觉枯燥乏味。

2. 了解面试单位情况

毕业生面试前最好通过网络、咨询等方式，掌握用人单位的性质、背景等基本情况，如从业时间、发展历史、企业文化、主要产品和服务对象等，这样做的目的只有一个，就是让面试官感觉求职者是经过认真研究本单位的情况后才来面试的，求职是有诚意的，是经过认真考虑，不是随便选择的。如果应聘者对企业情况比较了解，在面试中就会赢得面试官的印象分，为面试成功打下一个良好的基础。

3. 了解应聘岗位情况

毕业生对所应聘岗位情况的了解和准备，是整个准备活动的重中之重。求职者最终应聘的是具体的岗位，所以岗位的情况决定一切，主要应了解应聘岗位的工作内容、业务管辖范围、岗位要求的基本条件、达到岗位要求应具备的素质等。只有清楚地了解岗位的要求，才能将自己个人的能力紧紧靠近应聘岗位，求职者的能力越靠近应聘岗位的目标，面试就越容易成功。同时，还应该通过熟人、朋友或有关部门了解当天进行面试的考官的情况以及面试的方式、过程和时间安排等，搜索尽可能多的材料。但是更多的时候很难知道面试官的情况，有些面试中关于考官的情况是保密的，那么就应该了解大多数面试官不喜欢什么样的应聘者，在面试时要尽量避免成为那样的应聘者。

（三）个人自荐材料准备

在面试前应提前做好自荐材料的准备工作，包括简历、证书等推荐佐证材料以及纸笔等记录工具。

1. 带上一份简历

一般来说，收简历的人和面试的人往往不是一个人，另外参加面试的人很多，简历容易混淆，面试官也有时候会问你要简历，倒不是因为他没有，他可能是想要看你办事情是否细心周到，是否是有备而来。有的单位面试前会让求职者当场填写应聘表格，需要填写的内容很多，如果你有一份简历在手，填起来也会更快、更完善。

2. 准备少而精的证书

大学生参加面试一定要带上学生证、就业推荐表、就业协议书、各种证书及成果的原件和复印件等，准备证书时并不是越多越好，而是越精越好，最好带上与应聘岗位相关的证书与复印件，如果有岗位要求的资格证书则更好。证书的复印件最好带两套以上，以备需要。

3. 准备随手记录所需的便签本及笔

面试时往往需要记录一些必要的信息，有时候是你回答面试问题时的备忘录，有时候是双方面谈内容的重点摘录，有时还可能是双方互留的联系方式。不管是什么，如果你能够随身带上便签本和笔,它们对你的面试肯定有所帮助。需要强调的是,所有的材料尽量能够整理好,装到文件包里,曾经有一家公司面试时,先让应聘者填写应聘表,凡是没带笔的应聘者面试前一律被淘汰,公司给出的解释是没带笔的面试者不够重视这次面试,也间接反映出做事的责任心与态度。

二、心理准备

小案例:

日本松下电器公司曾发生过一起耐人寻味并富有戏剧性的招聘事件,有一次松下电器公司计划招聘10名基层管理人员,报名竞争者达数百人。经过严格的笔试和面试之后,用计算机计分评选出前10名优胜者,当公司总裁松下幸之助对录用人员名单进行逐个审阅时,发现有一个在面试中给他留下深刻印象的年轻人未在这10人之列,松下当即令人复查,结果发现这位年轻人总分名列第二,只因计算机出了差错把分数和名次排错了。松下立即派人给这位年轻人寄发录用通知书,第二天下属报告给松下一个令人震惊的消息,那位年轻人因未被录取而跳楼自杀了。松下闻讯沉默了许久,这时一位助手忍不住说"真可惜,这么一位有才干的青年,公司没有录用",松下沉重地摇摇头,"不,幸亏公司没有录用他,意志如此脆弱、心态如此糟糕的人是难成大业的。"

点评: 心理准备实际上是对自己成熟与否的检验,一个成熟的人应该有足够的毅力面对挫折,有足够的勇气迎接挑战。有了这些心理准备,当你走到面试官面前的时候就能临阵不乱,应对自如。面试就像是一场考试,在测试每个人的能力,也在测试每个人的心理素质和临场发挥。

(一)切忌苛求完美

绝对的完美主义者即意味着永远的自我否定者,因为他们永远都在苛求,难以真正完成一个目标,绝对的完美主义者通常不分主次,会强迫自己在每一个细节上不必要地停留。面试前,完美主义者通常会给自己制造难以承受的心理压力,面试时,完美主义者会尽量地掩饰、遮盖自己的不足,却忘了面试的根本目的是全面而准确地展现自己的风采。心理学家研究指出,一个人的缺点通常越抹越黑,一个人的优点则是越擦越亮,所以面试时不必自怨自艾,不必妄自菲薄,多想想自己的优点和长处,也不必担心在面试官严厉的目光下暴露自己的缺点,成了一个蹩脚的完美主义者。

（二）表现不卑不亢

面试中最好不要让面试官明显地意识到你在试图讨好他，原因很简单，他不愿意为自己单位招录一个唯唯诺诺、毫无主见的人。面试中自卑的人过于敏感，容易陷入自己设定的社交紧张状态，容易否定自我，习惯性讨好别人，尤其是有权势的人。面试官倾向于选择自信的面试者，代表面试单位信任这样的面试者。

（三）可有适当的焦虑

绝大多数的面试者在面试前会出现应激性的焦虑，这是正常的也是必然的，面试者要学会以平常心接纳自己的焦虑。首先，应激焦虑是一种生理现象，人无法完全摆脱它，强制去摆脱它可能适得其反，形成恶性循环，越要摆脱越摆脱不了，甚至会更加焦虑。其次，适当的焦虑有利于应试者集中注意力，思维会更加敏捷。当然过度焦虑是不行的，可以通过心理调节来缓解。

三、形象准备

穿着打扮、外貌仪态会直接影响求职的成败，因为你的形象不仅代表你自己，而且入职后也代表入职的单位，因而形象特别重要。另外，求职者的形象准备也代表了此次求职的态度，任何单位都希望求职者全力以赴，以认真积极的生活态度来求职。作为大学毕业生不要在面试时疏于准备，自以为是、不修边幅，殊不知这些做法可能就是你失去机遇的原因。应聘者应根据其应聘单位的性质和要求认真做好形象上的准备，争取给面试官留下良好的第一印象。至于如何进行形象准备，我们将会在求职礼仪专门的章节进行论述。

四、问题准备

面试的企业不同、岗位不同，面试的问题也会不同，但是面试过程也不是任意的，它可能蕴含相同的主题，有些问题是共性的，而有些共性的问题是可以提前准备的。

（一）熟记你的简历和自我介绍的内容

面试之前一定要把自己简历里的内容记熟，因为简历中的内容是目前面试官对你的所有的了解，整个面试都可能围绕你简历上的内容展开。自我介绍往往是面试过程中必不可少的重要环节和内容，自我介绍的好坏将对整个面试过程产生重要的影响。一些求职者在做自我介绍时，由于准备不充分或方法不当败下阵来，或者心理紧张、全身发抖、语无伦次；或者漫无边际、夸夸其谈、浪费时间；或者三言两语匆匆带过等，从而失去了一次充分展示自我的宝贵机会。

小案例：

小梁在求职之初，屡试屡败。在某银行面试中他过于紧张，说话没有条理；在某集团面试中他没有说清楚为什么要加盟；在某部门的面试中，他没有回答好业余爱好是什么（他回答的是喜欢和朋友们喝酒聊天）。

在反思以前面试中的不当之处后，他不断总结教训，时刻告诫自己，在准备下一个面试时，除了专业知识的准备，还要做到事先以正常的口吻演练两分钟的简短自我介绍，对简历中每一方面的内容都要做到心中有数，对所应聘的公司要做到大致了解，并且一定要想"我为什么要来，我来了能做什么"这样的问题，面试时注意说话的语速和声调，以保证让面试官听清楚等。终于有一天，他参加了某保险公司的面试，在11位面试官面前神态自若，对答如流，有理有据，得到了面试官的一致好评。一个星期后，他被录用了。

（二）对可能遇到的问题进行准备

很多面试问题的考核点是非常清楚的，因而可以事先准备答题思路，这项准备有助于认清自己真正的想法，有助于在面试的现场清晰地表达自我。因此，要想在面试中轻松回答，就必须在面试前做充足的准备。尽管不同的用人单位和面试官所提的问题不同，但是大体提出什么问题有一定规律可循。

小案例：

某招聘现场某公司正对十余位求职者进行最后一轮面试，"你觉得自己有什么缺点？"面试官突然问一位姓李的求职者，"我工作过于投入，人家都说我是工作狂"李先生不加思考便脱口而出。面试官笑了笑"工作投入可是优点啊，你说说你的缺点吧"，李先生仍未察觉考官态度上的细微变化，颇为自得地喋喋不休"我是个急性子，为人古板，又好坚持原则，所以容易得罪人。另外，我还……"，面试官"嘿"了一声，脸色不悦，手一挥终止了问话。李先生的求职结果可想而知。

（三）准备向面试官提出的问题

一些负责招聘的人事主管指出，求职者应当提出问题，这样招聘者才能知道求职者的水准及其想了解的问题，在面试结尾的时候，面试官一般都会问你还有什么问题要问，这个时候千万不要放松。如果你回答"没有问题"，面试官就会觉得你对这个职位基本上没有兴趣，进而怀疑你的求职动机。如果你不能够提出一些有实质意义的问题，面试官会觉得你对这个岗位思考得不多，因此在面试前为了更好地配合面试官进行面试活动，给面试一个完美的收尾，准备2~3个问题是很有必要的。

1. 适合问的问题

求职者所提的问题，应该同所应聘的岗位有关，如果应聘的职位越高，提的问题也应该越有深度，反之求职者应聘的职位越低，所提的问题也就越简单。但是，要记住，你提问题是为了告诉他你非常渴望得到这份工作，已经思考了不少，同时希望了解更多，而不是为了难倒面试官，或者告诉面试官你多么聪明。因此，在这个时候，你的目标是"双赢"，提出一个既能让面试官对你有好感，同时面试官也很愿意回答你的问题。

问题应该集中在工作性质、工作内容或者面试官之前提及的内容，总之，争取以一个双方非常愉快的交谈来结束你的面试，对面试的双方都是一件很好的事情。下面是常见的比较适合问的一些问题，"我了解这个岗位的首要职责，但您能不能告诉我一下其他的要求？""您觉得作为新员工最容易碰到的问题和挫折是什么？""公司对员工的长期培训计划一般都有哪些内容呢？""公司对该职位人选的期望是什么？""公司对该职位的考核方式是怎样的？""公司的长远目标是什么？""员工应该怎样配合以达到目标？"

2. 不适合问的问题

薪资福利待遇无疑是求职者最关注的问题，但最好不要在这个环节直接问职位的薪水、社保公积金等细节问题，这会让面试官觉得你只关心待遇，不关心能为公司做些什么。另外，不问"好高骛远"的问题，如果你应聘一个销售代表的岗位，最好不要问"公司未来的上市规划"之类的问题。也最好不要问行业的常识问题或在公司网页上就能找到答案的问题，这样会让面试官觉得你根本没有做什么准备。

▲ 五、模拟面试准备

面试之前每个人都难免会紧张，特别是准备应聘心仪已久的单位时尤其如此。心理学家建议，在毕业找工作的那段时间里，大学生可以经常做面试模拟训练，尤其是面试前几天可以反复做，效果很好。对完全没有求职经验的应届毕业生来说，要使自己面试时具备用心聆听、反应敏捷、讲话有条理、回答问题言简意赅、举止从容不胆怯、热情有礼貌等素质，先进行多次模拟训练，就可以提高。通过对整个面试过程的想象，比如，面试时如何敲门，如何与面试官寒暄，如何镇定、自信地回答面试官的问题，如何表现良好的神态、风度、气质等，会使你在真正面试时对各种程序和需要注意的问题有心理准备，甚至胸有成竹。这样做一方面能减轻面试时的紧张感，另一方面积极的想象和暗示能帮助你自信地面对招聘单位，更好地表现出自己精彩的一面。

大学生平时也可以从以下方面多练习。

（1）多找机会高声朗读和背诵一些文章，或有意识地多在众人面前发表自己的意见等。

(2)利用视听工具录下自己说话的情形后重播,找出缺点,设法改进。

(3)模拟角色训练,毕业生在面试前甚至在校学习期间,就要在教师的指导或同学的帮助下利用一些时间和机会有意识、有计划地多参与模拟面试角色演练,只有通过多次模拟角色演练才能从中总结经验、找出不足、锻炼胆量,为今后参加正式面试活动打好基础。模拟角色训练可采取如下方式进行:以宿舍为单位利用课余时间轮流进行应聘角色模拟演练,以班级为单位举办模拟面试训练或比赛,以院系为单位或举办全校模拟面试大赛。

(4)主动争取面试机会,面试失败后细心检查整个面试的过程,认真寻找失败的原因,以达到从实践中吸取教训、增长经验的目的。

第四节 结构化面试技巧

结构化面试是最常见的面试形式之一,除了对它的一些基本知识有所了解外,还需要掌握一定的实战技巧。

一、倾听技巧

倾听是一种很重要的礼节,面试的实质就是面试官与应聘者进行信息交流从而获得全面评价的过程,形式上充分体现在"说"和"听"上。应聘者注意听显示对面试官的尊重,要回答面试官的问题也必须注意听,只有通过专心致志地听,才能抓住问题的实质,否则,就可能不得要领,答非所问。

(一)善于倾听

面试者在面试过程中要善于倾听,一些求职者在面试中总是表现得过于积极,当面试官提到一些非常熟悉、简单的话题时,没等面试官说完就打断面试官的话,断章取义地对面试官的话进行解读,这是不礼貌的行为,是对面试官的不尊重。只有通过认真倾听,面试者才能够把握面试问题的要点,才能与面试官建立良好的互动,才能让面试过程愉快、深入地进行下去。面试过程中要思考面试官所说的每一句话,善于从中发现隐含的意思。

(二)注意倾听的形态

面试过程中倾听的形态也非常重要,在听面试官提问的时候,要始终全神贯注,保持饱满的精神状态,专心地注视对方,以表明你对他的谈话感兴趣。首先,目光要专注,要有礼貌地注视面试面试官,并且要不时地与面试面试官进行眼神交流,视线范围大致在鼻子以下胸口以上,千万不要东张西望。其次,尽量微笑,适时爽朗的笑声可令气氛活跃,但绝不可开怀大笑,当然,微笑也是你自信的表现。最后,可以点头对面试官面试官的谈话做出反应，并适时说些简短而肯定对方的话语，如"对、可以、是的、不错"等。身体可以稍稍向前倾斜，手脚不要有太多的姿势，如果漫不经心、表情木然，则必然给面试官面试官不好的感觉。

（三）注意察言观色

面试过程中除了倾听面试面试官提问外，还要注意察言观色，从而做到知己知彼，有针对性地去应对。察言观色，要求细心、敏锐，能捕捉到有价值的信息，能解读和"破译"某些体态语的真实含义。首先要密切注意面试官面试官的面部表情，如果对方听了你的介绍双眉上扬、双目微张，则是惊奇、惊讶的表现，可能表明你就是他们理想的人选，有相识恨晚的感觉；如果对方听了你的介绍后皱眉，则表示不高兴，也可能表明你不是他们理想的求职者，这时你可以采取其他途径进一步努力。其次要注意面试面试官的目光，对方听你自我介绍时双目直视前方、旁若无人，则表明他是个高傲的人，你讲话时就要力争满足他的自尊心理；如果对方的眼睛眨个不停，则意味着他在表示怀疑，你要力争把问题解释清楚；如果对方白了你一眼，则表示他对你或你的某句话表示反感，这时你就要特别注意。总之，只要你认真观察就会通过某些细节来洞察面试官的心理活动。

二、语言技巧

准确、灵活、恰当的口语表达是面试的关键环节，如果你的各方面条件都不错，但由于表达能力差，不能将优点充分表达出来，面试官面试官可能会因为难以了解而不录用你。在同等条件下，谁的表达能力强、善于推销自己，谁就能在竞争中获胜。语言表达技巧有两个方面的要求：一是表达要清楚准确、通俗易懂，二是语音最好有一定的美感和吸引力，具体表现在以下几个方面。

（一）简明扼要

面试不同于平时交流，受时间和内容的限制，绝不可漫无边际地"侃"，需要简明扼要回答相关问题。简明扼要不只是话语多少的问题，而是用最少的话语传递尽可能多的信息。通常要注意三个问题：一要紧扣提问主题，二要克服重复啰唆，三要戒掉口头禅。

（二）通俗朴实

通俗朴实也是对应聘者语言风格的要求，即指应聘者的语言要通俗易懂、朴实无华。如果应聘者的言语不通俗、朴实，面试官面试官可能因听不懂而无法理解谈话的内容，进而影响对应聘者的了解和评价。回答问题时除了用到专业术语外，尽量做到通俗化与口语化，多用通俗词语，避免使用一些文绉绉、酸溜溜的书面语。同时，要质朴无华，如果片面追求语言的新奇华丽，过分雕琢，就会给人炫耀之嫌，必定会产生反感。语言贵在朴实自然、生动活泼，表达真情实意。

（三）幽默风趣

幽默风趣是语言较高层次的要求，幽默风趣的语言能够增强语言表现力，能够活跃面试气氛。面试交谈中避免使用枯燥、呆板的语言，尽量使自己的语言生动形象、富有感染力，给面试面试官留下深刻的语言印象。另外，在面试过程中如果出现让双方尴尬的局面，一句幽默风趣的话可能把不愉快的气氛冲淡，使谈话友好地继续下去。

（四）语速适当

面试时谈话的节奏也非常重要，现实生活中，你可能是个快言快语的人，也可能是个慢条斯理的人，但在面试中语速最好是不快不慢。一般来说，面试中的问答是平铺直叙的，如介绍自己的一些基本情况，谈谈对公司前景的看法等，在情绪上没必要慷慨激昂，在语速上也不必像朗诵诗歌那样抑扬顿挫，按照你平时回答老师提问的语速即可，口齿要清楚，说话时注意句与句之间的间隔、衔接，让人感到你思路清晰、沉着冷静即可。另外，面谈时还应注意语气平和、语调恰当、音量适中，语气是指说话的口气，语调则是指一句话的腔调，也就是语音的高低轻重配合，音量的大小要根据面试现场的情况而定。两人面谈且距离较近时，声音不宜过大，集体面试且场地开阔时，声音不宜过小，以使每个招聘者都能听清你的讲话为原则。

三、问答技巧

问答技巧包括应答技巧和提问技巧，面试中应聘者主要以回答面试面试官的提问来接受测评，同时也应主动提出一些问题，来显示应聘者的整体素质。

（一）应答技巧

应聘者在回答问题时要考虑自己所说内容的结构，用尽可能短的时间组织好说话的顺序。首先，回答问题可以采用"先提出基本观点，然后再逐一论证、解释"的结构，这样做既有利于应聘者自己组织材料，又可以给面试面试官一个思路清晰的好印象。其次，面试过程中要扬长避短、显示潜力，每个人都有自己的优势与不足，如何在有限的时间内充分体现你的优势、扬长避短是一种艺术，当然扬长避短不是弄虚作假，而是一种灵活技巧的体现。最后，可以选择性回答有些问题，如果遇到不便回答的问题，可以拒绝回答。一般情况下，面试面试官不应提出有关应聘者隐私或其他不便回答的问题，但有的面试官面试官出于某些工作需要或是出于其他原因，可能会对应聘者提出一些难以回答的问题。对于这样的问题，应聘者通常都不愿意回答，即使回答也是支支吾吾、含糊其词，这样会给面试面试官留下不良印象。与其这样，应聘者不如直截了当地说："对不起，我不太愿意回答这个问题。"这样反而给面试官面试官留下有主见、有原则的印象，当然一定要注意语气，不能让人产生生硬、冷漠之感。

（二）提问技巧

在面试过程中不全是面试官提问、应试者回答问题，有时也需要应试者主动提问，如何提问也有是有技巧的。首先，提的问题要恰当，不能提简单浅显的问题，不能提模棱两可、似是而非的问题，不要轻易提薪酬待遇的问题，多提一些与岗位发展相关的问题，因为这些问题彰显了应试者的兴趣、关注点与格局，提问本身就是一个考核点。其次，提出的问题要视面试官面试官的身份而定，面试前最好弄清面试官面试官的职务，要知道面试官面试官是一般工作人员还是负责人，是哪一级的负责人，提的问题不要让面试面试官无法回答面试官。如果你想了解求职单位共有多少人、职称结构、主要业务方面的问题，就不要向一般工作人员提问，而要向单位负责人提问。最后，要注意提问的方式、语气，有些问题可以直截了当地提出来，如单位人员结构、岗位设置等，有些问题则不可直截了当地提出，而要委婉、含蓄一点，如了解求职单位利润情况和自己应聘成功以后每月有多少收入之类的问题等。另外，在询问时，一定要注意语气，要给人一种诚挚、谦逊的感觉，千万不可用质问的语气向对方提问，这样会引起反感。

四、摆脱困境的技巧

应聘者在面试时往往由于过度紧张、长时间的沉默或一时讲错话使自己陷入困境，遇到这种情况，如果不能镇静应付，会影响自己整个面试的表现。特别是对于涉世之初的大学毕业生来说，在面试时出现这样那样的窘境、失误是不足为奇的，关键是处于尴尬境地时如何快速摆脱这样的处境，这就需要应聘者在面试时掌握如下几方面的技巧。

（一）打破沉默的应对技巧

有时面试官面试官故意保持长时间的沉默来考验应聘者的反应，遇到这种情况，许多应聘者因没有思想准备会不知所措。应对这种局面最好的办法是预先准备一些合适的话题或问题乘机提出来，或是顺着先前谈话的内容继续谈下去，以打破僵局。

（二）讲错话的应对技巧

人在紧张的场合最容易说错话，比如在称呼时把别人的职务甚至姓名张冠李戴，经验不足的应聘者碰到这种情形往往会心慌意乱、懊悔万分而显得越发紧张，最好的应对办法是保持冷静。如果说错的话无关紧要也没有得罪人，可以若无其事、专心继续面试交谈，切勿懊悔不已，通常面试面试官不会因为求职者一次小的失误而放弃合适的人才。如果说错的话比较严重，为防止误会，可以在合适的时间更正道歉。出错之后坦诚地纠正自己的错误说不定还会因此博得面试面试官的好感。

（三）遇到不会的问题的应对技巧

在面试中往往会遇到一些出其不意的问题，这时请不要掩盖，应当坦诚说"这个问题我不会回答"，千万不要支支吾吾、不懂装懂。不会就是不会，只要坦然地予以回答，反而能给人留下诚实、坦率的好印象，进而反败为胜。遇到一时难以回答的问题时，可设法延缓时间边想边回答，或者直截了当地提出"我需要想想再回答您"，然后快速考虑说什么、怎么说，花点时间考虑清楚再说不仅是正常现象，也是一种好的特质。

五、面试结束后的技巧

面试结束并不意味着求职过程已经结束，需要我们做一些收尾的工作。可以在面试后的一两天内给某个具体负责人写一封短信，在信里应该感谢他为你所花费的精力和时间，感谢他为你提供各种信息。如果一个星期内或者他们做决策所需的一段合理的时间内没有任何音讯，你可以给负责人打一个电话，问他"是否已经做出决定"，这个电话不仅表示出你对这份工作的兴趣和热情，而且还可以从他的口气中听出你是否有希望得到这份工作。如果在打听时觉察自己有希望被选中，但最后决定尚未做出，那你可以过一段时间后再打一次电话询问。打电话后可以给对方写一封邮件或者编辑一条短信，内容应该包括重申你的优点、你对应聘的职位仍然十分感兴趣、你能为公司的发展做出贡献、希望能早日收到公司的答复等信息。哪怕他们已经暗示你可能落选了，这样做不仅是出于礼貌，而且还可能使招聘者在公司出现另一个职位空缺时想到你，创造出一个潜在的求职机会。

小案例：

去年大学毕业后，小程进入了一家外资公司工作。说起来当初和小程一起进入面试的还有一个同学，但最终只有小程被录取了。

"一封电子邮件让我得到了一个工作机会"，小程这样分享经验说道。在面试过程中，小程和他的同学都给面试官留下了深刻印象，面试结束后他们都焦急地等待着结果。但两个星期过去了，他们始终没有接到通知，"即使没录取我，也该发一封邮件或打个电话说一下啊"，在抱怨中，小程的同学放弃了等待，转而寻找新的工作机会。同学的决定让小程产生了动摇，但思前想后还是有些不甘心，于是小程按照面试官名片上的邮箱地址发了一封邮件，在邮件中他感谢这家公司给了他面试的机会，也表示期待得到进一步通知。没想到第二天小程就接到了这家公司人力资源部的录取电话。

进入公司半年后，一次偶然的机会，小程问那位面试官（也是他现在的上司）："能告诉我您当初录用我的原因吗？"上司笑了："你很有实力，而且更重要的是在所有的求职者中，你是唯一一位写感谢信的人，虽然那封信来得有些迟。"

附：面试后的感谢信

尊敬的×先生：

感谢您昨天为我的面试花费的时间和精力，和您谈话感觉很愉快，并且了解到许多关于贵公司的情况，包括公司的历史、管理形式及公司的宗旨。正如面试过程中谈到过的，我的专业知识、经验和技能非常契合贵公司的要求，我也非常自信我的加入一定能给公司带来较大价值，面试结束后我还在公司、您本人和我之间发现了思想方法和管理方法上的许多共同点。我对贵公司前途十分有信心，希望有机会和您一起为公司的发展共同努力。

再一次感谢您，并希望有机会和您再谈。

××

×年×月×日

延伸阅读：

6-1　结构化面试中常见的问题

第五节　无领导小组讨论面试技巧

小组面试现在基本上采取的是无领导小组面试，即（LGD，leaderless group discussion），这是评价中心经常使用的一种测评技术。它采用情景模拟的方式对考生进行集体面试，运用松散群体讨论的行为快速诱发人们的特定行为，并通过对这些行为的定性描述、定量分析以及人际比较来判断被评价者的素质特征。无领导小组讨论通过给一组考生（一般是5~13人）一个问题，让考生们在一定时间内（一般是1小时），在既定背景下围绕问题展开讨论，得到一个小组成员一致认可的用于解决问题的决策方案。面试官全程不发言，默默观察记录考生的组织协调能力、口头表达能力、辩论说服能力、情绪稳定性、处理人际关系的技巧、非言语沟通能力（如面部表情、身体姿势、语调语速）等方面的能力，同时记录考生的素质和个性特点，观察其是否达到拟任岗位的相关要求，由此来综合评价考生之间的优劣。

在无领导小组讨论中，评价者不给考生指定特别的角色，也不指定每个考生应该坐在哪个位置，而是让所有考生自行排位、自行组织。评价者只是通过安排考生的活动，观察每个考生的表现，来对考生进行评价，这也是"无领导小组讨论"名称的由来。

一、无领导小组讨论面试程序

一般来说，当考生就一个话题展开讨论时，大致分为四个阶段。

1. 提纲准备阶段

这个阶段其实就是我们的思考时间，包括独立阅读、思考题目及背景材料、准备自己的观点、列出发言提纲等。根据题目的难易程度及材料的长短，此环节一般是5～10分钟，这一阶段主要是为下一阶段做准备。

2. 独立发言阶段

这个阶段主要是个人观点的陈述。在这个阶段，一般的规则是按照抽签顺序或自由安排发言次序进行发言，给每个人一次独立发言的机会，每个人的发言时间一般不得超过3～5分钟。

3. 自由讨论阶段

这是无领导小组讨论最核心的阶段，多为30～60分钟。在这个阶段，每个人都可以畅所欲言，发表自己的观点。至于如何发言、发言的次序等都是应试者自己的事情。既可以阐明自己的观点，也可以支持或反对他人的观点，或者对自己或他人的观点进行总结。讨论过程中，面试官不干预，只观察、记录考生的表现。

4. 总结陈词阶段

讨论时间一到，不论讨论到了哪一个阶段，考生都应立即停止讨论。考生自荐或推荐一名代表，汇报小组的讨论结果，大约5分钟的时间。

二、无领导小组讨论面试题型

无领导小组讨论的试题从形式上而言，可以分为以下五种：开放式问题、两难问题、多项选择问题、操作性问题、资源争夺式问题。

1. 开放式问题

开放式问题是无领导小组讨论面试中一种比较常见的类型，题目通常是开放式的，问题表述简洁，限定少。考生可充分展开思路，表达见解，主要考查考生思考问题时是否全面，是否有针对性，思路是否清晰，是否有新的观点和见解。开放式问题对于老师来说，容易出题，但是不容易对考生进行综合评价，因为此类问题不会产生很大的意见分歧，不太容易引起考生之间的争辩，所考查的能力范围较为有限。典型题型如"你认为什么样的领导是好领导？"

2. 两难问题

两难问题，是让应试者在两种互有利弊的答案中选择其中一种，主要考查应试者的分析能力、语言表达能力以及说服力等。这种题型的两个备选答案通常具有对等性，并不是其中一个答案比另一个答案有很明显的优势。考生无论选择哪个答案都不会错，但观点一定要具有说服力，这就对考生提出了很高的要求。而且，这种题型容易引发讨论，可使考生在模拟情景中展现出自己更加真实的能力和个性特征。典型题型如"你认为企业是战略先行还是文化先行？"

3. 多项选择问题

此类问题是让应试者在多种备选答案中选择其中有效的几种或对备选答案的重要性进行排序，主要考查应试者分析问题实质、抓住问题本质方面的能力。此类问题对于评价者来说，难点在于出题，但对于评价应试者各方面的能力和人格特点则比较有效。这类题型的复杂性较高，需要考生进行大量的思考分析，并要识记他人的答案并分析，对考生的逻辑思维能力、条理性与大局观提出较高的要求。

典型题型如下。

设想你们是科学考察队队员，原打算在原始森林进行科学考察，一个月返回。现在在考察中遇到地震与外界失去联系，只能靠大家自己想办法走出原始森林。在撤退过程中，你们必须挑选一些重要物品以便于你们撤出原始森林。

下面列了13种物品，为了确保安全撤离，你们这组人的任务就是按这些物品的重要性对它们进行重新排列，把第一重要的物品放在第一位，第二重要的物品放在第二位，依此类推，最不重要的物品放在最后。这些物品包括：（1）汽油打火机；（2）压缩饼干；（3）救生绳；（4）锋利的砍刀；（5）便携式取暖器；（6）小口径手枪；（7）一罐脱水牛奶；（8）两个100毫升的汽油瓶；（9）地图；（10）磁质指南针；（11）五加仑白酒；（12）急救箱；（13）太阳能发报机。

请大家讨论，每人用5分钟给出自己的排列顺序并说明理由。

4. 操作性问题

操作性问题是给考生提供特定的材料、工具或者道具，通过相互配合，设计出评价者要求的物品。主要考查考生的主动性、合作能力以及在一项实际操作任务中所充当的角色。此类题型要求情景模拟的程度要大一些，更多考查的是考生操作行为方面的能力，对言语方面的能力考查较少。同时，评价者要准备可能用到的所有材料。

典型题型如下。

给每个小组一个鸡蛋、一些吸管和胶带,请小组在 20 分钟时间内想出一个办法,利用这些资源,让鸡蛋从 2 米的高空掉下来而不碎。最后选出一个人来演示和总结,并请每一个人对自己刚才的表现做总结。操作要求:成功完成任务,尽量节约资源。

5. 资源争夺式问题

资源争夺式问题适用于指定角色的无领导小组讨论,是让处于同等地位的考生就有限的资源进行分配,从而考查考生的语言表达能力、问题分析能力、概括或总结能力、发言的积极性和反应的灵敏性等。此类问题可以引起考生的充分辩论,也有利于评价者对考生进行评价,但是对讨论题的要求较高,即讨论题本身必须具有角色地位的平等性和准备材料的充分性。

典型题型如下。

有一家专门负责上百个广告牌的公司,决定 6 月份要在城市商业区挂一个商业广告牌,如何决策定位挂哪个广告牌?(考生抽签决定自己所选的广告牌,可选广告牌如下。)

(1)环境保护方面的广告牌;
(2)为贫困儿童建希望小学的广告牌;
(3)远离毒品方面的广告牌;
(4)宣传城市方面的广告牌;
(5)青年志愿者方面的广告牌。

三、无领导小组讨论评分标准

1. 适用的评价标准

通常情况下,评价者根据以下 6 条标准来选拔人才。
(1)发言次数的多少、发言质量的高低、能否抓住问题的关键、能否提出合理的见解和方案。
(2)是否能在提出自己见解和方案的同时,支持或肯定别人的合理建议。
(3)能否倾听他人意见,并互相尊重,在别人发言的时候不强行插嘴。
(4)是否能够控制全局,消除紧张气氛;是否善于调解有争议的问题并说服他人,使每一个参加者都能积极思考,畅所欲言。
(5)是否具有良好的语言表达、分析问题、记录整理、概括或归纳总结不同方面意见的能力,是否具有宽容、真诚等良好的品质。
(6)反应的灵敏性、概括的准确性、发言的主动性。

2. 适用的测评能力分类

(1)考生在团队工作中与他人互动时表现出来的能力。主要有言语和非语言的沟通能力、说服能力、组织协调能力、合作能力、影响力、人际交往的意识与技能、团队精神等。

（2）考生在处理实际问题时的分析思维能力。主要包括理解能力、分析能力、综合能力、推理能力、想象能力、创新能力等。

（3）考生的个性特征。主要包括自信心、独立性、灵活性、创新性、情绪的稳定性等特点。

四、无领导小组讨论角色及选择

无领导小组讨论面试考查的范围非常广，通过没有标准答案的开放性问题考查面试者的知识储备以及逻辑思维能力和表达能力。无领导小组讨论的关键在于观点陈述，言之有理即可，在考场上除了要明确自己的角色定位，坚定自己的观点，还要善于吸收和借鉴别人的观点，最终引导整个无领导小组讨论的所有成员形成观点共识。

无领导小组讨论中常见的角色包括领导者、时间控制者、协调者、总结陈述者及其他成员等。

领导者主要负责主持无领导小组讨论的整体流程，必要时需要安排团队角色，引导成员进行讨论；始终确保小组讨论在主线上，掌控小组讨论的方向。承担领导者角色需要求职者领导力出众、逻辑思维严密、兼顾全局，能够建立起和谐、愉快的讨论氛围并带领大家朝正确的方向完成任务。

时间控制者主要负责推进任务在规定时间完成。在讨论前中后期，都要给出使用时间的建设性意见，如何能更好地利用时间，避免时间的浪费。承担时间控制者角色需要求职者具有坚定的意志、时间观念、快速记笔记能力。例如，对于思路不清晰、耗费时间的考生，要负责做好引导，敢于打断；对于长时间争执的观点，要给出化解的建议，推进讨论正常进行。

协调者的主要职责是当组内出现成员意见不一的情况，陷入争执局面时，及时调节气氛。领导者和时间控制者有时也可充当协调者。承担协调者角色需要求职者具备沟通协调能力、冷静思考能力和敏锐的观察能力。

总结陈述者的主要职责是在讨论时负责记录小组讨论结果，能够在短时间内把握小组讨论脉络，对讨论结果进行总结，做最终陈述。承担总结陈述者角色需要求职者的速记梳理信息能力强、有大局观；需要一定的逻辑思维能力；能够清晰、流畅、结构化地表达小组讨论的结果。

在无领导面试中，做好自我定位，选择符合自身性格和能力的角色。任何角色的扮演都是有风险的，如果扮演不好，就会极大地暴露自己的缺点。

延伸阅读：

6-2 无领导小组面试四环节

技能实训：

无领导小组讨论模拟面试

无领导小组讨论是常用的面试方式，大体分为四个阶段：第一，考生进行思考，列出自己的发言提纲，有一个初步的认识；第二，大家轮流阐述自己的观点，一般时间是 3 到 5 分钟，发言过程中，其他考生是不允许打断这个考生的；第三，在自由发言完毕之后，大家就开始交叉讨论，一方面是对自己的观点进行进一步的论述，另一方面也是对其他考生的观点进行反驳；第四，最后拿出一个小组的意见，由小组的成员对整个小组讨论进行总结和补充。

在课程中评价者可以通过分组，组织考生以小组为单位进行无领导小组讨论模拟演练。

1. 模拟演练阶段

1）读题与个人准备阶段

时间控制在 2 分钟，考生准备进入角色，评价者会向考生宣读指导语和试题。

指导语示例如下。

大家好！欢迎大家参加面试，本次面试是采取无领导小组讨论的方式，就一个主题展开讨论并在讨论结束后形成一致决议，派代表汇报小组讨论的结果。希望大家在讨论中就自己的看法积极发言，并观察小组其他同学在正常讨论中的表现。注意在讨论开始后，请不要再向面试官询问任何问题。讨论时间为 30 分钟。

2）自由发言阶段

时间控制在 10 分钟以内，每位考生一一发言，阐明各自的观点。发言的顺序可以是随机的，以保证每个人都有机会发言。

3）讨论辩驳阶段

时间控制在 30 分钟，当每位考生的个人发言结束后，讨论开始。这个阶段是最重要的阶段，考生必须充分展示自己的聪明才智。表现优秀的人往往在这个阶段脱颖而出，成为小组的核心人物。同时，大家的优点和缺点也一清二楚，尤其是人际沟通能力、决策能力、应变能力和组织领导能力将在这场讨论中充分展露出来。

4）总结阶段

时间控制在 3 分钟，讨论结束后，各小组需要有一位代表对所讨论的问题进行总结性的发言，可推荐也可自荐。

2. 点评分享阶段

请各小组推选出在刚才无领导小组讨论中表现最优秀的 2 名同学，并说明理由。同时，请同学分享自己在无领导小组讨论中的表现或感受。

3. 评价者总结阶段

根据无领导小组讨论中对考生讨论过程的观察情况,以及考生的分享与感受,评价者对无领导小组讨论的要点及注意事项进行总结。

技能实训:

自我介绍训练

1. 活动目的

了解自我介绍在面试中的重要性,做好充分准备;通过模拟训练,掌握自我介绍的技巧,提升面试的自信心。

2. 活动步骤及说明

(1) 请考生结合给出的招聘背景信息,分析自身优势。

(2) 给出 5 分钟,让考生整理发言思路。

(3) 请考生上台进行面试的自我介绍(有条件的话,可录像)。

(4) 让其他考生打分评价。

(5) 面试官点评总结。

(6) 考生反思与改进练习。

3. 自我介绍建议思路

面试环节中的自我介绍,重点是要告诉面试官你如何适合这个工作岗位,你具备什么样的个人特点、学历、培训经历、工作经历而能够满足企业的需要。

(1) 首先报出自己的姓名和身份,让对方认识你。

(2) 可以简单地介绍一下学历、工作经历等个人基本情况,让对方了解。接下来由个人基本情况自然地过渡到一两个自己学习或实习期间圆满完成的事件,以这一两个例子来形象、清楚地说明自己的经验与能力,突出自己的优点。例如,在学校担任学生干部时成功组织的活动,或者如何投入社会实践中利用自己的专长为社会公众服务,或者自己在专业上取得的重要成绩,以及出色的学术成就等。

(3) 要着重结合职业理想说明应聘这个职位的原因,让对方接受你。可以谈对应聘单位或职务的认识和了解,说明选择这个单位或职务的强烈愿望,还可以谈谈如果被录取,将怎样尽职尽责地工作,并不断根据需要完善和发展自己。

4. 自我介绍注意事项

(1) 眼神要坚毅、要敢于与人直视,不要飘,不要翻白眼或左顾右盼等。

(2) 微笑让人感觉愉悦,感觉自信而放松。

(3) 声音大而平稳,语速中等。普通话要标准,吐字要清晰,忌用方言。

(4) 避免情绪波动,以免产生负面影响。

(5) 开始与结束都注意个人礼貌和基本修养。

(6) 时间控制在 2~3 分钟为宜。

本章小结

笔试与面试是求职过程中最重要的环节，本章主要介绍了笔试与面试中五个方面的内容，其中笔试类型、面试类型是每个求职者需要掌握的最基础的内容，面试准备则更多体现在行动上，需要求职者认真准备，以期对求职成功有所帮助。结构化面试技巧与无领导小组讨论则是本章的重点与难点，需要大量的实践才能把握好，需要课后进行大量的阅读与练习。

课后思考

1. 如何进行笔试前的准备工作？
2. 面试前要做好哪些准备工作？
3. 如何应对面试问题？
4. 请以小组为单位与你的同学进行一次模拟面试，并交换心得体会。

就业行动

模拟面试

为增强求职意识，提高求职技能，提升就业竞争力，大学生可以以班级为单位自发组织模拟面试，邀请师兄、师姐或者老师当面试官，体验一下面试的氛围。通过模拟面试，掌握简历制作技巧、面试流程、面试礼仪等，以最佳的状态面对真正的面试。

组织形式：可以在教室里模拟企业招聘全过程。

准备事项：桌子和椅子、简历、着装、面试问题、其他道具。

活动内容：邀请师兄、师姐或者老师担任面试官，小组同学事先准备好自己的简历，依次应聘。面试过程中回答面试官提出的各种问题，结束后由面试官点评，其他同学也可以参与评议。

面试问题如下（仅供参考）。

1. 谈谈你自己（请介绍一下你自己）。
2. 对我们公司了解吗？为什么愿意应聘这个工作？
3. 请你用2分钟描述自己的优势和不足。
4. 说说你曾做过的最满意的一件事。
5. 你的适应能力如何？

6. 你周围的人是如何评价你的?
7. 你希望得到的薪酬是多少?
8. 你想找一份长期的还是临时的工作?
9. 五年内你给自己制定的目标是什么?
10. 你能为我们公司带来什么价值?

第七章 职场礼仪我知道

✎ 学习目标：

- 了解什么是礼仪、什么是求职礼仪，认识到求职礼仪的重要性；
- 掌握求职服饰礼仪的搭配原则，认识到求职礼仪的重要性；
- 能够运用求职服饰礼仪进行服饰搭配；
- 通过技能实训落实学习到的相关礼仪知识。

✎ 本章知识结构图

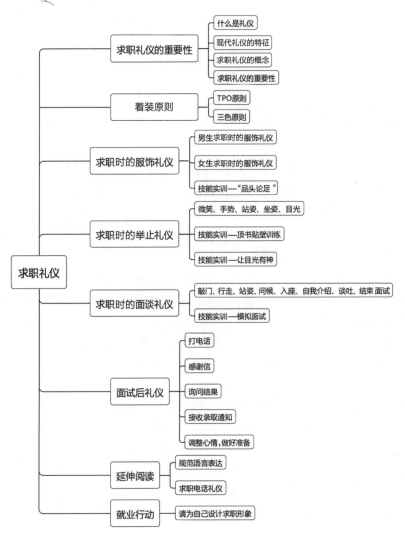

学习重点与难点

重点：

1. 求职礼仪的重要性；
2. 求职服饰礼仪的 TPO 原则、三色原则；
3. 求职举止礼仪、面谈礼仪。

难点：

求职礼仪的实际运用。

 情景导入

  小陈同学是商务英语专业的应届毕业生。今天，小陈又一次坐到了外企的面试桌前，这已经是第三次了。小陈的职业规划是进入一家外企工作，并最终通过自己的努力升到管理层。然而，前两次小陈面试失败了。第一次面试官告诉小陈，是他的外语能力不符合职位的需要，第二次却是因为一块表。第二次面试时，面试官在询问小陈一系列常规问题后，突然问小陈："陈先生，你没有戴手表的习惯吗？""没有，我觉得除非是名表，否则并不值得男人戴。""对不起，陈先生。你的观点我们不能赞同。手表是否名贵并不重要，它反映的是一个人的时间观念是否强烈。外企很看重一个人在这方面的素质。"

  结果可想而知，小陈被拒绝了。

  点评： 在日常生活中注重服饰打扮、言谈举止、气质风度、文明礼貌等，可以给他人留下很好的印象。大学生在求职过程中更要注重礼仪，因为礼仪可以反映出一个人的品德和修养。礼仪知识的缺乏或是对礼仪的不重视，导致应聘者求职失败的案例屡见不鲜。在求职中，一个仪表出众、懂得礼仪的人，更容易得到他人的赏识，获得更多的机会。

  "礼"这个字是什么意思呢？它是一种道德规范，是尊重。孔子说："礼者，敬人也。"在人际交往中，既要尊重别人，也要尊重自己，此即礼者敬人。尊重不能只是说说而已，它要求你善于表达，需要一定的表达形式；需要你会说话，且有眼色，懂得待人接物之道。在人际交往中我们不仅要有"礼"，还要有"仪"，"仪"就是恰到好处地向别人表示尊重的具体形式。

  毕业生求职是大学生生涯的重要一环，对于众多已经工作的人来说，重新求职、应聘也是屡见不鲜的。求职应聘，在很多情况下是求职者与招聘者最直接的沟通，并且要求这种沟通和谐、融洽，它关系到求职应聘的结果，与求职者自身的礼仪修养有着密切的关系，良好的礼仪对于应聘成功有十分重要的推动作用。

第一节 求职礼仪的重要性

一、什么是礼仪

《论语》中说"不学礼,无以立。"礼仪作为人类历史发展中形成的一种丰厚的文化,不仅是社会生活的要求,也是个人乃至民族文明程度的体现。我国自古就是一个讲究礼仪的国家,礼仪文化源远流长,素有"礼仪之邦"的美称。了解礼仪的起源,有利于认识礼仪的本质,自觉地按照礼仪的规范要求进行社交活动。礼仪的起源大致归纳为以下几种。

第一,礼仪起源于祭祀。东汉许慎的《说文解字》对"礼"字的解释是"履也,所以事神致福也。"意思是实践约定的事情,用来给神灵看,以求得赐福。"履"指祭祀时盛祭品的器皿,从"礼"字的繁体"禮"(见图 7-1)可以看出右边的"豊",象形字,像古人祭祀时用的祭器。古时祭祀活动不是随意进行的,它是严格按照一定的程序、一定的方式进行的。北京的"天坛""地坛"就是古代君王用来祭天祭地的场所。

图 7-1 "礼"的繁体

第二,礼仪起源于法庭的规定。在西方,"礼仪"一词源于法语的"étiquette",原意是"法庭上的通行证"。古代法国为了保证法庭中活动的秩序,将印有法庭纪律的说明文件发给进入法庭的每个人,作为遵守的规矩和行为准则。后来该词演化成英文"etiquette",演变为"礼仪"的含义,成为人们交往中遵循的规矩和准则。

第三,礼仪起源于风俗习惯。人是不能离开社会和群体的,人与人在长期的交往活动中,渐渐地产生了一些约定俗成的习惯,久而久之这些习惯成为人与人交往的规范,当这些交往习惯以文字的形式被记录并同时被人们自觉地遵守后,就逐渐成为人们交际交往的固定礼仪。例如,形成习惯的礼貌用语,初次见面,要说"久仰";许久不见,要说"久违";客人到来,要说"光临";等待客人,要说"恭候";探望别人,要说"拜访";起身作别,要说"告辞";中途先走,要说"失陪";请人勿送,要说"留步";请人批评,要说"指教";请人指点,要说"赐教";请人帮助,要说"劳驾";托人办事,要说"拜托";麻烦别人,要说"打扰";求人谅解,要说"包涵",等等。

什么是礼仪?礼仪是人们在社会交往中受历史传统、风俗习惯、宗教信仰、时代潮流等因素影响而形成的,为人们所认同且遵守的,以建立和谐关系为目的的各种符合人们交往要求的行为准则和规范的总和。简言之,就是人们在社会交往活动中所应共同遵守的行为规范和准则。

从个人修养的角度来看,礼仪可以说是一个人内在思想水平、文化修养及交际能力等的外在表现。

从交际的角度来看,礼仪可以说是人际交往中适用的一种艺术、一种交际方式或交际方法,是人际交往中约定俗成的表示尊重、友好的习惯做法。

从传播的角度来看,礼仪可以说是人际交往中进行相互沟通的技巧。

礼仪涉及穿着、交往、沟通、情商等相互交融于人际交往的各种礼仪活动中。

二、现代礼仪的特征

礼仪发展演变至今,成为现代交际礼仪,属于道德范畴。现代礼仪具有道德的一般特征,但作为道德的一个特殊方面,又有着自身的特征。

(一)规范性

人类社会的三大规范:道德、法律、礼仪。礼仪规范是约定俗成的,其对人们在交际场所具有一定的约束性,使人们自觉或不自觉地在遵守礼仪规范,人们也都在用礼仪规范来衡量和判断他人的行为,所以礼仪的规范性客观存在。

(二)共同性

所谓共同性即礼仪是全社会共同认可的、普遍遵守的准则。一般来说,礼仪代表一个国家、一个民族、一个地区的文化习俗特征。但我们也看到不少礼仪是全世界通用的,具有全人类的共同性。例如,问候、打招呼、各种庆典仪式等,大多是世界通用的。礼仪的共同性,主要源于共同的经济生活和文化生活。经济的共同性必然导致礼仪的变化。例如,现代社会经济节奏快、高效率,使现代礼仪向简洁、务实方向发展。

(三)传承性

礼仪的形成和完善,是历史发展的产物,任何国家的现代礼仪都是本国古代礼仪的继承和发展。礼仪经历不同的发展阶段,经过不同时期的演变,逐渐形成相对固定的内容,而且一旦形成,通常会世代相传。礼仪的传承性也是有选择性的继承,任何礼仪的形成与发展都是与时俱进的过程。

延伸阅读:

拱手礼

拱手礼又叫作揖、揖礼,是古代汉民族的相见礼,其历史非常悠久。拱手礼的正式称呼应该叫揖礼。在《仪礼》中,规定士与士之间交际礼仪的这一部分叫作相见礼,而揖礼就是相见礼之一。

虽然男女都可拱手行礼,但在结婚、节庆等喜庆场合,男子要左手压右手,女子右手压左手;而在丧礼等场合行拱手礼,则正好相反。《论语》中就有"子路拱而立"的记载,古人见面拱手作揖,一般在一米开外,保持一定距离,显得文雅庄重、有礼有度,中国古人以左为敬,所以行拱手礼时,左手在外,以左示人,表示真诚与尊敬。

拱手礼常见于华人社交场合或重大节日场合等。适用于平辈之间,如同事、朋友等,不可向长辈行拱手礼。按照传统礼仪,给长辈行礼,如拜年,应该用鞠躬或跪拜礼。同时,长辈可以对晚辈回拱手礼作答。

民间见面或约会朋友,拱手表示寒暄、打招呼、恭喜、告辞等。现代人行拱手礼沿袭了古人行礼的规范,行礼时,双腿站直,上身直立或微俯,两臂如抱鼓伸出,双手在胸前抱举或叠合,手型如拱,自上而下,或由内而外,有节奏地晃动两三下,并微笑着说出问候语。

(四)差异性

不同国家和民族,因历史和文化背景不同,其礼仪的表现形式和思想观念也各不相同。这种民族差异性使得不同国家、不同民族的礼仪文化各具特色、丰富多彩,如东方民族含蓄、深沉,西方文化的坦率、开放。东方人见面习惯拱手、鞠躬、握手,西方人见面习惯亲吻和拥抱。

(五)时代性

礼仪虽然有较强的相对独立性与稳定性,但它也毫不例外地随着时代的发展而发展变化,具有一定的时代性。同一国家、同一民族的礼仪文化在不同时代的发展过程中,都会被打上时代的烙印。例如,中国古代礼仪的"礼不下庶人",而现代礼仪则讲究礼仪面前人人平等。当然,各国的礼仪文化会因相互影响,而发生一定的变化。

三、求职礼仪的概念

求职礼仪是求职者在求职过程中应掌握的一系列交际规则。它通过求职者的应聘资料、语言、仪表、仪态举止、着装打扮等方面体现其内在的素质。

小案例:

小李毕业时投了几十份简历,其中获得了一家人力资源咨询公司的面试机会,这家公司的面试方式也比较与众不同,除了回答一些面试问题,还在电脑上做了3个小时的测评题,面试结束后,公司通知他在两天内等结果。小李因为之前有一年的人力资源工作经验,所以面试主管把他的名字列在了录取名单中,等待与老板研究后再做决定。第二天下午心情急切的小李打电话给公司说："录不录用我没关系,能不能把测评结果告诉我?"接电话的主管客气地说："测评结果仅作为公司选拔人才之用,不对个人公布。"结果小李又补充了一句："录不录取我没关系,这个测评我做了3个小时呢!我想要测评的结果。"主管放下电话后把小李从录用候选人名单中删除了。

从这个小案例中,也可以看到求职时的语言、行为举止和礼仪对于求职成功有着重要的影响。

四、求职礼仪的重要性

(一)大学生开展礼仪教育的必要性

大学生是知识层次较高的群体,是中国未来发展的栋梁,在道德水准上、礼仪修养上都应当有更高的要求。

1. 讲礼仪是社会主义精神文明建设的需要

讲文明、讲礼貌是人们精神文明程度的实际体现,普及和应用礼仪知识则是加强社会主义精神文明建设的需要。社交礼仪教育让大学生明白言谈举止、仪表服饰能反映出一个人的思想修养、文明程度和精神面貌。而且每个学生的文明程度不仅关系到自己的形象,同时也影响着整个学校的精神面貌乃至整个社会的精神文明。因此,大学生开展礼仪教育势在必行。

2. 讲礼仪是大学生提高道德素养的需要

在高校里仍然存在关门之声震如雷、乘电梯不礼让、课桌文学、厕所文学、学术抄袭等现象,这些基本的素质要求做不到,在很大程度上与缺乏必要的礼仪教育有关。礼仪是一种非法律社会规范,是调整社会成员行为的基本准则。对大学生进行系统的礼仪教育,可以让他们丰富礼仪知识,掌握符合社会主义道德要求的礼仪规范,在实际生活中按照礼仪规范要求来行事,把内在的道德品质与外在的礼仪形式有机结合起来,成为名副其实的有较高道德素养的文明人。

3. 讲礼仪是大学生建立良好人际关系的需要

美国华盛顿大学心理学家约翰·戈特曼的研究显示,那些懂得以适当的方式解决身边问题和处理生活中烦心事的孩子,其身心更加健康,而且更会关心他人,更富有同情心,朋友更多,学习成绩更好。美国著名的人际关系学大师戴尔·卡耐基(Dale Carnegie)说:"一个人事业的成功只有15%取决于他的专业技能,另外的85%要依靠人际关系和处世技巧。"因此,通过讲礼仪,在人际交往中获得友谊,是大学生适应新的生活环境的迫切需要,是从"依赖于人"的人发展成"独立"的人的迫切需要,也是建立良好的人际关系、成功地走向社会的需要。

4. 讲礼仪是完成大学生成长课题的需要

大学生是准社会人,还不是真正的社会人。只有不断提高大学生的心理承受能力和心理健康水平,才能让大学生成为人格完善的社会人。大学生在走向社会的道路上存在一定心理困惑,例如,工作后如何与领导、同事打交道,如何建立良好的人际关系,如何尽快地适应社会生活等社会交往问题。具有良好心理承受能力的人在参加各种交际活动时,才能始终保持沉着稳定的心理状态,采取合理的行为方式,积极主动地为自己赢得需要的人际圈。因此,对大学生进行礼仪教育,让大学生掌握符合社会要求的各种行为规范,不仅能够满足大学生走向社会的需要,也能够培养大学生适应社会生活的能力,是完成大学生成长成才课题的需要。

(二)求职礼仪的重要性

求职礼仪作为一种独特的语言,在当代大学生求职时发挥着十分重要的作用,大学生要掌握最基础的礼仪常识,才能让自己的求职过程变得更加规范,凭借这样的优势,开启职场大门。在更多时候,求职礼仪能够表现出一个人的涵养,正确的求职礼仪也是对招聘方的一种尊重,帮助大学生在职场中稳中求胜。

1. 引起他人注意

后疫情时代,经济面临的需求收缩、供给冲击、预期转弱三重压力在中长期持续存在,近年高校毕业生规模连续创下新高,这些因素叠加使得高校毕业生的就业压力不断加大。与此同时,数字经济的蓬勃发展正创造出越来越多的新职业,各类促进高校毕业生就业的政策密集出台,多渠道开发就业岗位,网络招聘平台加紧探索 AI 等技术在招聘各个环节的应用,提升招聘效率和求职体验。大学生在面对心仪求职单位时,竞争更加激烈。在这样的情况下,大学生如果能够在面试的过程中表现出良好的素养,让招聘者对其印象深刻,就会为应聘成功增加很大的筹码。专业的求职礼仪会让大学生在迈入社会时有更多的机会,让自己处于主动状态,让求职变得更加顺畅。

2. 提高人际吸引度

有心理学研究显示,人们更愿意给自己喜欢的人更多的机会,这表现在职场中,换言之就是招聘方愿意给自己喜欢的求职者更多的机会展示自己。求职者在有限的时间内给招聘者留下更深刻的印象,是求职成功的关键。通过专业的求职礼仪,展示个人的综合素养,提高个人的人际吸引度,可以让求职者变得更有竞争力。

第二节 求职时的服饰礼仪

小案例：

李明是经济学专业的应届毕业生，在外企实习时看过其他同事穿着衬衫、西裤上班的样子，但因为他是实习生，又一直在办公室工作，所以还没有机会穿正式的西服套装。

明天，他将要参加某外企的招聘面试，要求正式着装。李明去百货商场精心挑选了今年最流行的一套粉色西装，并配以红色领带、黑色皮鞋、白色袜子，自己觉得镜中的形象英俊潇洒。第二天，李明穿着新买的西装套装来到公司，为显郑重，将西服的单排两粒纽扣都扣了起来。一进门，招聘方就用疑惑的眼神看着他，一会儿工夫，招聘面试就结束了，鉴于其履历中出色的专业能力和过往经历，公司通知其下午换身衣服再来参加面试。

讨论：
李明的着装哪里出了问题？请为李明选择一套着装，并说明如何穿着。

一、着装原则

（一）TPO 原则

TPO 是英文 time，place，object 三个单词的首字母。

T 代表时间、季节、时令、时代。指衣着要考虑时间变化，顺应自然，还要有时代特点。在不同的时间里，着装的类别、式样、造型要有所变化。比如，夏天要穿透气、吸汗、凉爽的服饰；而冬天要穿保暖、御寒的服饰。一天中，白天在工作场所应穿着符合工作要求的规范服饰，晚间如有社交活动应穿时尚、亮丽的礼服，如果居家则可穿着舒适、随意的家居服。

P 代表地点。在穿着上主要指不同国家、不同民族因不同的文化背景、地理环境、历史条件、风俗人情，在着装上也显示出不同的格调与特色。置身于室内或室外，闹市或乡村，国内或国外，工作场所或家中，随着地点的变换，着装的款式也应当有所不同。例如，在夏天，女士们喜欢穿短裙、短裤、吊带、背心等清凉服饰，但如果在办公场合，这种穿着就不太合适了。

O 代表场合。指当时活动的性质与规模。衣着要与场合相协调，切合当时或庄重、或随意、或喜庆、或悲伤的环境，选择适合场合的服饰。一般的日常场合有三种：公务场合、社交场合、休闲场合。求职面试一般是公务场合，在这样的场合里应穿着套装、套裙等较为正式、规范的服饰，要避免穿运动装、时尚潮服等显得不太庄重的服饰。当然，如果是服装设计专业的面试，可根据自己投简历的职位穿着有一定个性的服饰。

（二）三色原则

三色原则，是指在选择服装时，特别是在选择穿着正式的服装时应遵循的基本原则。这一原则要求总体色彩以少为宜，并尽量将其控制在三种以内。遵循此原则，在正式场合穿着的一般都是大方、得体、庄重的风格。如果色彩过多，会给人繁杂、俗气的感觉。最简单的搭配方法是裤、袜、鞋采用同色系组合。另外，也可以采用裤子与鞋同色系，而袜子用不同的颜色，但应避免反差太大的色系。还有一种搭配方式，即裤子为一种颜色，而鞋与袜子采用另外的同一色系。男士着装上皮鞋、皮带、皮包最好颜色一致，一般为黑色。每个人只有结合自己的特点与个性来选择，才能取得良好的穿搭效果。而恰当的着装能够弥补自身条件的某些不足，树立光彩照人的形象，赢得面试官好的第一印象。

在本节开始的小案例中，李明就是没有用好三色原则，导致公务场合服装色彩太过繁杂，影响了招聘者对他的印象。

二、男生求职时的服饰礼仪

（一）西装

在现代社会的公共社交活动中，人们普遍认为"西装革履"是现代男士的正规服饰。就求职面试活动而言，西装也是最稳妥和安全的选择。因此，西装已经成为许多求职者默认的正式装束。

1. 颜色的选择

应聘者最好穿深色的西服，灰色、深蓝色都是很好的选择，它们常给人稳重、忠诚、干练的印象。在价钱和档次上要符合学生的身份，不要盲目攀比，乱花钱买高级名牌西服，因为用人单位看到求职者衣着太过讲究而不符合学生身份时，也会对求职者的第一印象打折扣。

2. 面料的选择

最好选择天然织物做的衣服，有垂坠感，光泽和质地也比较好。

3. 款型的选择

体瘦的人如果穿深蓝色或粗竖条的西装，会暴露其瘦弱的缺点，而穿米色或灰色等暖色调西装，或者选用格纹、人字斜纹西装，就会显得比较强壮。瘦高的人宜穿双排扣或三件套西装，选用带有温润质感和色彩的面料，不要选择廓形或细窄的版型。瘦矮的人穿西装时，可用手帕装饰上衣袋。体胖的人可选择深蓝、深灰或深咖色西装，忌穿米色、银灰色等膨胀色。

4. 系好纽扣

双排扣的西服要把纽扣全部扣上，以示庄重；单排两粒扣，只需扣上面一粒纽扣，单排三粒扣则扣中间一粒，坐下时可解开；单排扣的西服也可以全部不扣。

（二）衬衫

衬衫在服装的搭配中非常重要。在选择时可遵循以下几个要点：① 总是穿长袖的衬衫；② 总是穿白色或蓝色衬衫；③ 穿不带条纹或图案的衬衫。

衬衫最好为单色，领子要挺括，不能有污垢、油渍。衬衫衣袖要稍长于西装衣袖0.5～1cm，领子要高出西装领子1～1.5cm，以显示衣着的层次。白色衬衫是职场男士的首选，而艺术家、作家、工程师和其他创造性专业人员，淡蓝色是最好的选择。大学生在准备求职面试的衬衫时最好以白色或浅色为主，这样较好配领带和西裤。颜色越淡、底色越精妙，你给人留下的印象越好。平时也应该注意选购一些较合身的衬衫，面试前应熨烫平整，最理想的面料也是天然织物。

（三）皮鞋

男士应穿黑色或棕色的皮鞋，其他颜色和材料都不妥。系鞋带的皮鞋是最保守、最安全的选择，因此为大众所接受；无带的皮鞋也较大方得体，但选择这种无带的皮鞋时，最好选朴素简单、鞋帮较浅的款式。更重要的是鞋面要保持锃亮，鞋跟要结实。另外，切勿将黑鞋与棕色西装搭配。

（四）领带

一条纯真丝领带产生的职业效果最佳，其体现出来的优雅给人的感觉最好，也最容易系得美观。亚麻领带太随便，最易起皱，只有在较暖和的天气适合；毛料领带不仅外观随便，且打结困难；人造纤维有发光的特点，一般颜色比较扎眼。因此，纯真丝的领带，或者含50%的真丝混合织成的领带应该是面试时的最佳选择。在颜色选择上尽量避免选择多于三种颜色的领带，斜条纹、小圆点、规则的小图形等都是不错的选择。打领带的方法可参考图7-2。

（五）袜子

着西装、穿皮鞋时，袜子的质地尽量选择纯棉或纯毛，袜子的颜色与皮鞋或裤子颜色一致，以深色、单色为宜，不宜穿白色或彩色的袜子，同时，尽量选择中筒袜，袜口不外露。

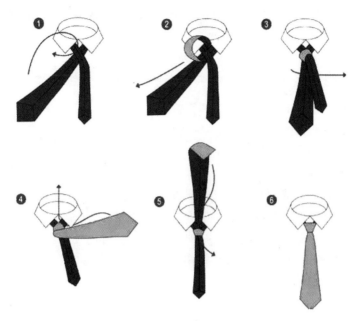

图 7-2　打领带图示

（六）小饰物

1. 公文包

简单细长的公文包是最佳选择，可以把简历等必备资料装进去，也可携带一个整洁的文件夹，注意检查皮包带或皮包扣是否可以正常使用，开合自如。

2. 手表

手表不仅是计时工具，还是一件重要的装饰品。大学生要选择在支付能力范围内的质量较好且与衣服相配的品牌和款式。不戴运动手表、卡通手表等非正式场合手表。

3. 皮带

应选择与鞋子相匹配的皮质皮带，黑色、蓝色、灰色西装搭配黑皮带，而棕色、米色、棕褐色西装应搭配棕色皮带，鞋子颜色最好与皮带颜色一致。

（七）大衣与外套

西装搭配大衣时，大衣不应过长，最长不超过膝盖下 3cm。

（八）头发

男生去面试时最好不要化妆，但要保持头发整洁，不要有头屑，头发不要太长，也不能压着衬衫领子。尽量避免在面试前一天理发，最好在面试前三天理发。

此外，男生要将胡须剃干净，不留长指甲。保持整洁的仪容仪表是取得用人单位良好印象的前提。

（九）男士西装十忌

(1) 忌西裤短，标准的西裤长度为裤管盖住皮鞋。
(2) 忌衬衫放在西裤外。
(3) 忌衬衫领子太大，衣领和脖子间存在空隙。
(4) 忌领带颜色刺目。
(5) 忌领带太短，一般领带长度应是领带盖住皮带扣。
(6) 忌不扣衬衫扣就佩戴领带。
(7) 忌西服上衣袖子过长，应比衬衫袖短 1cm。
(8) 忌西服的上衣、裤子袋内鼓鼓囊囊。
(9) 忌西服配运动鞋。
(10) 忌皮鞋和鞋带颜色不协调。

 技能实训：

"品头论足"

正式场合，西装与衬衫、领带色彩搭配的方法，如图 7-3 所示。

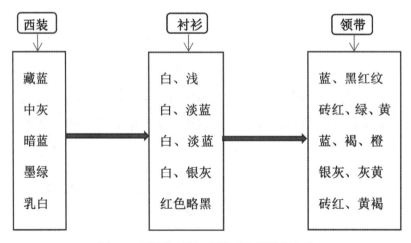

图 7-3　西装与衬衫、领带的色彩搭配方法

请选择 3 名男生让他们各借一套西装并按规定着装搭配后，对他们进行评价。

三、女生求职时的服饰礼仪

（一）套装

每一位女生都应准备一两套较正规的衣服，以备去不同单位面试的需要。女式的套装花样繁多，每个人可以根据自己的喜好来选择，但原则是必须与准上班族的身份相符，颜色鲜艳的服饰会使人显得活泼、有朝气，素色的套装给人沉稳、干练的印象。而比较正式的西装套裙以其独特的端庄、典雅气质受到现代职业女性的青睐。这种套裙既适用于正式的工作场合，也适合于一些社交场合。

在套裙的选择上，面料最好是纯天然质地，讲究匀称、平整、光洁、柔软、悬垂、挺括，不起皱、不起球，而且上下装的面料也应保持一致，但应避免选择真皮或仿皮面料。在颜色选择上以冷色调为主，避免选择过于花哨的颜色，上下装可为同一颜色，也可采用上浅下深或上深下浅的对比色，但颜色不应超过两种，以免有失庄重。在尺寸上就选择合身的，上衣不宜过短，最短可以齐腰；裙子以窄裙为主，长度及膝或膝盖上下1cm的位置。

（二）化妆

化妆宜淡雅。参加面试的女生可以适当地化淡妆，不能浓妆艳抹，过于妖娆，这不符合大学生的身份与形象。

（三）鞋袜

身着套裙时，最好穿皮鞋，不要穿长而高的高跟鞋，鞋跟的高度以中跟为宜。如果穿靴子，则注意裙子的下摆要长于靴筒口。

袜子不能有脱丝的情况，肉色丝袜搭配正式着装是最合适的，当然为保险起见，包里应放一双备用。

（四）皮包

女生的皮包要能背的，与装面试材料的公文包有所区别，可以只拿公文包而不背皮包，但不能把公文包里的文件全部塞在皮包里而不带公文包。大多数面试场合，携带公文包比手提小包更正式。

（五）饰品

手表：面试时不宜佩戴过于花哨的手表，给人过于稚气的感觉。面试前应校准时间，以免迟到。

首饰：首饰尽量少戴。耳环以小巧为宜，避免几个手指都戴戒指，项链不要过于华丽，也不要戴假的珍珠或人造珠宝。

女生在出发去求职面试前，最好从头到脚再检查一遍，看看扣子、拉链是否扣好、拉好，领子袖口是否有破损，衣服是否有褶皱，鞋子是否干净。

小案例：

作为酒店管理专业的应届毕业生，刘娜最近非常开心，因为中秋节的时候，母亲为了祝贺她找到了喜欢的工作，送给她一套钻石饰品。第二天上班时，刘娜就开心地将这套钻石饰品佩戴上了。到了岗位上，同事们都羡慕她的饰品，她也兴奋地向她们展示着自己的饰品。这时，酒店来了一位VIP客人，他来到前台想要询问相关事宜，看到此情此景，他不禁说："女士，您的饰品很漂亮，但是和这身工作装搭配起来有点不太合时宜，有些过于耀眼了，不论您的饰品是真是假，我还真有点不敢让您为我服务了。"刘娜顿时涨红了脸，急忙把饰品摘掉了。

讨论：

客人为什么会说刘娜的饰品不合时宜？在工作场合中，应佩戴什么样的饰品，如何佩戴呢？

（六）女生职场着装禁忌

（1）盲目跟随潮流。

（2）穿假冒品牌服装。

（3）穿不整洁的服装。

（4）穿过于暴露的服装。

 技能实训：

"品头论足"

请选择3名女生，各借一套西装套裙并按规定着装搭配后，对她们进行评价。

第三节 求职时的举止礼仪

在求职面试时，除了语言交流外，非语言交流也是重要的交流方式。通过举止、姿态、神情、动作来进行信息的传递，往往比语言交流更直观。求职时的举止礼仪对面试的成败起关键作用，有时一个眼神或一个手势都会影响到整体的评价。比如，面部表情适当微笑，可以表现出一个人的乐观、自信；举止大方得体、青春活泼，能反映出大学生蓬勃朝气的精神风貌。好的举止礼仪在面试官眼中也是加分项，可以提升求职者的竞争力。

一、微笑

微笑是一种特殊的情绪语言，是自信的第一步，能为求职者消除紧张情绪。微笑可以和有声语言及行动相配合，帮助人们更好地表达、沟通。扣人心弦的微笑需要口到、眼到、神色到，这样才能真正地笑眼传神。

尽管微笑有其独特的魅力和作用，但如果不是发自内心的真诚微笑，也难以声情并茂地发挥出微笑与语言互补的效果。比如，提起嘴角一端微笑，使人感到皮笑肉不笑，让人感觉阴沉。

微笑有以下几种：① 含笑，不出声、不露齿，只是面带笑意，表示接受对方、待人友善，适用范围广泛；② 微笑，唇部向上移动，略呈弧形，但不露齿、不出声，表示自信、友善、融洽，适用范围最广；③ 轻笑，嘴巴微微张开，上齿显露在外，不发出声响，表示欣喜、愉快，用于会见客户，向熟人打招呼等情况；④ 浅笑，笑时抿嘴，多见于年轻女性表示害羞时；⑤ 大笑，大笑表现张扬，一般不用于公共场合。笑的共性是面露喜色，表情轻松愉快。

二、手势

手势是人们在交往过程中不可缺少的动作，是一种很自然而然的体态语，俗话说："心有所思，手有所指"。正确地运用手势，可以增强表达的效果，如拍手称赞、拱手致谢、挥手告别等。在求职面试时，手势不宜过多，动作不宜过大，切忌手舞足蹈。当然，在面试时太多的小动作也是不成熟的表现，如抓耳挠腮、用手捂嘴说话、抠手指等。

与面试官初次见面时，握手这种手与手的礼貌接触也是建立第一印象的重要开始，不少企业把握手作为考查一个应聘者是否专业、自信的依据之一。所以，在面试官朝你伸手时，要礼貌地握住，然后把手自然地放下。一般握手的时长为3～5秒，握手应该坚实有力。双眼要直视对方，自信地说出自己的名字。

三、站姿

人的仪态美，是以优美的姿态呈现出来的，而优美的姿态又以正确的站姿为基点。规范的站姿标准为：站立时，头、颈、肩、躯干、脚的纵轴在同一垂线上，挺胸、收腹；同时注意肌肉张弛协调，两肩和手臂的肌肉要放松，呼吸自然，两眼平视，嘴微闭，面带微笑。

（一）男士、女士通用站姿——侧放式站姿

手位：双手放于腿部两侧，手指自然弯曲，呈半握拳状。
脚位：脚掌分开呈 V 字形，脚跟靠拢，双膝并拢。

（二）男士站姿——交叉式站姿

手位：两手在身体前交叉，左手搭在右手手腕上，上身直立，双手臂自然放松。
脚位一：脚掌分开呈 V 字形，脚趾靠拢，双膝并拢。
脚位二：双脚分开，两脚之间的距离 10cm 左右，不得超过 20cm。

（三）女士站姿——前腹式站姿

手位：双手在腹前交叉，右手轻握左手，贴在小腹部约肚脐的位置。
脚位一：脚掌分开呈 V 字形，脚跟靠拢，双膝并拢。
脚位二：双膝并拢，一脚在前，将脚跟靠于另一只脚内侧偏后位置，两脚尖外展开约成 30 度角，形成一个小"丁"字步。

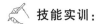 **技能实训：**

顶书贴壁训练

靠墙站立，头顶书，把书放在头顶中心，书不能掉。要求脚后跟、小腿、臀部、肩胛骨、后脑勺都要紧贴墙壁，沉肩收腹，坚持30秒，每组3次，每次练3组，也可两人一组，背靠背站立练习。训练时配合轻松愉快的音乐。

四、坐姿

坐姿也有讲究，它是一种基本静态的姿势，端庄的坐姿给人稳重、自然大方的印象。规范、标准的坐姿：上身自然挺直，肩放松，胸微挺，颌微收，目平视，嘴微闭，面带微笑。在标准坐姿的基础上，随着上、下肢位置的不同，坐姿也有不同。

（一）男士坐姿 1——标准式坐姿

下肢：在标准式坐姿的基础上，双脚一前一后，前脚前伸全脚掌着地，后脚回收前脚掌着地。

手臂：两手分别放在双膝上。

（二）男士坐姿 2——屈直式坐姿

下肢：双腿分开，一前一后，两脚在同一条直线上。

手臂：两手分别放在双膝上。

（三）女士坐姿 1——标准式坐姿

下肢：双腿并拢，双脚呈小"丁"字。

手臂：双手叠放，置于腿上。

（四）女士坐姿 2——斜放式坐姿

斜放式坐姿分为左斜放和右斜放，动作相同，方向相反。以右斜放为例，姿势如下。

下肢：右脚向右平衡一小步，右脚掌内侧着地，左脚右移，左脚内侧中部靠于右脚脚跟处，左脚脚掌着地，脚跟提起，双腿靠拢斜放，双膝始终相靠。

手臂：双手叠放，置于腿上。

（五）女士坐姿 3——重叠式坐姿

此坐姿更适合穿裙子的女士，是最能体现体态优雅的坐姿。

下肢：双腿膝部交叉，一上一下交叠在一起，双腿同时斜放于左侧或右侧，腿部与地面约成 45 度角，叠放于上的脚尖内收，垂向地面。

手臂：双手叠放，置于腿上。

注意事项：入座时动作要轻缓文雅，坐座椅面的 2/3 或 1/2，起身离座时避免弄响座椅或产生其他噪音，起身站定后离开即可。

五、目光

人的眼睛是最能传递信息的窗口，特别是眼神，在面试时对面试官应使用全神贯注的眼神，目光始终聚集在面试官身上，展现出对对方的尊重。注意眼神的交流，这不仅是相互尊重的表示，也可以获取一些信息。

（一）注视时间

在求职面试过程中，目光接触的时间也遵循 7/3 原则，即 70% 的时间里保持目光接触，30% 的时间不要进行目光接触，如果超过 70% 的注视，则表示听者对说话的人更感兴趣；如果低于 30%，则表示听者对话题或人不感兴趣。每次视线接触的时间以 1~3 秒为宜。

（二）注视部位

礼貌地正视对方，注视的部位最好是面试官的鼻眼三角区（也称为社交区），目光平和而有神，专注而不呆板。如果有几个面试官在场，说话的时候要适当用目光扫视一下其他人，以示尊重。一般情况下，不要注视对方头顶、大腿、脚部与手部，对异性而言，通常不应注视肩部以下的部位。

（三）注视角度

在面试过程中视线的角度一般用平视即可。平视是视线呈水平状态，又称为正视。适用于普通场合，与身份、地位平等之人进行交往。体现了双方彼此对对方的尊重，也体现平等、公正、自信、坦率之意。

切忌用侧视或俯视的方式进行目光交流，偶尔可以用仰视的视线角度。

在回答问题时，可把视线投注在对方背面墙上 2~3 秒进行思考，再开口回答问题时，应把视线收回，并坚定有神地配合语言回答问题。

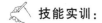 **技能实训：**

让目光有神

第一步：用鼻深吸一口气，视线保持水平，眼睛略微睁大。
第二步：眉毛上扬，伸展眼圈周围的肌肉，确定目光是否有神。
第三步：嘴角呈微笑状，同时说"您好"，配合眼神。
第四步：目光集中到某一物体的某一部分的某一点，反复练习，目光会变得集中有神。

第四节 求职时的面谈礼仪

当你迈入应聘公司大楼的一刻起，面试就已经开始了。面试官也许已经在某处观察应聘者的举止，也许已经为应聘者设置了一道应聘的难题。

> **小案例：**
>
> 　　有三位应聘者 A/B/C 在约定的面试时间来到某公司所在的大楼，一进门的地方就设置了指示牌，上面写着"参加×公司面试请到 18 层"。三人一起走到电梯旁，发现了另一个指示牌，上面写着"参加×公司面试请走楼梯到 18 层"。A 和 B 思考片刻后认为有电梯不坐而选择浪费时间又费力地爬楼梯实在是不明智的做法，于是一起走进了电梯。
> 　　而 C 毫不犹豫地找到了楼梯，虽然是 18 层，很高，但是他还是觉得态度很重要。
> 　　故事的结局会是怎样呢？
> 　　故事的结局是，电梯门打开时，A 和 B 被告知没有通过面试，而 C 刚走到 2 楼就看到了另一张指示牌"参加×公司面试请进 201"，务实的态度帮助 C 通过了第一道特别的面试关，并为自己踏入社会开启了一扇门。

由此可见，非语言表达在面试过程中对于语言表达而言是强有力的助力，用好非语言将极大地提高面试中语言的表达效果。

一、敲门

你会敲门吗？

到达面试公司后，通常会受到前台或行政部门员工的接待，他们会引导你到面试房间的门口。如果门是关上的，敲门便成为面试的第一步。一般而言，敲 3 下就够了，敲门的声音要有力度，但切忌过快或者过缓。可以在家里练习一下，让父母、朋友或同学听听看，以大家都认为舒服的力度和方式敲门。

正确敲门的要求：① 手指的姿势，右手食指弯曲，其余手指握在手心，忌用多个手指或是手背、手掌敲门；② 敲门频率，一般间隔 0.3～0.5 秒敲 3 下是最好的敲门频率，过快的敲门频率会让面试官认为你是个轻佻的人，过缓的敲门方式让人感觉你很懒散，没有间隔地连续敲门会让人感觉你很匆忙；③ 敲门力度，用手腕控制手指的力度，只用一半的力道就好，太轻可能听不到，即使听到，对方也会认为你的胆子太小或是过分谦卑，太重的敲门力度则可能让面试官受到惊吓，认为你是一个野蛮的人。

听到面试官说"请进"后再进入房间，开关门要尽量轻，进门后最好不要背着身子随手关门，而是转过身去正对着门，用手轻轻将门合上。回过身来后，将上半身前倾 30 度左右，向面试官鞠躬行礼问好，面带微笑、大方得体就好。面试官没有请你坐下时，切忌急于落座，请你坐下时应道谢，然后等待询问开始。

二、行走

优美的行走姿势可以体现人优雅、稳健、充满活力的体态美。

面试时的走姿要求：① 身体与行走的轨迹应保持直线，走进面试房间，以及在房间中行走时，上身要挺直，收腹挺胸，背、腰、膝避免弯曲，头部端正，不摇头晃脑，目光不斜视，脚尖向前，不呈内八字或外八字，每一步的步调适中，均匀，一般步幅在70cm左右；② 协调性很重要，手臂自然摆动，幅度以30度为宜，千万不要因为紧张而出现同手同脚的状况，不要将手插在口袋里，不要把双手背在身后，不要低着头只看脚尖；③ 行走要平衡，行走时重心落在前脚掌，不要摇晃肩膀，走路要有节奏感，适度的节奏感本身就给人稳的感觉。

三、站姿

站姿挺拔，身体正对着面试官站立。目光要保持平视或适度低于水平视线。具体的站姿要求可参看本章第三节的站姿内容。

四、问候

主动问候。问候分为语言和非语言两类。进入面试房间后，主动向在座的面试官问候，如"早上好/下午好，我是××"。同时上半身微微前倾20～30度鞠躬问候，脸面向面试官，面带微笑。

寒暄有度。为了打开话题，应聘者有时可以选择寒暄作为面试的开始，寒暄不仅可以拉近你与面试官的距离，还可以缓解紧张情绪。当你和面试官寒暄时也要掌握分寸，适度地、有技巧地赞美面试官可能会得到额外的加分。

不要主动握手。并不是每个面试官都喜欢应聘者主动伸手，如果面试官主动和你握手，你可以积极地回应，并且注意握手的时间和力度。但是，握手时切忌心不在焉。

五、入座

不要自己主动坐下，要等面试官请你坐时再入座。很多办公环境将企业经理室、办公室负责人的位置安排在面对门口、背朝窗户的地方。这样的位置安排，容易给应聘者造成一定的心理压力。

在面试中，坐的姿态非常重要，如果坐下后双手相握，或者不断揉搓手指，这样会让对方觉得你缺乏信心，也会显得你十分紧张；如果你稳稳当当地坐在座位上，将双手自然地放在大腿上，就会给人一种镇静自若、胸有成竹的感觉。切忌跷二郎腿并不停抖动，双臂不要交叉在胸前，更不能把手放在邻座的椅背上，或有玩笔、摸头等小动作，这样容易给别人留下轻浮、不庄重的印象。

六、自我介绍

自我介绍的基本原则：① 介绍内容与个人简历相一致；② 表述方式上尽量口语化；③ 切中要害，不谈无关、无用的内容；④ 条理清晰，层次分明。

在自我介绍时第一分钟最重要。面对众多应聘者千篇一律的自我介绍，面试官可能已经听麻木了，没有人规定面试时的自我介绍要按照顺序从名字、年龄开始，有创意的自我介绍会给面试官留下特别的印象。如，首先感谢获得此次面试的机会，然后表达你对此次面试工作的渴望，以及作为刚毕业的大学生与这份工作的契合，并结合以往学校及实习的表现谈谈对这份工作的帮助等。

STAR 原则。用 STAR 来说曾经经历的故事，此原则是由 4 个单词构成，Situation Task 即描述一个曾经负责过的任务或有成就的项目；Action 指的是为了应对这项任务或项目，你采取的方法和行动；Result 代表的是你采取行动后，该项任务或项目的结果。在这个陈述中一定要提及因你的行动所取得的成功或改进的结果。

通过这种方式的阐述，可以让面试官全面了解你的知识、经验、技能的掌握程度，以及你的工作风格、性格特点等与工作有关的事项。

注意掌握节奏。在自我介绍中，语音和节奏的把握也有重要的作用，一定要有语调，口语化地介绍自己。在用词上不能凭空夸大简历中的内容，语气要诚恳。

七、谈吐

语言是一门综合艺术，有着丰富的内涵。

（一）说普通话，不夹带英文

标准的普通话可以最大限度地减少交流中的障碍，如果你的普通话不好，就要试着放慢语速，来让对方听清楚。在中文中夹带英文并不能体现你的英语能力好，反而有炫耀的嫌疑，如果面试官想了解你的语言能力，会主动与你用外语交谈。

（二）坚持以事实说话，少用虚词、感叹词

与面试官交谈时，语调要肯定，多表达事实，少使用"然后"之类的表示转折、停顿的虚词，慎重使用感叹词，否则会显得犹豫、拖沓。最好想清楚再说，表现出信心。

（三）回答问题前思考五秒钟

回答问题前先思考 5 秒钟，整理好自己的思路，也能给面试官留下稳重、说话做事善思考的印象。当然，被问到个人的基本信息时要立即回答。

（四）所做的介绍与该公司或所属产业相关

在面对面试官的问题时，回答过程中不要浪费时间谈论与面试不相关的问题，尽量运用在面试前做的准备工作，与面试官谈论与该公司或所属产业相关的话题，这样更容易让面试官对你产生"做事有准备、为人沉稳"的印象。

八、结束面试

求职面试犹如奏乐演唱，即使结束也要讲究技巧。在面试即将结束时，如果对方没表示和你联系，可以询问对方什么时候做出最后决定，好让自己有一个心理准备，或者询问是否可以在一段时间内来电询问。不过，一般一个正规的公司，无论你面试成功与否，一定会给应聘者一个答复。当然，在最后也可以问及未来工作的相关事项，但不要急于问有关薪水、休假、福利情况等问题，这类问题在二面时一般会谈到。

在面试官结束谈话前，不要表现出急欲离去的样子，应聘者应该明白，有些面试官会以起身表示面谈的结束，另一些则用"与你谈话我感到很愉快"或"感谢你前来面谈"的辞令结束谈话。应聘者应一边慢慢起身，一边以眼神正视对方，趁机表示出自己最后的诚意，比如说"谢谢您给我一个应聘的机会，如果能有幸进入贵单位工作，我必定全力以赴"。然后欠身行礼后说"再见"，轻轻关上门后退出。如果这时遇到了之前的接待人员，也应一并表示感谢。

技能实训：

模拟面试

1. 先找一个与专业相关的企业官网上的招聘广告，组织一次模拟面试。
2. 四人为一个小组，其中一人为应聘者，三人为面试官，进行一次完整的面试。观察应聘者的求职服饰礼仪、举止礼仪、面谈礼仪。
3. 指出模拟面试过程中好的方面与存在的问题。

第五节　面试后礼仪

面试结束并不意味着求职过程的结束，如果忽略了面试后的礼仪，也会影响到求职的成功。为了加深招聘人员对你的好印象，增大求职成功的可能性，应聘者可以在面试后的两三天内，给面试官面试官打电话或写一封信表示感谢。

一、打电话

面试后 1~2 天内可以在合适的时间给面试官面试官打个电话表示感谢。语言要诚恳不要过度奉承，内容简短，时间在 3 分钟内，当然，不要急于在电话中询问面试结果，因为这个电话仅仅是为了表现你的礼貌，让对方加深对你的印象。

二、感谢信

面试的过程短暂，能让人留下深刻印象的人毕竟是少数。感谢信是加深面试官对你的印象的机会，同时能彰显你的礼貌和与众不同之处。面试的感谢信包括电子邮件和书面感谢信两种形式。

如果前期公司的联系方式主要是电子邮件的形式，那在面试结束后，发一封电子感谢信是一种方便又得体的方式。

当然，也可以写书面的感谢信，这更容易让人留下深刻的印象。书面感谢信最好用白色 A4 纸，字的颜色是黑色，信的内容要简洁，可以提及面试时的场景，最好不超过一页纸。可以是打印出来的，也可以是手写的。打印出来的感谢信较为标准化，显得比较正式、商务，但不容易被人记住。如果你的字写得很好，手写则是最好的方式。

一封标准的感谢信应包括以下内容。

首先，在信的开始处写明上次面试的时间、地点、应聘的岗位和面试官的名字。如果信是写给面试官本人的，可以不写面试官的名字。感谢面试官为你提供的面试机会，可以适当地进行夸奖。例如，面试官给你留下了深刻印象的话或行为，但不能让人感觉到是阿谀奉承。在感谢信的内容上再写几句对应聘职位的看法，简短地说明自己与职位要求的匹配度，最后真诚地说明你对这个职位的渴望，正在等待应聘单位的回音。

要注意的是，感谢信的内容不要太多，200~300 字即可。再附上一张与简历上相同的照片更好。

感谢信

尊敬的×先生/女士：

您好！我是×月×日上午/下午到贵公司应聘×岗位面试的××。非常感谢您给了我这次面试的机会！让我有了向您学习、与您交流的机会，也更多地了解了公司的历史、管理形式与发展理念。

通过这次谈话，我感受到贵公司是一家有社会责任感的公司，也特别赞同您对我说的"大学生要闯一闯"这一观点的认同，您的专业精神、亲和力、细致入微的洞察力都令我敬佩不已。能够与您认识是我的荣幸，若能进入贵公司工作，我愿意把我所学的专业知识真正地应用到实际工作中去，踏踏实实地为公司贡献自己的一份力量。我对贵公司的前景非常有信心，希望有机会和您共同工作，为公司的发展共同努力。

期待您的回音，期待贵公司是我职业生涯开始的地方。再一次感谢您！

应聘者：××
×年×月×日

三、询问结果

一般而言，面试结束时面试官面试官都会许诺一个面试结果回复时间，如果通知时间到了，你还没有收到答复，那么就应该主动给招聘单位或面试面试官打个电话，询问一下结果。这其中有两个礼仪细节需要注意：其一，什么时候问；其二，怎么问。

（一）什么时候问

因为面试结果的事是公事，所以询问的时间必须是在正常的工作日的时间段内。注意避开工作繁忙时间，如周一上午和周五下午，因为这两个时间段很多单位是例会时间或工作安排与工作总结时间。还有就是每天刚上班的一个小时和下班前的一个小时，这个时间段也最好不要打电话询问。

（二）怎么问

在电话里，同一个问题用不同的方式询问会给人不同的印象，或有礼貌，或显得唐突。所以，打电话时，自始至终都要有礼有节。

接通电话后，首先说一声"您好"，接下来要自报家门，让对方知道是谁打来了电话。自报家门的内容包括自己的全名，以及何时去面试的×职位，以便让对方知道是谁来电。在电话中要表明自己对贵公司的向往，如果碰到要找的人不在，需要接听电话的人代找，要礼貌地使用"请""麻烦""劳驾""谢谢"之类的词。留言或转告都不是询问面试结果的首选方式，可以打听要找的人什么时间在，然后到时候再打。通话时要注意控制音量，声音宁小勿大，还要注意发音与咬字清晰，通话时间宁短勿长，注意倾听，并适度附和与重复对方通话中的要点，让对方感到你在认真听他讲话，给对方留下一个好的印象。

如果在通话中知道自己没有被录用，就请教一下原因，此时要保持稳定的情绪。可以说"对不起，我想请教一下我没有被录用的原因，我好再努力。"谦虚有可能赢得对方的尊重，同时有可能给你带来下一次的面试机会。

四、接收录取通知

当经过严格的审核流程最终接到录取通知时，可能会非常高兴，面对这件喜事，值得好好庆祝一下。但同时还有一件事要做，就是再次了解公司、了解工作岗位。在正式报到前，先对所要进入的公司有所了解，这样在开展工作时就会顺畅很多。了解公司的方法，如面试时带回公司的简介、刊物、或企业形象方面的资料，以及企业网站等，有条件的话，去实地看看最好。

五、调整心情，做好准备

应聘时很少有人一次就成功的，如果你同时向几家公司投递了简历，在还没有得到结果、不能确定是否被录用的情况下，千万不要放弃任何一个机会，学会调整心情做好重新开始的准备，总有一次会取得成功。

延伸阅读：

7-1　规范语言表达　　7-2　求职电话礼仪　　7-3　求职服饰、站姿、坐姿、微笑、握手演示

· 本章小结 ·

本章首先介绍了什么是礼仪，什么是求职礼仪，明确了求职礼仪的重要性。

其次，介绍了什么是求职服饰礼仪，男士、女士在求职时服饰的搭配原则，以及服饰搭配中的误区；介绍了求职举止礼仪，明确了微笑、手势、站姿、坐姿、目光等非语言在求职时的正确运用方式及其存在的重要性。

最后，介绍了求职时的面谈礼仪及面试后礼仪，通过面试礼仪的内容，帮助应聘者熟悉面谈过程中的各环节及各环节礼仪中应注意的事项。

· 课后思考 ·

某集团正在招聘行政办文员，张丽前来应聘，对此她很有信心，因为她行政管理专业毕业，拥有秘书证、人力资源管理证、大学英语六级等相关职业资格证书，非常符合招聘岗位的要求。面试当天，张丽为了给面试官留下好印象，决定好好打扮一番。在寝室忙了一个多小时，最终她选择了一条花色艳丽的连衣裙，穿上高跟凉鞋，戴上项链、耳环、手链，还化了现在最流行的彩妆，她认为自己在形象上一定会取得优势。

在面试现场，张丽与其他应聘者一起在面试室外等候，她扫了一眼其他应聘者，感觉其他人在样貌和打扮上都不如她，于是更加自信了，她跷着二郎腿悠闲地坐在椅子上，还打开化妆包补了一下妆。从旁边经过的人纷纷投来异样的眼光打量这位打扮与场合不相符的女生。面试时，面试官问了几个与集团有关的问题，这下张丽紧张了，因为没有

做好相关信息的了解和准备，她忍不住抓耳挠腮，紧张得汗水直流，问题回答得结结巴巴。

这次应聘的结果，大家可想而知。

讨论：张丽面试的结果如何？张丽面试存在哪些问题呢？

回答要点：

张丽的面试很难通过，理由如下。

1. 面试前，张丽没有很好地了解所应聘的单位和职位。比如，了解应聘单位的性质、主要功能、组织结构和规模；了解人员结构，如年龄结构、专业结构，以及人际关系状况等；了解主要领导；了解面试官的情况；了解部门的历史沿革及正在从事的重点工作；了解面试职位，如工作性质、岗位描述、任职的专业要求等。

2. 没有充分地去思考、有针对性地准备好面试材料。

3. 没有塑造好与岗位相匹配的职业形象。

4. 没有做好面试的心理准备。

• 就业行动 •

请为自己设计求职形象

求职时仪容仪表要注意以下要点。

（1）任何时候都要保持服装、鞋袜的整洁。

（2）男生穿西装、西裤时，要搭配皮鞋。

（3）男生不要穿过紧的裤子及 T 恤。

（4）男生穿西装打领带时，不要配牛仔裤。

（5）男生穿牛仔裤时，最好配上皮带。

（6）男生最好不要穿任何女性化的服装，特别是紧身牛仔裤。

（7）男生穿皮鞋时，最好不要穿运动袜。

（8）女生不要着男式的衬衣或西装。

（9）女生着短裙配凉鞋时可不着穿丝袜或者穿长筒丝袜，忌短丝袜。

（10）女生穿紧身牛仔裤时，最好不要穿松糕鞋。

（11）指甲要整洁、干净，不要涂太过艳丽的指甲油。

（12）女生不要在穿套装或套裙时配双肩背包。

（13）女生化妆应化淡妆，不使用闪光化妆品，不涂深红的口红，香水使用要恰到好处。

（14）男生和女生都忌穿明显是伪名牌的服饰。

第八章 职场我来了

✎ 学习目标：

- 了解什么是角色转换、职业适应、职业发展；
- 认识到学生角色与职业角色的异同和大学生在职业转换中易出现的问题，掌握实现角色转换的方法；
- 认识到影响职业适应的因素，掌握职业适应的方法；
- 认识到职业发展的形式，掌握运用 CASVE 循环指导职业发展。

✎ 本章知识结构图

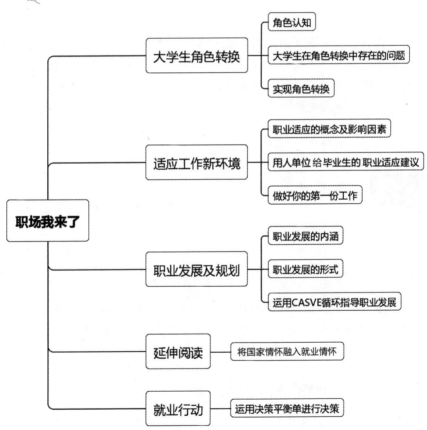

学习重点与难点

重点：

1. 大学生在职业转换中易出现的问题；
2. 影响职业适应的因素；
3. 职业适应的方法。

难点：

运用 CASVE 循环指导职业发展。

 情景导入

毕业生小王找到辅导员谈心，提及新工作时，一脸喜悦，经过多年的努力奋斗，终于考上了教师的事业编制，不日将签合同；但谈及即将入职时，却忧心忡忡，很担心自己不能适应工作环境，不能搞好同事关系，不能完成工作任务，不能实现自己的理想与抱负……

点评：其实小王的心态代表了当前一部分即将走上工作岗位同学们，即将结束十几年的学生角色，转身变成职场新人，面对这个角色转换，产生职场焦虑是很正常的，这种情况也很普遍。大学毕业生该如何尽快实现从大学生到职业人的角色转换呢？

第一节　大学生角色转换

一、角色认知

俗话说，人生如戏，世界就是舞台，一个人一生要扮演多种角色。对角色的概念及内涵进行正确的认识，有助于厘清个人与他人的关系，明确个人的努力方向，与他人建立有效的协作关系。

（一）"社会角色"的概念及内涵

"角色"原指演员在戏剧中所扮演的人物，后被引入社会心理学领域，用来说明在人们交往的不同情境下个人行为方式的不同。1936年，"社会角色"被美国人类学家拉尔夫·林顿引入社会研究领域，用来说明人在一定的社会地位下，所得到的不同权利与义务关系的总和，通过履行得以实现。我国著名社会学家费孝通则认为，"社会角色"是生活在特定的社会系统中，处于一定的社会地位下，受一套权利义务和行为规范体系所约束的行为模式。

综上所述，"社会角色"赋予了人的社会权利与义务，反映了人在社会中的地位和在人际关系中的位置，代表了每个人的身份。个人在不同时间、不同环境、不同场合处于不同的社会角色，并享有不同的社会权利，履行不同的社会义务，遵循不同的社会规范。

一定时期下，个人的社会角色由其所扮演的主要角色体现，主要角色又由承担的主要任务体现。由于大学生的主要任务是"学习"，其扮演的社会角色为学生，并不清楚学生角色与职业角色的差异。

（二）学生角色与职业角色的区别

1. 学生角色

大学生作为高等学校的教育对象，其主要任务是学习专业知识，培养各项能力，全面提升素质，为进入相关行业开展工作做好准备。这决定了大学生未参与社会分工，靠国家政策保障和家庭经济资助来进行学业；在社会权利方面，年满18岁的大学生享有国家法律规定的公民权利；在社会义务方面，社会并不要求大学生履行其对等的义务，更多是要求其能够好好学习，全面发展，为未来参加工作储备力量；在社会规范方面，大学生更多的是在法律框架下，服从学校的管理制度，受到各方面的约束较少，可以自由向他人展现自我，表达自己的观点和抒发情感。

2. 职业角色

职业是社会分工的产物，通常指具有一定专长的社会性工作。职业角色是以广泛的社会分工为基础而形成的一整套权利和义务的规范、模式。人们从事职业的目的是以劳动换取薪资，用于满足日常生活所需，并在社会上获取相应的地位和名誉等。在社会权利方面，职业人在相关行业内开展专业性质的劳动，需要薪资保障生存权，需要国家法律法规和相关企业的管理制度保障劳动权，需要开展培训和提供晋升来保障发展权等；在社会义务方面，职业人必须承担企业所赋予的义务，维系企业正常运行，推动企业乃至行业的发展；在社会规范方面，职业人被赋予的规范因职业的不同而异，一旦违背就需要承担相应的责任，有时甚至会受到法律的惩罚。

3. 学生角色与职业角色的差异

学生角色与职业角色的差异主要体现在以下几个方面。

1) 所处的文化环境不同

大学校园长期被称为"象牙塔"，这一方面说明了大学校园环境安静祥和，另一方面更突出了大学环境的相对封闭性，大学生的学习生活大多数时间内都在校园内开展，遵循"宿舍—教室—图书馆—食堂"这几点一线，生活方式简单重复；相比之下，职场的环境则是竞争激烈、复杂多变的，职业人必须通过做好工作，以此在岗位上体现价值，否则会受到减薪甚至开除的责罚，生活方式较之学生时期出现了较大的变化。

对于大学文化环境和工作文化环境的比较,美国佛罗里达大学的丹尼尔·费尔德曼(Daniel Feldman)教授有一些详细的阐述,详见表 8-1。

表 8-1 大学文化环境与工作文化环境

大学文化环境	工作文化环境
弹性的时间安排; 你能够逃课; 更有规律、更个别的反馈; 长假和自由的节假休息; 对问题有正确答案; 教学大纲提供清晰的任务; 分数上的个人竞争; 工作循环周期较短:每周 1~3 次班级会面,每学期为 17 周; 奖励以客观性标准和优点为基础	较固定的时间安排; 你不能缺工; 无规律和不经常的反馈; 没有暑假,节假休息很少; 很少有问题的正确答案; 任务模糊、不清晰; 按团队业绩进行评估; 持续数月或数年的更长时间的工作循环; 奖励更多是以主观性标准和个人判断为基础
你的老师	你的老板
鼓励讨论; 规定完成任务的交付时间; 期待公平; 知识导向	通常对讨论不感兴趣; 分派紧急的工作,交付的周期很短; 有时很独断,并不总是公平; 结果(利益)导向
大学的学习过程	工作的学习过程
抽象性、理论性的原则; 正规的、结构性的和象征性的学习; 个人化的学习	具体的问题解决和决策制定; 以工作中发生的临时性事件和具体真实的生活为基础; 社会性、分享性的学习

2) 人际关系的不同

绝大多数的大学生自接受教育以来一直未离开过学校,在家庭和学校之中开展生活。大学生在学校中的主要角色是学生和同学,人际关系主要为师生关系和同学关系(含朋友关系和恋人关系);在家庭中的主要角色是子女、兄弟姐妹这类亲情关系。在学校生活中,这类角色处于接受外界输入和给予的状态,人际关系相对单调和简单,不存在根本利益上的冲突,出现的矛盾一般都是暂时的、易解决的。而职业人的人际关系则复杂得多。职业人首先在企业中特定的岗位上开展工作,对内要与同事进行沟通与协调,完成老板交代的任务;对外则要代表企业去与其他同类企业在市场上竞争。除了处理领导、下属和同事的关系之外,职业人还要处理父母、子女和朋友等多种关系,由于存在涨薪、升迁等一系列利害关系,人际关系复杂多变,所引发的冲突会更多、更加激烈。

3) 对社会认识的不同

大学生由于长期在校园环境内生活,对于社会的认识多来源于书本知识,缺乏深入的社会实践,对于社会的认知要么过于理想,要么过于片面,这直接影响到其处理社会事务的态度与能力；职业人已然走入社会，以岗位为舞台直接参与社会活动，逐步积累社会经验，对社会的认知从理想和感性转变为现实和理性，并能产生有效的互动和积极的反馈，使得个人认知与职业活动实际尽可能地保持一致。

4）行为结果的不同

大学生的主要任务是学习，其行为结果为自身获取的专业知识、各项能力和综合素质，而职业角色的主要任务是所承担的工作，其行为与岗位高度绑定，直接影响到单位和个人的发展，体现着社会责任。例如，一名教师认真履行其职责，不仅可以有效地教书育人，而且会收获其学生和家庭的赞誉，为教师职业树立典范；反之，则会不利于学生的成长，影响个人的职业发展，同时损害学校和教师队伍的形象。

5）全面独立的要求

伴随着大学生进入工作岗位，全面独立成为其努力的目标。大学生在学生时代的经济开支主要依赖于其家庭的供给，成为职业人后，有了劳动报酬，经济上逐步走向独立。经济上的独立不仅为职业人的全面发展奠定了物质基础，也对其提出了全面独立的要求，即完成好岗位承担的工作任务，不断学习来进行自我发展，生活上照顾好自己和家人，组建家庭并在社会关系中履行好自身的责任等。这种全面独立的要求给踏入职场的大学生提供了自我发展和不断完善的动力，更提出了自力更生和自我管理的挑战，这需要大学生尽快克服多年来对家长和教师的习惯性依赖，成为真正的职业人。

二、大学生在角色转换中存在的问题

小案例：

小丽在985学校任社团负责人，她将一个无人问津的小社团，经营得如火如荼，其领导能力、办事能力，自然得到了老师、同学们的广泛认可。毕业时，她以管培生的角色，加入一家世界500强企业。可仅仅两个多月，她就跳槽了，原因是认为领导总有意压制她。之后，凭借优秀的个人能力，小丽又跳槽到另一家世界500强企业。可半年多后，小丽又想换工作。然而，此时对于应届毕业生的她而言，已错过最佳择业期，目前小丽正在换工作和出国留学之间摇摆不定。

思考： 你觉得小丽频繁更换工作的主要原因是什么？如果你是小丽，你现在会怎么做？

大学生毕业后走向工作岗位意味着告别原来熟悉的学习、生活和工作环境，由学生角色向职业角色开始转变，这一转变不是一蹴而就的，而是一个需要不断调整和适应的过程。在这一过程中，大学生不可避免地会遇到各类问题。这些问题包括依恋心理、依赖心理、自负或傲慢心理、脆弱或浮躁心理、自卑心理等。

（一）依恋心理

> **小案例：**
>
> 在某机关工作的小王毕业于某知名高校，刚参加工作的这两年，她几乎每个月都要回一趟母校。进入工作岗位后，怀着对公务员工作的向往，小王干劲十足。可是她渐渐发现许多工作无法按照自己意愿进行，和领导、同事的关系也远比学校里复杂。郁闷时，她更怀念大学生活，感叹好日子已一去不复返。
>
> **点评：** 上述案例中，小王这位已毕业一两年的职场新人却仍未从心理上真正"毕业"，他们怀念大学时代美好生活，对职业前景焦躁不安。面对从学生到职业人的角色转换，职场新人应该积极调整心态，尽快度过毕业后的心理断乳期。

依恋心理是大学生开始工作后最容易出现的一类心理问题。造成这一现象的原因在于，大学生在由小学到大学连续数十年的学习生活之中，一直处于一个相对封闭、稳定的生活环境，形成了一套关于学习、生活和思维方式等方面相对固定的模式。这一思维定势使得大学生在职业生涯的初期，不自觉地将工作、生活和人际关系的情况与其在校生活进行对比，不适当地将在校经验运用到职业中去，结果使得其在现实中处处碰壁，这种挫败感让其愈发怀念在校时光，进而对学生角色产生依恋。

（二）依赖心理

> **小案例：**
>
> "毕业后求职不成又考研，拖了3年了，我现在就像泄了气的皮球，没有心思找工作。"2017届毕业生小蔺说起自己的"慢就业"经历，直呼教训深刻。小蔺本科所学专业是新闻传播学，毕业后他一心想找专业对口的单位，但求职屡次遭拒。"求职不行我就考研，反正还年轻，有的是机会。"但两次考研失利后，小蔺失去了找工作的勇气，"毕业3年经济上全靠父母支持，他们每天唉声叹气为我的工作发愁，我现在该怎么办？"小蔺一次次问自己。
>
> 如果是你，你会这样吗？

> **点评**：小蔺为了寻求更好的工作岗位而采取"慢就业"方式，这本来无可厚非。但是由于其未做好职业规划，没有考虑考研失败后的就业方案，一味依赖家庭的经济支撑，错过了求职的最佳时机，也给自己和家庭带来了极大的压力。

当前，"慢就业"现象越来越多地出现在人们的视野之中，这是毕业大学生对于当下就业环境的一种应对，这一行为是否演变为新形式的"啃老"，主要取决于相关大学生是否可以克服依赖心理。依赖心理是指，大学生在走向社会、承担职业角色的过程中，由于自身的自觉性和独立性还没有养成，存在一种观望等待的心理状态。在这种依赖心理的作用下，一些大学生不去深入了解自己的工作性质、范围和可提升空间，工作上全靠领导安排，安排多少干多少，致使工作缺乏主动性和创新性；还有的大学生面临就业选择时，不积极、不主动，坐等家人和学校的安排，一旦没有合适的机会就选择"宅"在家中，这既是对十余年学业的否定，也是对自己和家庭不负责的表现。

（三）自负或傲慢心理

> **小案例：**
> 小丽作为公司的管培生，公司让其每周至少参与两次业务部门会议。小丽曾有过银行实习的经历，因此常在会上"好心"给业务部门提建议。看到大家鸦雀无声，她索性站到台前，将其认为业务部门目前存在的问题，以及她的建议写在大白板上，看到领导和同事"赞许"的目光，小丽感到无比满足。可会议结束后，领导常会找小丽谈话，告诉她不了解业务就先不要发表观点，目前她首先应把公司的基础业务学好，否则将无法通过试用期。小丽非常委屈，觉得这是领导对她能力的妒忌。
> 请思考一下，小丽的问题是什么呢？
>
> **点评**：小丽作为职场新人，缺乏工作所需要的业务能力、工作经验和人脉资源，但是却沉溺于大学时期的辉煌，错将职场当校园，眼高手低、纸上谈兵，不会虚心接受别人的指导和意见，甚至对领导表现出轻视。

长期以来，大学生在我国社会地位较高。这导致了部分大学生将大学期间所拥有的自豪感和优越感带到工作当中，特别对高学历、名校毕业和学生干部工作经历这些自身优势进行夸大，不愿意从事基层工作，不积极发展与同事的关系；喜欢高谈阔论，在不了解单位实际环境的情况下，对单位的制度品头论足；认为自己在学校所学的知识体系比企业目前运用的要先进很多,习惯性地否定同事和领导的观点。在这种心理下,很多大学生在现实中表现为眼高手低,人际关系不融洽,大事做不了,小事又不做。

(四)脆弱或浮躁心理

小案例:

小林毕业后,在一家民企任部门助理,由于工作认真努力,不到三个月便提早转正。随着工作越来越娴熟、顺手,小林不禁得意起来,工作态度不再那么积极,对于每天要写的工作日报,直接复制粘贴,几分钟就搞定。可就在这时,领导找他谈话,严肃批评他,工作日报做得过于潦草,还说一直很看好他,可转正没多久,对工作就是这个态度……自从被批评后,小林觉得领导是在小题大做,自己忍不下这"奇耻大辱",常对身边的人说不想做了,不看好这家公司……

请思考一下,小林在工作中存在的问题是什么呢?

点评: 小林的工作态度不端正,首先,将学生时期不好的习惯带到了工作当中,殊不知认真积极的工作态度是职场新人在工作伊始的唯一亮点,也是其积累经验、提升能力的必经之路,不应当采取偷懒态度;其次,没有正确对待领导的批评,领导批评小林的同时也指出了改进的方向,可是其一经批评就打算离职,还在单位内到处宣扬,心态脆弱且浮躁。

一些大学生初入职场时充满激情和幻想,可一旦在工作中遇到不顺利的事情,不是想着如何解决问题,而是开始抱怨牢骚;更有甚者,直接将问题归因到"当下工作与专业、兴趣爱好或者价值观不符合",哀叹自己"大材小用",进而丧失工作动力。另一部分大学生存在工作不踏实、情绪不稳定的情况,过于夸大自己的工作业绩,一旦没得到反馈就觉得"被埋没";也不会与老板、同事相处,不加区别地将身边人提出的意见看作"被针对"的结果。这类学生不立足于当前的工作,总觉得别人的工作都比自己好,这山望着那山高,工作浮在表面,长时间进入不了角色。

(五)自卑心理

小案例:

小李在招聘中"过五关,斩六将"进入一家知名企业工作,其同事都是从985、211学校毕业的,这让来自普通一本院校的他感到十分自卑。虽然公司和同事都很认同小李的工作能力,前不久还因为表现突出被评为"优秀员工",但是小李依然很自卑,总觉得自己学校差、学历低,配不上现在的工作。他感觉自己获得的成绩都是靠运气,被人夸奖的时候也会心虚,担心被人发现他其实没什么能力。

请思考一下,小李为什么会自卑呢?

点评:小李的自卑主要来源于对成就的归因错误,他将工作结果的好坏与毕业院校的层次画等号,忽视后天努力的重要作用。其实,学历只是进入单位的敲门砖,一旦进入单位后,工作结果的好坏更多取决于付出的努力,与自身学历关系不大。

自卑心理也是职场新人常见的一种心理问题,来源于对自我认识不足和对工作环境的不适应。这一心理在行为上表现为毕业生在开展工作和待人处事方面,总是畏首畏尾,不知道该从何开始,更担心工作结果不尽如人意,会遭到他人的指责和嘲笑。这种情况如不得到及时解决,会使毕业生产生沮丧情绪,产生"不求有功,但求无过"的消极心理,最终演变为自我否定心理。

上述心理状态从不同层面揭示出了毕业生在实现角色转换时存在的典型问题,要求毕业生谨慎对待,同时采取必要的办法顺利完成角色转换。

三、实现角色转换

(一)调整生活节奏,做好职业准备

大学生在大学期间就应该有步骤地展开对未来职业活动的设计和思考,做好毕业后的职业生涯规划工作,对即将进入的工作环境保持清醒的头脑和积极的心态,积极主动地用职业角色要求进行观念排练和行为暗示。要学会独立生活、独自思考问题,提升心理承受能力和应对挫折的能力,着力培养逆向思维、非线性思维和聚合思维,逐渐淡化学生角色意识,努力克服学生时代的不良习惯以及与职业活动相悖的学生习气,远离惰性,展现积极主动的个性特征。掌握进行角色转换所需的知识和能力,例如,学习掌握社会心理学知识、现代礼仪知识、人际交往知识和工作常识,提升组织协调、人际沟通、语言表达、现代办公等能力。利用好暑期社会实践和毕业实习的机会,近距离地观察与自己未来从事相同或相近职业的职业人的行为举止,加以模仿学习,思考自己即将承担的职业角色,把观察和体悟结合起来,充分做好角色转换的准备工作。

(二)明确角色期望,培养职业意识

期望是指社会对某一角色提出符合其身份和行为的期待。在职业世界中,扮演好某一角色必须预先知晓社会或他人对职业人角色的期待,包括角色内容及其限制性要求。

长期以来，大学生这一角色被社会、家长给予了过高的评价，被冠以"天之骄子"的称号，导致其对职业角色的期望中理想成分偏多，与实际要求表现出一定的差异。为了减少这一差异对大学毕业生适应职业角色带来的负面影响，这就要求毕业生做到以下几点。

一是要做好"三个认识"：认识自己，认清自己的特长和优势、缺点和不足，全面客观地了解自己；认识他人，既能为处理好与他人的关系提供指导和借鉴，也可以通过与他人的对比，在实践中扬长避短或取长补短；认识社会，即把握社会对大学生的普遍要求，以及拟从事职业的发展现状和发展趋势。对个人和周围环境的深入了解，有利于调整对个人职业发展目标的合理期待，是理解和认同职业角色期望的前提。

二是要进行角色学习，了解和学习相关岗位的内容和职责，掌握职业角色规范、要求的基本技能，明确职业角色期望，分清职业角色与学生角色的区别，并按照存在的差异进行针对性的训练和调整。

三是要分清职业角色中的行为要求，要弄清楚职业角色的权利性规范、义务性规范和禁止性规范的基本要求，明确职业人的权利、义务和相应的责任。通过观察或咨询的方式，掌握未来可能从事的相关具体职业的一般特点和基本要求，学会搜集与该职业有关的组织（企业或事业单位）信息和社会动态。从宏观和微观相结合的视角，强化对职业人角色规范和行为模式的领悟。

四是要树立正确的职业价值观，构建高尚的职业道德品质，明确履行职业角色所需的正确态度和情感要求。把对职业角色知识的习得和领悟，逐步应用到工作生活中去，做好与职场环境的衔接和适应，为职业角色培养和转换提供实践基础。

（三）优化实际工作，发展职业角色

对职业角色的理解和领悟，最终要在工作中得以体现、检验和完善。大学毕业生要热情地投入到实际工作中去，践行职业角色期待和领悟，通过适应岗位和工作创新，努力获得他人或组织的认可。

首先，要特别重视留给别人的第一印象，注意着装礼仪、言谈举止、待人接物，通过这些行为细节，体现出个人应有的道德修养和精神面貌。毕竟，良好的第一印象，会让他人产生先入为主的正面评价，使他人记忆深刻的同时，形成一种良性的思维习惯，积极影响日后的长期交往，为职业角色的养成和发展奠定基础。

其次，要安于本职工作，不要这山望着那山高，要脚踏实地，吃苦耐劳，从小事、琐事做起，培养坚强意志，不因一时的工作挫折而动摇，遇到难以解决的工作难题时以积极的心态向领导同事学习，工作结束后有针对性地开展个人学习，不断更新和完善智能结构，不断提升促进职业人角色发展的素质和能力。然后，要注重培育社会资本，扩展人脉资源，遵循"平等、主动、坦诚、竞争与合作、适当距离"的人际关系原则，营造和谐愉快的工作关系，增强团队协作能力，拓展职业发展空间。

最后，要结合自身和职业实际，推进和完善好职业生涯规划工作，增强创新意识和创新能力，不断提高职业竞争力，进一步培养职业荣誉感，引领职业活动不断取得进步，树立起良好的职业形象。

（四）开展终身学习，巩固职业角色

在大多数情况下，人们对角色的领悟与角色实践是一致的。但是，由于存在着个体领悟的差异性以及职场客观环境的变化，大学毕业生在角色实践中，往往还要做好"角色建设"和"角色修正"工作。

一要在工作中继续深化对职业角色的认知和领悟，特别是要学会总结，从正反两个方面来分析自己的职场行为，对如何更好地开展工作进行反复思考和实践，修正并完善。二要对角色实践时遇到的困难、挫折或新情况，进行认真分析，对于因个人能力与工作要求之间的差距导致工作开展不顺利的情况，应该采取措施，及时解决，事后通过自我学习补齐短板。三要在工作中不断强化主人翁意识和积极奉献精神，要干一行、爱一行、精一行，进一步融入组织文化（企业文化），加强对职业角色的终身学习，增强对职业角色的深厚感情，积极主动地适应职场环境的变化，与时俱进，开创性地做好工作，不断追求职业角色发展的新境界。

第二节 适应工作新环境

也许你之前从事过兼职工作，参加过实习，打过暑期工或从事过志愿者工作，但是，开始毕业后第一份工作时，你会发现全职工作与之前你所从事的各种形式的工作存在较大的区别，需要进行必要的调整。这一节，我们将从职业适应的概念出发，讲述如何适应你的第一份工作。

一、职业适应的概念及影响因素

大学生职业适应，指大学生从学生角色到职业角色的过渡过程，主动调节自己的行为以适应环境变化，使自己逐渐达到所从事职业的职业要求，并顺利完成职业活动。

（一）职业适应的含义

职业适应是个体完成社会化的基本任务和必经过程，也是每位即将走向工作岗位的毕业生必须面对的首要问题。

毕业生在这一过程中，需要完成对工作岗位和工作环境这两个基本方面的适应。对工作岗位的适应，主要分为两方面：一是该岗位是否能满足毕业生的职业期望，如待遇和职业发展等；二是毕业生是否能够满足该岗位对应的工作能力、工作效率和工作结果等具体要求；对工作环境的适应，需要在职场中与领导、同事发展适当的人际关系，为开展工作、推动企业发展目标奠定良好的基础。对工作岗位和工作环境这两方面的适应是相互影响的，职场新人对其中任何一方面不适应，都会影响到工作的进程和效率，不利于工作积极性的发挥，进而加剧对职业的不适应。

> **小案例：**
>
> 小吴是财务管理专业毕业的应届毕业生，应聘到一家小公司从事出纳工作。由于刚刚毕业，小吴还没有完全进入工作状态，经常在工作上出现一些问题，如随意放置发票和报表，报账的材料与实际情况不符合，因而常常受到会计的批评。小吴心里很委屈，感觉越来越难以承受工作压力。时间一长，小吴变得非常焦虑、抑郁，甚至有点精神恍惚。现在，小吴真不知道自己今后该怎么办。
>
> **点评：** 大学生刚进入工作岗位，需要完成角色转换，适应工作环境。很多毕业生在这一阶段都会出现各种各样的状况，感到身边处处是陷阱，凡事都棘手。其实，职业适应并没有这么可怕，只要按要求完成基本的工作，学会调整工作心态，建立良好的人际关系，自然能够顺利地适应新环境，成为工作中的佼佼者。

（二）职业适应的影响因素

当前，影响大学生职业适应的原因很多，其中既有来自社会方面的影响，又有毕业生自身存在的问题。不过，我们要认识到来自社会的影响因素有待于社会上下共同改善，而自身存在的问题则需要大学生自行解决。概括起来，影响大学生职业适应因素的主要包括以下几个方面。

1. 职业能力适应

大学毕业生走上工作岗位，要"学以致用"，首先面临的是对工作任务、工作能力的适应。职业能力包括专业知识技能、可迁移技能和自我管理技能。专业知识技能的学习为毕业生进入相关领域开展工作提供了可能，可迁移技能的获得将毕业生在进入职场后实现良好的职业适应变为现实，自我管理技能为毕业生在职场的未来发展奠定了良好的基础。这三者相互作用，为职业适应能力的提升提供了一个良性循环。有研究表明，大学生职业适应期可以分为兴奋好奇期、矛盾冲突期、调整平衡期和稳定发展期这四个阶段。这四个发展阶段对毕业生的职业能力提出了不同的要求，如果毕业生能够很好地满足这些要求，就可以顺利进入下一阶段，顺利完成职业适应，反之则会产生大量的适应性问题，最终可能导致不能胜任工作岗位。因此，大学生融入职场需要一个循序渐进的能力适应过程，要边学边用，以积极的态度来适应社会和职业的规范性要求。

2. 职业心理适应

大学生职业心理主要由职业期望、职业心态和价值实现三个方面构成。职业期望体现了大学生对未来职业的理想投射，毕竟经过十几年的寒窗苦读，通过职业来展示自己的才华，以报酬来回报家人，是其期望的主要内容；职业心态则反映了大学生关于职业内容、职业责任、职业规范的认同感，直接体现为开展工作的具体行为；价值实现则是大学生对于自我价值和个人前途能否在当前工作中实现的认同，它体现了大学生对自我实现的追求。当大学生进入职场，面对全新的职业工作环境，由于角色转变，职场繁忙的工作、职业责任、职业规范、职业价值观与自己原来的设想有所偏离；再加上大学生自我的定位偏差、职场初期的压抑感、个体情绪控制力差异等因素的多重影响，致使学生会产生思想矛盾和心理不平衡，工作难以适应，甚至出现离职和跳槽的现象。因此，大学生自身要高度重视职业心理不适应的表现，及时调整状态。

3. 职业人际适应

人际关系是人与人之间心理上的关系和心理上的距离，是以一定的群体为背景，在互相交往的基础上，通过认识调节、情感体验、行为表现等建立和发展起来的。进入工作岗位后，毕业生经历着"学生"到"职业人"的身份转变，生活环境也从单纯的校园变为现实的职场，如果这时缺乏必要的人际关系技巧准备，容易在职场中出现交往语言的障碍、生活空间的障碍以及人际关系理想化带来的心理障碍等系列问题，出现毕业生因为不会处理与领导、同事的关系，使个人能力无法发挥的现象。这类结果的累积会使毕业生出现焦虑和不自信的感觉，引起职业人际适应障碍的恶性循环。因此，在强调团队协作精神的今天，和谐的人际关系对于职业适应至关重要。

二、用人单位给毕业生的职业适应建议

作为毕业生的接收者，用人单位给出的关于职场新人应该如何快速适应职场的建议有很强的针对性，参照这些建议有助于毕业生尽快实现职场适应。这里列举了美国密歇根州立大学高校就业研究所在2010—2011年通过询问2300名企业雇主关于大学毕业生从事第一份工作提出的一些建议，具体如下。

（一）做一个7×24小时的学习者

这一建议强调毕业生应该抓住工作中的一切机会来学习和成长，把每一个任务当成新的学习经验。毕业生在这里应该时刻保持对新知识、新经验的渴望，不要故步自封，要接受改变，认识到需要为了工作加强主动学习，掌握新的方法。

（二）搁置技术，建立人际支持

好的人际交往技巧对于建立与领导和同事之间的关系来说是至关重要的。当下，信息技术的发展在使得人与人联系更加便捷的同时，也带来了人际交往质量的下降。不要过于依赖信息技术，提升人际沟通技巧和人际关系能力是每位职场人所必需的。

（三）正直的行动

作为一名职场新人，用人单位更加看重你对待工作的态度及对应行动，诚实、与他

人建立信任,以及信守承诺能让你成为一名有价值的雇员。

(四)在困难工作中坚持主动性

工作不总是一帆风顺的,要面对很多问题和挑战,这需要雇员直面挑战而不是回避。积极主动地开展工作,为组织成功奉献是获得良好工作结果的关键。

(五)积极,但谦逊

无论你来自多么富裕的家庭,或者在大学里多么光彩照人,一旦步入工作岗位,就已经离开了学生角色,需要学习、提问、尽可能帮助他人,以提升你的职业形象。请保持积极和谦逊,尽快开始你的新工作,形成真正的职业化风格。

三、做好你的第一份工作

当你拿下第一份offer时,不知道你的心情是兴奋还是忐忑,这意味着你从即日起正式与过往的学生角色告别,开始你的职业生涯。为了让你能够更容易地实现从大学到就业的转变,我们将从坚定工作信念、构建和谐职场、提升自我管理这三个方面,对即将进入工作岗位的大学毕业生提出建议。

(一)坚定工作信念

当前,大学毕业生在就业时多采取"先就业,再择业"的策略,导致大学毕业生出现就业稳定性差的现象。据湖南省教育厅统计,2020年湖南高校毕业生在工作半年内有过离职经历的比例为23.3%。调查进一步发现,这些大学毕业生离职的主要类型是主动离职,其主动离职率达88%,离职原因排在前三位的分别为个人发展空间不够(占31%)、薪资福利偏低(占25%)、想改变职业和行业(占13%)。上述离职原因是这些毕业生在从事工作不到半年内得出的,暴露出其工作信念不坚定,未能正确认识第一份工作对于个人职业生涯的重要意义,没有完成角色转换。

摒弃功利心态,不要过于挑剔第一份工作。由于就业环境的变化,很多同学对于第一份工作的选择较为随意,进入工作岗位后一旦遇到困难和挑战,工作进展不顺利,就开始挑剔工作本身。殊不知,一方面,应届毕业生没有工作经验,在工作技巧方面赶不上老员工,企业雇用应届毕业生更多是寄希望于其在未来工作中的表现;另一方面,认真对待第一份工作,做出成绩,个人的薪酬会随着时间不断增长,麦可思研究院在《就业蓝皮书:2022年中国本科生就业报告》中提出,2018届本科各学科门类毕业生毕业三年后的月收入增幅均在50%以上(详见表8-2),也拥有更多的发展机会。因此,无论是什么样的单位,它愿意给予应届毕业生一个工作机会,就做好了该毕业生没有经验、可能会犯错的心理准备,毕业生要对第一份工作和相应单位怀有基本的敬意。只有摒弃功利心态,才能沉下心来,积极付出,努力工作。

表 8-2　2018 届本科各学科门类毕业生毕业三年后的月收入与增幅

本科学科门类名称	毕业三年后的月收入（元）	毕业半年后的月收入（元）	月收入增幅（%）
工学	9748	5485	78
经济学	9109	5283	72
管理学	8308	4996	66
理学	8197	5037	63
艺术学	8118	4906	65
文学	7880	4983	58
农学	7813	4724	65
法学	7755	4690	65
医学	7641	4622	65
教育学	6916	4551	52
全国本科	8645	5135	68

摆正工作态度，遇到困难和挑战要积极想办法解决。作为职场新人，缺乏经验、技能不足是正常现象。如何尽快走出这一困境？首先，应该端正工作态度，将每一项任务都当作对自己的锻炼，把每一个困难都当作对自己的考验；其次，对于上级布置的工作，都要主动地接受，积极地去完成，切不可找借口、找理由推脱；再次，在完成工作之后，一定要总结经验，及时发现自己在本次工作中表现出来的优点及缺点，及时优化工作方法，便于之后更好更快地处理同类问题；最后，接受和习惯领导的工作方式，职场新人的成长需要领导的技术支持和经验传授，切不可目空一切，无视领导的建议，一味蛮干，造成不可挽回的后果。

把握时代脉搏，在最需要的地方绽放青春之光。青年是祖国的未来、民族的希望。正如习近平总书记在党的二十大报告中指出，"立志做有理想、敢担当、能吃苦、肯奋斗的新时代好青年，让青春在全面建设社会主义现代化国家的火热实践中绽放绚丽之花"。应届毕业生在选择第一份工作的时候，理应心怀报国理想，唱响青春赞歌。先有以黄文秀为代表的一批优秀青年选择吃苦，勇于奉献，取得了脱贫攻坚的全面胜利；再有以陈祥榕为代表的解放军战士，用自己的生命践行了对于保卫祖国的誓言，为国家拥有和平稳定的发展环境做出了牺牲；更有无数的青年学子，奋战在科技一线，从"墨子"传信到"天宫"驻空，为打破美西方对我国科技的封锁，推动国家富强汇聚磅礴力量。因此，当你还在未进入当下"热门行业"而发愁时，不如换一种思维方式，去到时代需要的岗位上开拓职业新天地。

小案例：

时代楷模黄文秀——一心为民，把扶贫路当"长征路"

黄文秀在北京师范大学硕士毕业后回乡工作，2018年担任广西壮族自治区百色市乐业县百坭村的驻村第一书记。黄文秀的家庭并不富裕，父亲身患重病，重重压力之下，黄文秀总是乐观开朗、积极向上。

她刚上任时，发现现实情况比想象的更复杂：该村建档立卡贫困户103户474人，贫困发生率22%，是深度贫困村。百坭村建档立卡贫困户分散居住在几个不同的山头，对于她这个不熟悉地形的"新手"来说，要在最短时间内掌握全村贫困户的详细情况，是非常困难的。但她没有失去信心，仍然坚持深入开展群众工作，常常脱下外套帮贫困户家扫院子；贫困户不让她进家门她就去两次、三次；贫困户不在家，她就去田里，边帮他们干农活边聊天。时间久了村民们见她见得多了，开始慢慢地接受她。经过两个月的摸底，她基本掌握了全村的真实概况，百坭村共有472户2068人，建档立卡贫困户195户883人，2017年未脱贫的为154户691人，因学致贫和因残、因病致贫占比最高。驻村一年，她把全村所有的贫困户访了一遍又一遍，在"扶贫心得"中她写道："在我驻村满一年的那天，我的汽车仪表盘的里程数正好增加了两万五千公里，我简单地发了朋友圈：'我心中的长征，驻村一周年愉快'。"

点评： 黄文秀本可以拥有更好的待遇、更舒适的环境，但选择了吃苦、选择了奉献，成就了更高尚的人生。当前，部分青年过分执着于"热门行业"而错过最佳就业时间，或者在工作中不愿意吃苦奋斗，背离了艰苦奋斗的时代精神，也不利于个人职业发展。习近平总书记指出："青年时代，选择吃苦也就选择了收获，选择奉献也就选择了高尚。青年时期多经历一点摔打、挫折、考验，有利于走好一生的路。"因此，应届毕业生要勇于吃苦，敢于奋斗，将时代潮流融入个人发展，在本职岗位上践行初心使命。

（二）构建和谐职场

1. 建立和谐人际关系的方法

尊重他人。马斯洛认为，尊重是人的五大基本需求之一，包括尊重自己和尊重他人。尊重是相互的，只有尊重他人的人，才能得到他人的尊重，建立起自尊。毕业生初入职场，应该尊重秉性各异的同事们。尊重他们的劳动和劳动成果，尊重他们的人格和情感，尊重他们的习惯和价值。不仅因为他们具有丰富的工作经验，也因为尊重他人就是尊重自己，构建和谐的人际关系从尊重他人开始。

平等待人。平等待人是建立良好人际关系的前提。生活中，人们在能力、气质和性格方面的差别是客观存在的，但在人格地位上是平等。在职场上，应当以平等的态度对待每一个同事。切不要以职务高低、权力大小来决定对他人的态度；也不要以个人喜好亲近或者疏远身边同事；更不要以功利态度来对待身边同事，如看到领导就巴结，看到群众则无视；最后，也不要卷入是非，拉帮结派搞小团体，应尽力与所有的同事发展平等互助的友好关系。

诚实守信。诚实就是真心实意，实事求是，表里如一，不当面一套，背后一套。诚实是做人的基本要求，也是建立良好的人际关系的重要条件。守信，就是恪守信用，言行一致，说到做到。在人际交往中，只有诚实守信，才能相互理解、接纳、信任，在情感上引起共鸣，使交往得到巩固和发展。

律己宽人。律己，就是要严格要求自己，以各种道德规范和行为准则严格要求自己。宽人，就是宽以待人，宽厚包容。在与同事的交往中，不可避免地会出现摩擦与矛盾，这时候需要我们正确地对待自己和他人，坚持以严格的规范要求自己，不要苛责他人，相信一定能建立和谐的人际关系。

2. 职场人际关系的处理

职场人际关系看似复杂，其实也简单，核心在于团结合作，共同实现企业目标。其主要内容可以分为快速融入团队，处理好与领导的关系和处理好与同事的关系这三个方面。

1）快速融入团队

比尔·盖茨说过："团队合作是企业成功的保证，不重视团队合作的企业是无法取得成功的。"开展团队合作的意愿和能力，是职业人应具备的基本素质。团队合作要求团队成员认同团队目标，自觉地以组织的利益和目标为重，在各自的工作中尽职尽责并积极开展协作，共同努力奋斗。以下是对如何快速融入团队的细节把握，有助于加深职场新人对团队合作的理解，尽快融入团队。

积极主动。主动性对于应届毕业生来说至关重要。主动地向同事、领导请教是新员工被认可的一种有效手段。职场新人应该多花点时间熟悉手头工作，并了解所在部门在企业中的具体作用，展现出自身的可塑性。新员工切不可回避一线工作，遇见问题要多与同事交流，这不仅可以让同事知道你确实在努力工作，也可以在与同事共同解决问题的过程中，增进彼此的关系。对于其他同事没有开拓的领域，在进行了充分的准备之后，主动出击，努力拼搏，取得一番成绩。这一实力不仅能进一步让同事肯定你的工作能力，也是你向上发展的基础。

肯定团队成员的积极品质。在一个团队中，每个成员的优缺点都不尽相同。新员工不应该将目光聚焦于团队成员的缺点上，而要积极发现和学习他们的优点，通过团队合作克服自己的缺点，提升团队成员协同工作的效率。这样在自己得到提升的同时，也使得团队的工作氛围更加和谐，让工作任务更好地得以完成。

相信你的同事。被尊重是每个人的需求，尤其是对于部分在团队中表现不突出的同事。有时一句小小的鼓励或赞许就可以使他重新释放对工作的热情。信任是相互的，你在别人处于低谷时给予信任，今后他也会在关键的时刻信任你。

获得同事的支持。你不是一个人在战斗，你的工作需要他人的支持和肯定。在工作中，你需要让同事们支持你的工作。除了日常的工作交流之外，还应该积极和大家一起去参加各种活动，适当地对同事们的生活给予关心和帮助。

永远保持谦虚。团队中的任何一名成员都有可能是某个领域的专家，或者在某方面积累了经验和资源。只有保持谦虚的态度，你才可能意识到自身与他人的差距，通过学习去弥补自己的不足；另外，没有人愿意去帮助一个骄傲自大的人，不要因为自己的狂妄丧失了合作共赢的机会。

2) 处理好与领导的关系

很多职场新人并不会与领导相处，唯唯诺诺或者巴结奉承，这样不但有损于人格，还会引起周围同事的反感。对于如何与领导相处，这里有如下建议。

首先，要尊重领导的权威，不当面顶撞领导，也不要在背后抱怨领导；对于领导的肯定不骄傲自满，对于领导的批评则虚心接受；对待工作上的问题，在经多方努力无果的情况下，要敢于向领导汇报，寻求建议；与领导相处要有分寸，懂规矩，切不可在不该说话的时候说话，不该做主的时候做主，无论帮领导管了多少事，一切还得由他来做主。

其次，工作结果是领导对你进行评价的重要考量。职场新人应该及时高效地完成项目，行动专业、态度积极，让领导知道你是一个忠于职守的员工；如果犯了错误，最好尽快告知领导，并采取措施将错误造成的损失降到最小，切不可隐瞒，以免其发酵后带来不可挽回的后果；临时性紧急任务可能需要牺牲休息时间，这种灵活性和奉献精神会为你在职业生涯发展方面获得领导的"加分"。

最后，如果你遇到一个办事不公、过分刁钻，甚至十分虚伪的领导，先不要急于辞掉工作。相反，应该积极谋求晋升机会或调离到其他的部门。千万不要因为这样的领导而产生消极的工作态度或不良的工作表现。一旦你这样表现后，受到伤害的还是你自己，而不是你的领导。

3) 处理好与同事的关系

发展同事关系也是适应工作的一个重要方面，这直接决定了你的工作环境。对此，这里有如下建议。

进入职场后，要友善对待所有同事，对待老同事要保持谦虚，对待新同事要展现友好，在能判断出各位同事对自己和工作所抱持的态度之后，有针对性地发展友谊。在发展与同事的友谊时，要拿捏分寸，不要企图走进他人的私人生活，更不要卷入是非纷争。

对待异性同事，要注意到两性之间的差异，比如男性在分析问题方面较为理性，更能担当，能承受艰苦劳累的工作等；女性则较有亲和力，有耐心，做事细致有条理等。可以巧妙运用自己的特点和优势，在适当的时候给予异性同事关心和帮助。在与异性同事的交往中，要注意办公室恋情，因为生活和工作的模糊界限会导致流言和尴尬；另外，部分岗位员工之间的恋爱，会让领导质疑你的工作，如财务岗位和人事岗位；因此，对于办公室恋情要慎重，最好能及时与领导进行沟通。

同事之间，是合作者，也是竞争者。这种微妙的关系，伴随着升迁、考核和沟通等互动，难免产生一些不愉快。不要把情绪发泄在工作场所，更不可在办公室内面对面争吵，这只会让你树立更多的敌人。人在职场，关键在于如何化解。首先要心胸宽广；其次要严于律己，宽以待人；如果还是发生了冲突，要现场控制情绪，不要让冲突进一步升级，抓住机会沟通，了解各自的不足，改进关系。

（三）提升自我管理

1. 高效开展工作

高效开展工作的核心是高效的时间管理能力。所谓高效通常包含三个方面：高效率、高效益和高效能。效率是尽可能充分利用可获得的资源去实现目标的能力。效能是选择合适目标并实现目标的能力。对于一个员工来说，不能只关注工作的效率，还要关注什么是正确的工作目标，即效能。职业人在工作中经常会遇到同时面对几项工作的情况，这个时候如何进行目标选择就十分重要了，这直接决定了工作是否能更好地完成。

在目标选择上，美国学者柯维将工作按照重要性和紧急性两个维度进行了分类，分为"重要且紧急""重要但不紧急""紧急但不重要""不重要也不紧急"这四个象限（见图 8-1）。第一象限是重要且紧急的事，比如重大项目的谈判，重要会议或工作，按规定要提交的材料等，这类事必须马上处理；第二象限是重要但不紧急的事，比如学业规划、期末考试、锻炼身体等，这类事业应该制订计划，分阶段处理；第三象限是紧急但不重要的事，比如无谓的电话、突然到访的客户等，这类事看起来十分紧急，却不属于自己的分内的工作，应当酌情处理；第四象限是不重要也不紧急的事，比如各类琐事、无营养的电视节目、闲聊等。这类事应该延迟或避免在工作时段内出现。

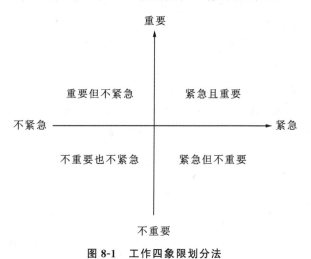

图 8-1　工作四象限划分法

在具体时间的管理上，这里推荐番茄时间法（见图 8-2），即选择一个待完成的任务，将番茄时间设为 25 分钟，专注工作，中途不允许做任何与该任务无关的事，直到番茄时钟响起，然后短暂休息一下（5 分钟就行），然后再开始下一个番茄时间。每

4个番茄时间可以设置一个较长的休息时间。这样做既可以提高效率，又可以获得满满的成就感。

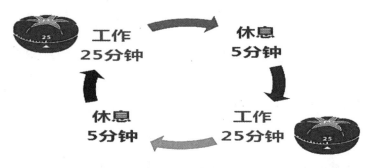

图 8-2　番茄时间法

总之，开展高效工作的核心就是：先依据事件的紧急程度进行排序，要事第一，再用科学的方法管理时间，提升单位时间的利用效率，从而保证工作完成的效果。

2. 进行有效沟通

沟通是指为达到一定的目的，将信息、思想和情感在个人或群体间进行传递与交流的过程。沟通存在着有效沟通和无效沟通两种结果，有效沟通能使一条信息被两个或两个以上的人所享用，满足参与者需要，实现某种明确的目标，是我们在日常沟通中所期望达到的。在日常工作中，达到有效沟通需要满足以下几个条件。

有效表达观点。语言表达恰当与否的关键在于这几个方面：① 表达的内容，要注意你想表达的是以信息为主还是以思想和情感为主的意愿，如递交作业给老师和向单位投递求职简历这两者就存在较大的区别，前者以信息为主，后者则在信息的基础上重点表达自身的求职意愿；② 表达的时间，工作内容在下班或午休时间发送明显是不合适的；③ 表达的对象，根据你表达信息的对象，依据其观念、需要及情绪等，决定表达时用到的语气并进行语言的组织；④ 表达的场合，不同的场合下，你对同一件事情的表达内容会有所不同。

学会积极聆听。沟通是双向的，认真聆听对方真实传递的信息，是成功沟通的关键。做到有效聆听需要以下四个步骤：① 准备聆听，在开始聆听前一定要集中注意力，设身处地站在对方的角度思考问题，对相反的意见采取包容态度；② 发出准备聆听的信息，通过眼神或点头示意等行为告诉对方，你已经做好了准备，可以开始沟通了；③ 在沟通过程中采取积极的行动，通过点头示意和目光交流等积极行为，表示积极交流的姿态，暗示你愿意听，并在努力听；④ 理解对方全部的信息，在沟通过程中，如果没有听清楚或者没有理解对方的表达内容，应当及时告知对方，请其重复或者进一步解释。

展现肢体语言。研究表明，肢体语言对人的沟通起着积极的作用。我们可以从以下几个方面发挥好肢体语言的积极作用：① 用丰富的表情去感染他人，表情是仅次于语言的最常用的一种非语言符号，在千变万化的表情中，眼神和微笑是最常见的交际符号；② 保持合适的距离，心理学研究表明，商务及社交的来往，两者之间的距离一般在 2.1 米至 3.6 米之间；③ 注意副语言，我们在交流过程中除了对交谈内容的字面理解之外,更要感受言谈者所透露的情绪,从语调、音调和语速三个方面判断其是否话中有话,加深沟通的程度;④ 注意讲话姿势,讲话姿势也是帮助我们加强沟通的途径,得体的姿态和动作,会让我们在商务沟通中获取更有利的结果。

3. 提升执行力

万事始于心,成于行。再好的想法,也要通过行动来化为现实。执行力就是这种有结果的行动。在工作中,取得良好结果的关键在于提升执行力,这也是每一位职业人提升自我的不懈追求。

积极主动,自动自发。良好的执行力,首先表现为一种满腔热忱的意愿,即一种高度的自觉性和主动自发的意识。主动自发不是一个口号、一个动作,而是要充分发挥主观能动性与责任感,接受工作后,尽一切努力,想尽一切办法把工作做好。

停止抱怨,不找借口。执行中不抱怨,不找任何借口也是执行力的表现。无论做什么事情,都要记住自己的责任,无论处在什么样的工作岗位,都要对自己的工作负责。围绕既定目标立即行动,一丝不苟地以最快的速度、最高的质量实现目标,就是良好执行力的表现。

加强沟通,执行到位。调查表明,执行不到位的问题有70%是沟通不力造成的,而70%的问题也可以由沟通得到解决。有好的沟通,才会有好的执行力。通过沟通,群策群力,集思广益,可以在执行中分清事务的条条框框,达到最优化效果。通过沟通,能够及时觉察执行中的变化,并迅速加以调整,找到解决问题的方法,保证执行到位。

第三节 职业发展及规划

随着工作时间的延长和经验积累,大学毕业生完成职业适应后开始在工作中独当一面,职位晋升或跳槽、转行成为其在职业发展道路上要面对的问题。本节从职业发展的概念出发,介绍职业发展的形式,以及如何运用CASVE循环指导职业发展。

一、职业发展的内涵

职业发展是职业人在职业适应的基础上,使自己的价值在工作中充分体现,实现职业顺利发展的过程。在舒伯的职业生涯发展理论中,职业发展主要对应于确立阶段(25~45岁)和维持阶段(46~60岁)这两个阶段。

确立阶段是一个人最终确定自己的职业到稳定发展的阶段。这个阶段又分为修正阶段和安定阶段。修正阶段从25岁到30岁,这个阶段一般是刚入职不久,处于职业的不稳定期,跳槽现象发生比较频繁。对于大部分没有职业规划的人来说,这个阶段还处于职业探索期,他们通过不断调换岗位或变换工作来判断自己到底适合什么职业。这个时期越短越好,因为这个时期是一个人职业能力发展最快也是最为关键的时期,职业人如果到了30岁还没有确定自己的职业发展方向,就会对未来产生不利影响。安定阶段从

31岁到45岁左右，这个阶段，职业已经基本确定，剩下的就是怎么更好地来发挥自己的能力，取得职业上成就。安定阶段是一个人职业发展的黄金时期，这个时期，身体机能处于良好的状态，职业能力也达到了很高的水平，一个人是否有成就关键就看这个阶段。维持阶段则在确立阶段之后，经过20年的奋斗，一般人已经在职业的发展上到达顶峰，这个阶段的任务就是维持职业发展的成果，为退休做好准备。

舒伯的职业生涯发展理论一定程度上与我国当下职业发展情况相贴合。《2022年中国本科生就业报告》显示，本科毕业生在工作五年阶段获得晋升的比例为66%，平均晋升次数为1.1次。因此，大学毕业生要认识到个人职业发展在不同阶段有着不同的任务，只有完成好不同阶段的任务，自己的职业生涯才会有好的发展。

二、职业发展的形式

职业发展意味着你的价值被单位认可，带来成功的职业生涯转换；反之，也意味着你无法达到单位的要求，职业生涯动荡不安。职业发展有三种常见形式：升职、被解雇、离职。了解这三种形式的成因，有助于我们更好地进行职业发展。

（一）升职

升职是职业发展的积极结果，什么样的员工更容易在工作中得到提升？根据美国的一项针对员工具有哪些因素更容易被提升的调查，员工具有下列因素更容易被提升。

工作积极主动。对交代的工作认真负责，善于自我激励，在工作中遇到新的问题积极解决，能够提出新的想法。

自我管理能力强。能够合理安排工作，设立优先级，能够面对和处理工作中出现的突发情况，按时完成工作。

具有优秀的个人特质。待人友好，为人可靠，有耐心、灵活性，尊重多样性。

敢于承担责任。对工作有热情，以积极的态度去工作，不过于计较得失，敢于奉献。

有领导力。能够向团队成员宣讲团队目标，使其认同并一起努力；能够认识到发展人的重要性，并为团队成员提供机会。

善于雄辩。能够通过书面和口头的形式，令人信服地表达观点。

必要的技术能力。要掌握所在行业的核心知识和所在岗位需要的技能，对现有岗位的内容较精通。

（二）被解雇

被解雇是职业发展的消极结果，是每位职业人需要避免出现的状况。导致员工被解雇的因素，具体如下。

（1）缺乏工作投入。员工对待工作的态度不端正，缺乏工作热情。

（2）违反规章制度，损害了单位的利益。

（3）不按照领导的要求去开展工作。

（4）在工作中效率低下，不能很好地完成工作。

（5）工作不积极、不主动。

（6）与他人不能有效沟通。

应该指出，这些行为不会导致你立即被解雇，但是会在领导和同事眼中形成表现不良的印象或者受到某种纪律处分。继续保持这些行为，会导致被解雇，损害你的职业生涯发展。

（三）离职

随着市场经济的发展，人们不再执着于一生供职于一家单位，岗位流动变得越来越频繁。招聘平台BOSS直聘在2020年12月发布的《2020职场人跳槽观察》（以下简称《观察》）指出，在2020年之前的5年里，中国35岁以下白领的平均跳槽周期从23个月逐渐降低到20个月，跳槽变得越来越频繁。离职对于部分员工来说，是迈向更好的职业发展；对于另一部分的员工来说，离职的原因可能更多的是不能够适应当前的岗位。虽然"跳槽"对于个人发展有更多可能性，但不可忽视的是，"频繁跳槽"对于工资的增长和晋升存在负面影响。《观察》指出，频繁跳槽带来的"收入惩罚"现象在拥有大专及以上学历的人群中尤为明显：上一份工作坚持不到半年就跳槽的求职者中，70%的人薪资低于同龄人的平均水平；当工作经验少于5年时，频繁跳槽对职业发展的负面影响更加显著。

如果你不得不准备离职，这里有一些具体的建议：① 根据我国《劳动法》的规定，需要提前30天通知单位；② 写好一封辞职信；③ 完成紧要的工作，并办理好工作交接；④ 无论是因为什么离开原单位，不要到处发布你对原单位的负面评论；⑤ 对曾给予你帮助的人表示感谢，并与他们保持联系；⑥ 尊重你在上一份工作签署的保密协议。

总之，离职是在职业发展中经常面临的一种选择，只要有利于自身发展，不要害怕离职，不过要尽量避免因为不能适应当前职业而产生的离职。离职时，请维护自己的利益，选择平和的方式，因为你很有可能与你从前的工作伙伴再次成为同事。

三、运用CASVE循环指导职业发展

作为一种有效的职业生涯决策制定方法，CASVE循环会帮助我们完成职业发展中问题的解决和决策制定过程。图8-3表明了CASVE循环的五个步骤以及各个步骤处理的顺序：沟通（communication）、分析（analysis）、综合（synthesis）、评估（evaluating）、执行（execution）。

（一）假设的情景

对于当前工作，你可能感觉已经到了瓶颈期（暂时无法获得提升或者觉得岗位不适合自己），这时有人向你抛来了橄榄枝，一个全新的机会摆在你眼前，应该如何抉择？

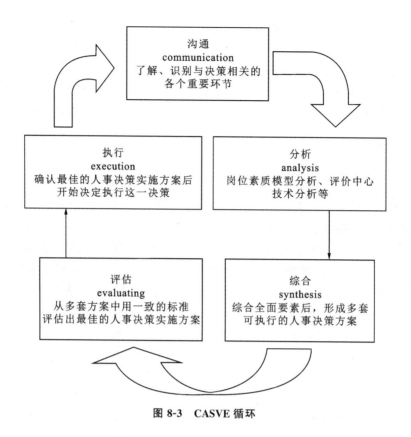

图 8-3 CASVE 循环

（二）沟通

在这个阶段，我们收到了关于职业理想与现实之间存在差距的信息。这些信息可能通过内部或外部交流途径传达给我们。内容沟通包括情绪信号，如不满、厌烦、焦虑和失望等。外部沟通包括你自己对职业发展的规划，领导、同事对你的职业评价。这是意识到自己需要做出选择的阶段。在这个阶段，我们通过各种感官和思考充分接触问题，觉察自我，发现差距。

（三）分析

通过收集上述信息之后，你应该开始对这些信息的分析。首先，分析你的技能、价值观、兴趣和职业目标在多大程度上能够满足新的工作，如果涉及行业的变更，还需要相关行业的组织文化和发展趋势。其次，你还要了解新单位对这个岗位的具体要求及给予的支持。最后，将新的工作机会与现有岗位进行比较。

（四）综合

主要是综合和加工上一阶段得出的信息，从而制定消除差距的行动方案。其核心任务是，确定我可以做什么来解决问题。这是一个扩大并缩小选择清单的过程。首先，尽可能多地找到消除差距的方法，发散地思考每一种办法，甚至采用"头脑风暴"进行创造性思考。然后，缩小有效方法的数量，通常缩减到 3 至 5 个选项，以便接下来开展评估。

（五）评估

评估阶段包括考虑每一个工作适应方案的付出和收益。第一步是评估每一种选择对职业生涯决策者和他人的影响。例如，如果选择了跳槽，这一选择将会给自己、伴侣、父母、孩子等带来什么影响？每一种选择都要从对自己和家人的正面影响和反面影响两方面进行评价，并综合物质因素和精神因素。第二步就是对综合阶段得出的选项进行排序。能够最好地消除差距的选项排在第一位，次好的排在第二位，依此类推。此时，职业规划决策者会选出一个最佳选项，并去实施这一选择。

（六）执行

一旦决定留下来继续工作，你就要开始与领导进行沟通，表示愿意为组织投入并改进自己在组织中的工作表现。随后，你要改善个人的表现，强化自我管理。最后，加强与同事的关系，构建和谐的人际关系，为成功地管理项目和开展工作打下基础。

假如你选择离职，那么就要破釜沉舟，不再回头。不要对自己的选择反悔或犹豫不决。毕竟，在职业生涯发展道路上，你已经在向着新的目标迈进了。

CASVE 循环是一个不断重复的过程。在执行阶段之后，生涯决策者又回到沟通阶段，来确定已经做出的选择是不是最好的，是否能最有效地消除理想与现实的差距。因此，对于职业发展这一贯穿一生的过程来说，灵活运用好 CASVE 循环，会给你的职业生涯发展带来积极的作用。

 延伸阅读：

8-1　将家国情怀融入就业情怀

·本章小结·

本章以毕业生进入职场后的职业发展为主轴，依次介绍了毕业生角色转换、职业适应和职业发展三个概念，揭示了角色转换中大学生存在的问题、影响职业适应的因素和职业发展的三种形式，并介绍了实现角色转换和完成职业适应的具体方法，最后讲解了如何用 CASVE 循环进行职业生涯决策，为大学生进入职场后的职业生涯发展打下基础。

· 课后思考 ·

1. 设想你在大学生角色转换中会出现什么问题，应该如何解决？
2. 你觉得在职场中什么因素最重要，试着结合身边的事例来验证你的观点。
3. 近年来，考研、考公人数持续攀升，你会如何抉择？（注意：如果自身存在这类问题，可以去学校职业生涯咨询室与咨询师探讨这一问题。）

· 就业行动 ·

运用决策平衡单进行决策

> **小案例：**
>
> 　　小刘是一名即将毕业的休闲体育专业（非师范专业）的学生，有两个工作机会摆在他面前：其一，回家乡（某地级市）当一名公办中学的教师，刚开始以代课教师的形式，月薪3500元，加上各种津贴，一年收入在50000元左右，工作3年后会有考编机会，一旦入编，年收入达到100000元左右，每年有固定的寒暑假；其二，加入某知名体育类培训机构，在省会城市做一名面向6~12岁孩子的篮球教练，月薪5000元，教学和销售一体，一年收入在90000~100000元，享有国家法定节假日，如果努力工作，3年后有可能晋升至区域经理，年收入可以增长至150000~180000元。他应该选择哪一个？

根据之前的探索，小刘已经找到了"物质保障""归属感""社会地位""有益于社会""发挥专长""个人成长"等职业价值观，现可以利用决策平衡单开展如下操作。

步骤一：列出所有选择。

我们可以先画一张表格。将这两个选择写在第一行。

步骤二：列出影响因素。

到目前为止，整合之前所做的内、外部探索，看看影响你做出这个选择的因素是不是这些？

不着急，你再仔细想想，是否还有需要添加的？

步骤三：分析各个影响因素的重要性，建议从1到5进行重要度打分。

这些影响因素对你而言同等重要吗？接下来请给这些影响因素的重要程度从1到5进行打分，1表示不重要，5表示非常重要。

步骤四：设定各个选项的程度分数，建议从-10到+10。

假设我们选择"中学教师"这一选项，来分析一下未来的得失情况。

选了"中学教师"之后，第一个影响因素是"得"还是"失"？如果打个分数，从-10到+10可以打几分？

第二个影响因素呢？

假设我们选择"篮球教练"这一选项，来分析一下未来的得失情况。

选了"篮球教练"之后，第一个影响因素是"得"还是"失"？如果打个分数，从-10到+10可以打几分？

步骤五：对每个选择的分数进行汇总，帮助进行决策。

接下来进行汇总，计算一下各个选择的最终总分。

从汇总的结果来看，选择_____对你来说获益最大。

你对这个结果怎么看？

决策平衡单的样例如表8-3所示。

表8-3 决策平衡单的样例

影响因素及重要度打分	中学教师	篮球教练
物质保障（5）	+5	+7
归属感（3）	+5	+1
社会地位（2）	+5	+3
有益于社会（3）	+7	+3
发挥专长（4）	+3	+5
个人成长（5）	+2	+6
……	……	……
总分		

REFERENCE 参考文献

[1] 张璐. 社会蓝皮书：北上广深等一线大城市仍为大学生就业选择偏好地域[N]. 新京报, 2022-12-29.

[2] 陈锡康, 杨翠红, 祝坤福等. 2022年中国经济增长速度的预测分析与政策建议[J]. 中国科学院院刊, 2022（1）: 68-77.

[3] 关乐宁, 牛碧瑆. 疫情冲击下高校毕业生就业形势严峻 亟需针对"四大特征"破解"三大问题"[EB/OL]. （2022-06-16）[2023-03-05] http://www.sic.gov.cn/News/455/11552.htm.

[4] 徐俊祥, 张宁, 王全利. 成功就业——大学生就业技能实训教程[M]. 天津: 天津人民出版社, 2022.

[5] 林壬璇. 大学生就业与创业指导[M]. 2版. 北京: 中国人民大学出版社, 2022.

[6] 毛婷婷, 门奎英. 大学生就业指导与实践[M]. 北京: 清华大学出版社, 2022.

[7] 曲振国. 大学生就业指导与职业生涯规划[M]. 2版. 北京: 清华大学出版社, 2021.

[8] 张福仁, 孟延军, 杨彬. 大学生就业指导[M]. 4版. 北京: 人民邮电出版社, 2021.

[9] 徐俊祥, 黄敏. 成功就业——大学生就业技能实训教程[M]. 北京: 现代教育出版社, 2017.

[10] 傅赟. 赢在校园——大学生就业指导实用教程[M]. 重庆: 重庆大学出版社, 2018.

[11] 曲振国. 大学生就业指导与职业生涯规划[M]. 2版. 北京: 清华大学出版社, 2020.

[12] 马库斯·白金汉. 现在, 发现你的职业优势[M]. 北京: 中国青年出版社, 2011.

[13] 庄文静．找到你的"优势识别器"［J］．中外管理，2014（7）：82-83．

[14] 刘建中．大学生就业指导［M］．成都：电子科技大学出版社，2017．

[15] 文军，孟超，杨晓艳．大学生就业指导实务［M］．成都：电子科技大学出版社，2020．

[16] 韩冬．大学生礼仪［M］．北京：人民邮电出版社，2019．

[17] 白丽香．现代职业礼仪［M］．2版．中国铁道出版社有限公司，2021．

[18] 金正昆．职场礼仪［M］．北京：北京联合出版公司，2013．

[19] 金正昆．职场礼仪［M］．2版．北京：中国人民大学出版社，2015．

[20] 张丽璇．一本书说透职场礼仪［M］．北京：台海出版社，2011．

[21] 通识教育规划教材编写组．大学生就业指导（慕课版）［M］．北京：人民邮电出版社，2019．

[22] 邓双喜，刘高见，王淑慧．大学生就业指导［M］．成都：电子科技大学出版社，2021．

[23] 夏伯平，朱克勇，闫咏．大学生职业发展与就业指导体验式课程教学手册（下）［M］．北京：现代教育出版社，2013．

[24] 罗伯特·里尔登，珍妮特·伦兹，加里·彼得森等．职业生涯发展与规划［M］．4版．侯志瑾，等译．北京：中国人民大学出版社．2016．

[25] 顾静．让人生出彩——大学生职业发展教程［M］．高等教育出版社，2014．

[26] 陈伟、王苇．赢在职场——大学生就业指导［M］．上海交通大学出版社，2021．

[27] 麦可思研究院．2022年中国本科生就业报告［M］．社会科学文献出版社，2022．

[28] 金树人．生涯咨询与辅导［M］．北京：高等教育出版社，2007．

[29] 伊芃芃．大学生就业与创业实训教程［M］．北京：现代教育出版社，2018．

[30] 文军，孟超，杨晓艳．大学生就业指导实务［M］．成都：电子科技大学出版社，2020．

[31] 胡恩立．大学生就业指导［M］．北京：高等教育出版社，2018．

[32] 杨清国，李丹．职业生涯规划与就业指导［M］．北京：北京师范大学出版社，2017．

[33] 崔爱慧，张志宏，刘轶群．大学生职涯发展与就业指导实训教程［M］．北京：现代教育出版社，2017．

[34] 焦金雷．大学生就业与创业指导［M］．西安：西安交通大学出版社，2018．

[35] 杨珺．大学生就业指导手册［M］．长春：吉林大学出版社，2018．

[36] 高景龙，田川，叶振楠．大学生就业指导［M］．天津：南开大学出版社，2017．

[37] 刘佳．新编大学生就业指导［M］．北京：高等教育出版社，2016．

[38] 张斌．大学生就业指导与创业教育［M］．北京：首都师范大学出版社，2015．

［39］吴秀娟，钟莹，郑栋之．新编大学生就业指导［M］．上海：上海交通大学出版社，2018．

［40］陈抗，王北阳．大学生就业指导教程［M］．成都：四川大学出版社，2018．

［41］北京中外企业人力资源协会（HRA）组．职场零距离——大学生就业指导［M］．北京：高等教育出版社，2014．

版 权 声 明

  为了方便学校课堂教学，促进知识传播，便于读者学习优秀作品，本书编写过程中参考了一些网站、公司企业等的相关资料，这些资料涉及视频等。为了尊重这些资料所有者的权利，特此声明，凡本书中涉及的著作权等权益，均属于原作品著作权人等。

  现对本书中选用的主要作品和出处给予说明（排名不分先后）。

序号	视频	著作权归属
1	教育部高校毕业生就业创业政策宣传月来了！首期：基层就业篇	教育部 https://chesicc.chsi.com.cn/zxgw/jycyzc/zhongyang/202204/20220413/2181722598.html.
2	教育部高校毕业生就业创业政策宣传月来了！第二期：自主创业篇	教育部 https://chesicc.chsi.com.cn/zxgw/jycyzc/zhongyang/202204/20220413/2181722602.html.
3	教育部高校毕业生就业创业政策宣传月来了！第三期：应征入伍篇	教育部 https://chesicc.chsi.com.cn/zxgw/jycyzc/zhongyang/202204/20220413/2181722847.html.
4	中共中央组织部 人力资源社会保障部等十部门关于实施第四轮高校毕业生"三支一扶"计划的通知	人社部 http://www.gov.cn/zhengce/zhengceku/2021-06/04/content_5615404.htm.
5	一图读懂 2022 年西部计划实施方案	西部志愿汇 http://xibu.youth.cn/tpyw/202204/t20220418_13620992.htm.
6	2023 年湖北省选调生招录公告发布	武汉市人民政府新闻办公室
7	大学生村官计划	陕西理工大学就业信息网 https://zs.snut.edu.cn/info/1018/2329.htm.
8	服务乡村振兴！各地各校这样引导高校毕业生到基层干事创业	环球网 https://ms.mbd.baidu.com/r/YxbySG2fks?f=cp&u=70f99c5391241131.

续表

序号	视频	著作权归属
9	优势的四个标志	知乎 https://zhuanlan.zhihu.com/p/398661319?utm_id=0.
10	优势识别器	https://types.yuzeli.com/survey/strength.
11	关注优势能抵御职场倦怠	引自：庄文静．找到你的"优势识别器"[J]．中外管理，2014，有删改
12	规范语言表达	白丽香．现代职业礼仪：第2版[M]．北京：中国铁道出版社有限公司，2021.
13	求职电话礼仪	白丽香．现代职业礼仪：第2版[M]．北京：中国铁道出版社有限公司，2021，有删改
14	将家国情怀融入就业情怀	"新华每日电讯"微信公众号文章 https://baijiahao.baidu.com/s?id=1677442035570712410&wfr=spider&for=pc.
15	他的简历只有13个字，名字是国家最高机密！	"共青团中央"公众号文章 https://mp.weixin.qq.com/s/BnBlbk4rXJGQXH46HsfV7Q，有删改
16	名企HR们都是这样选简历的	应届生论坛 http://bbs.yingjiesheng.com/thread-7292-1-1.html，有删改
17	简历造假的人，后来怎么样了？	应届生论坛 https://bbs.yingjiesheng.com/forum.php?mod=viewthread&tid=2198749，有删改
18	我做HR的感受	应届生论坛 http://bbs.yingjiesheng.com/thread-12253-1-1.html，有删改
19	无领导小组面试四环节	"融昱联考之家"公众号文章 https://mp.weixin.qq.com/s/MpnqXsBp1Fu4lVHWMnqjmA，有删改
20	他的简历只有13个字，名字是国家最高机密！	"共青团中央"公众号文章 https://mp.weixin.qq.com/s/BnBlbk4rXJGQXH46HsfV7Q，有删改

续表

序号	视频	著作权归属
21	今年将帮助10万名高校毕业生实现就业	工人日报 https://24365.smartedu.cn/ncss/zc/qg/202301/20230105/2252016160.html
22	第三章 情景导入	改编自： https://www.thepaper.cn/newsDetail_forward_21893199，有删改
23	第八章 大学生在角色转换中存在的问题中第一个小案例	引自：卢海艳，初入职场，角色转换最重要［J］. 成才与就业，2022，有删改
24	第八章 依恋心理中小案例	引自：刘刚，职场新人应快"心理断乳"［J］. 人才开发，2006，有删改
25	第八章 依赖心理中小案例	改编自： https://baijiahao.baidu.com/s?id=17401938248218 65891&wfr=spider&for=pc，有删改
26	第八章 自负或傲慢心理中小案例	引自：卢海艳，初入职场，角色转换最重要［J］. 成才与就业，2022，有删改
27	第八章 脆弱或浮躁心理中小案例	引自：卢海艳，初入职场，角色转换最重要［J］. 成才与就业，2022，有删改
28	第八章 正确对待第一份工作，坚定工作信念中小案例	改编自： http://www.wenming.cn/sbhr_pd/zghrb/jyfx/201907/t20190729_5201230.shtml，有删改
29	延伸阅读：求职信中写什么？	应届生论坛 http://bbs.yingjiesheng.com/thread-33876-1-1.html，有删改

由于篇幅所限，以上列表中可能并未全部列出本书所选用的作品。在此，本书创作团队衷心感谢所有原作品的相关版权权益人及所属公司对大学生就业指导本科教育的大力支持。本书在编著过程中使用了部分视频，在此向这些视频的版权所有者表示诚挚的谢意！由于客观原因，我们无法联系到您。如您能与我们取得联系，我们将在第一时间更正任何错误或疏漏。

与本书配套的二维码资源使用说明

　　本书部分课程及与纸质教材配套数字资源以二维码链接的形式呈现。利用手机微信扫码成功后提示微信登录，授权后进入注册页面，填写注册信息。按照提示输入手机号码，点击获取手机验证码，稍等片刻收到 4 位数的验证码短信，在提示位置输入验证码成功，再设置密码，选择相应专业，点击"立即注册"，注册成功。（若手机已经注册，则在"注册"页面底部选择"已有账号？立即注册"，进入"账号绑定"页面，直接输入手机号和密码登录。）接着提示输入学习码，需刮开教材封面防伪涂层，输入 13 位学习码（正版图书拥有的一次性使用学习码），输入正确后提示绑定成功，即可查看二维码数字资源。手机第一次登录查看资源成功以后，再次使用二维码资源时，只需在微信端扫码即可登录进入查看。